农业生产结构由生存型向市场型转型的研究

Transition of Agricultural Production Structure from
Subsistence Oriented to Market Oriented

冯 璐／著

中国财经出版传媒集团

经济科学出版社
Economic Science Press

图书在版编目（CIP）数据

农业生产结构由生存型向市场型转型的研究/冯璐著．
—北京：经济科学出版社，2017.5
ISBN 978 - 7 - 5141 - 7855 - 5

Ⅰ.①农… Ⅱ.①冯… Ⅲ.①农业生产结构 - 研究 -
中国 Ⅳ.①F321

中国版本图书馆 CIP 数据核字（2017）第 054015 号

责任编辑：刘明晖 李 军
责任校对：徐领柱
版式设计：齐 杰
责任印制：王世伟

农业生产结构由生存型向市场型转型的研究
冯 璐 著
经济科学出版社出版、发行 新华书店经销
社址：北京市海淀区阜成路甲 28 号 邮编：100142
总编部电话：010 - 88191217 发行部电话：010 - 88191540
网址：www.esp.com.cn
电子邮件：esp@esp.com.cn
天猫网店：经济科学出版社旗舰店
网址：http://jjkxcbs.tmall.com
北京中科印刷有限公司印装
710×1000 16 开 14.75 印张 220000 字
2017 年 5 月第 1 版 2017 年 5 月第 1 次印刷
ISBN 978 - 7 - 5141 - 7855 - 5 定价：48.00 元
（图书出现印装问题，本社负责调换。电话：010 - 88191502）
（版权所有 翻印必究 举报电话：010 - 88191586
电子邮箱：dbts@esp.com.cn）

前　言

　　自改革开放以来，随着经济体制的根本变革，中国社会主义生产力得到了快速发展，中国农村正经历转型。然而，在云南南部偏远山区，资源丰富、气候多样、地势复杂，同时又远离市场、生产力低下、经济落后，由于自然、社会、历史、文化、政治等多种因素的综合影响和作用，市场经济发展相对落后，绝对贫困依然广泛存在。因此，中央和当地政府二十多年来一直高度重视，并全面推进云南山区农业农村经济发展。目前，虽然粮食生产仍然是云南南部山区农户维持生计的首要生产活动，粮食自给自足的生产方式仍占统治地位，但是，随着农业技术进步的推动、政府政策的引导以及商业化程度的不断提高，云南南部山区农户的生存需求已经不能简单地概括为粮食满足，农户生计的巨大变化不断影响着农业生产结构从以粮食作物生产为主导的生存导向型，向以经济作物生产为主的市场导向型逐步转型。因此，本书以云南南部山区主要粮食作物和经济作物为研究对象，全面收集云南南部山区农业生产结构转型的相关资料，并借鉴国内外相关研究，通过典型区域农村发展的实地调查和访谈，以经济结构转型要素为引导，研究云南南部山区农业生产结构转型的目标、生计条件、过程和影响，并针对政策和市场提出建设性意见。

　　第一，通过分析目前市场经济发展的特征概括云南南部山区农业生产结构的转型目标，再从云南南部山区农户的人力资本、自然资本、物质资本、社会资本和金融资本五大生计资本变化分析转型的初始条件。第二，分析云南南部山区农业生产结构的转型过程。利用省级统计数据分析以种植业变动为主的宏观农业生产结构转型，利用农户调查数据分析以粮食种植面积、单产、效用和消费为主的微观农业生产结构转型，并结合农户收入、生产结构划分转型类型，进一步归纳转型阶段总结转型趋势。第三，评估云南南部山区农业生产结构的转型影响。通过Probit 实证分析农业企业化经营的农户行为决策，评估农户行为模式演进的影响机制，利用 DEA 模型评估转型的宏观农业生产效率，利用标准差和因子分析法评估转型中的农户利润风险。该研究不仅能够深入了解农户的生计状况，还能正确评价政策及市场机制对促进山区农业生产结构转型的作用，并进一步确认山区贫困地区农业生产结构转型对推动农业经济发展的影响。此外，还能为热带亚热带贫困山区农业生产结构优化调整、培育市场机制等农业发展政策提供进一步的经验证据，强化农业生产结构转型的理论研究意义。

本书的主要创新点在于：第一，综合运用 DFID 理论和经济转型要素构建理论框架。以经济结构转型要素研究为引导，以转型经济学和可持续发展理论为基础，综合运用 DFID 理论分析框架，并结合山区农业经济研究相关文献以及云南山区农业经济发展情况等，搭建云南南部山区农业生产结构转型研究分析框架。第二，通过转型过程和影响评估分析强化农业生产结构转型研究。通过分析以宏观种植业结构转型和微观粮食生产转型为主的过程，划分农户转型类型，分析转型阶段和总结转型趋势。同时，分析转型中农户生产行为决策的影响机制，评估农业生产效率和农户利润风险，扩大农业生产结构转型分析的维度和深度，有助于强化山区农业生产结构转型及农户增收研究。此外，集中研究生态脆弱区尤其是贫困跨境山区的粮食安全和经济发展问题，在研究内容上也具有强化补充和延伸作用。主要研究结论如下：

第一，农业生产结构转型以种植业调整为主且增收速度较快。由于自然条件复杂，地区间社会经济文化发展的不平衡，云南南部山区仍然存在资源多而分散、生产水平悬殊、农户文化素质较低、农业经济基础薄弱等特点。通过宏观生产结构回归分析，过去的二十年里，云南南部山区农业生产结构以种植业比重下降为主。随着粮食生产力的提高，云南南部山区粮食产量大幅度增长，农业生产结构日益丰富，农业经济生产活动也日趋多样化，农民收入大幅上升，农村经济快速发展。

第二，农户生计差异发展是农业生产结构转型的初始条件。首先，云南南部山区农户生计资本不同形成不同的市场化发展基础。人力、自然、物质、社会和金融五大生计资本对比显示：农村劳动力日益缺乏；旱作耕地面积随着人口的增加有下降趋势，是限制山区农业生产的基础资本；生产性公共服务依旧缺乏；山区科技推广还没有满足农户生产多样性的需求；农户收入增加但资本效益各异，是影响山区农业生产的重要资本。其次，农业企业经营规避市场风险促进转型发展。通过分析农户农业生产的行为模式和决策，认为农业企业作为市场和农户之间的嫁接桥梁，在经济作物的诱导种植中起到关键性的作用，改变了农户对土地这一自然资本的利用。Probit 模型分析认为土地利用率的提高和粮食安全的进一步保障，为农户和农业企业提供了合作保障，而作为金融资本之一的经济作物收入比例的提高则是影响农户改变种植模式行为的决定因素。

第三，农业生产结构转型以市场导向为目标并处于初级阶段。首先，云南南部山区微观农业生产结构转型以粮食生产力大幅度上升、种植面积下降、市场化消费加深等变化为主。转型类型显示出云南南部山区农户对以粮食作物为主、经济作物为辅的互补过渡型的偏好，不仅体现出以市场化为导向的转型目标，也反映出山区农村经济在缺乏核心竞争力和市场信息双重条件下，选取此折中路线的被动性。根据倒"U"型经济发展阶段分析，云南南部山区经济结构转型以量变为主实现从低收入均衡向高收入均衡的发展，整体处于以粮食生产为主导向以多种经营相结合的产业结构升级起步阶段，是一种持续性的良性转型。同时，基尼系数显示，农村居民收入持续增长、收入分配逐渐不均等，农村经济发展是一个市场化初级过程。其次，通过 DEA 模型分析，云南南部山区农业生产综合效率较弱，整体发展与个体需求出现偏差，经济发展也处于农业生产结构转型的摸索阶段。基于标准差和因子分析的利润风险分析表明，结构转型中单项农作物种植的利润风险普遍高于多项农作物种植，多项农作物种植的利润风险和收益对比中，经济作物种植面积占比高于50%的农户，其收益普遍高于经济作物种植面积占比低于

50%的农户，而利润风险则恰恰相反。但是，目前农户多以发展粮食作物或少量种植经济作物为主，也说明农业种植结构调整滞后于市场经济发展，农业生产结构转型处于初级阶段。

第四，科技推广和政策引导推动农业生产结构转型。首先，云南南部山区科技推广改变粮食消费模式推动农业生产结构变化。本书以陆稻改良技术的推广为主分析以陆稻和玉米为主的粮食生产，结果显示陆稻生产能力提高但面积下滑，逐步提升了玉米作为饲料粮的种植空间，认为技术的"溢出效应"在提高陆稻生产能力的同时也提高了非陆稻产品的生产能力。但是，陆稻作为口粮消费的收入效应高于替代效应，反映出云南南部山区在与市场接轨中的政策效力不足或者发展方式滞后。其次，在云南南部山区农业生产结构转型过程中，政府机制的规范和激励起到了积极的推动作用，而随着市场机制的建立健全，与市场接轨、确保市场准入等都是云南南部山区农业生产即将面临的问题，而政府管理机制更应该大力发挥激励机制，积极促进农业生产结构持续的良性转型。

综上所述，云南南部山区农业生产结构的转型得益于山区农业科技推广、基础设施建设、农业政策扶持、市场化建设等，然而，山区市场机制不健全，农产品缺乏竞争力、市场信息不畅通等问题依然存在。目前，虽然农业企业经营的发展降低了农户的生产风险，但市场机制的发挥还比较滞后，农户决策比较保守，还需调整投资经营策略。因此，云南南部山区农业生产结构转型良好，但仍处于初级阶段且效率低、利润风险偏高。本书分别从提高山区农业生产力以夯实转型基础，保障农业生产结构转型平稳发展；鼓励土地集约化和农业生产多样化发展，推进转型阶段升级；强化农业基础设施建设，提高农业生产结构转型能力；优化政府管理机制，提升农业生产结构转型效率四个方面，提出云南南部山区农业生产结构转型优化发展的建议。

冯璐

2017 年 2 月

目 录 / *Content*

图 表 目 录

导　论

1.1　研究目的和意义

1.1.1　问题的提出

1.1.1.1　中国农村和农业转型面临的问题

中国农村发展研究主要经历了三个阶段：一是以生产力为重心的制度转型（1949~1978年）；二是以经济发展为中心的体制转型（1979~1993年）；三是以经济环境变化为主的农村转型（1994年以后）（文琪，2009）。1978年，党的十一届三中全会以后，中国实行了以经济建设为中心，并进行改革开放的战略调整，标志着中国历史进入社会主义现代化建设的新时期，这是中国经济发展史上的重要转折点。随着经济体制的根本变革，社会主义市场经济体制的逐步建立，中国实现以市场为导向，充分发挥市场对资源的基础性配置作用，遵行等价交换和供求规律，并保证各种商品和要素正常的流转。基于经济为核心的社会组织调整，能够很好地确保我国的生产力得到快速发展，国民经济和人民生活发生了翻天覆地的变化，也促进了中国农业农村的快速发展和积极转型。1994年，国务院第十六次常务会议审议通过《中国21世纪议程》，提出可持续农业与农村发展理念，标志着以提高生产力和经济为中心的农业农村发展理念发生根本改变。

2000 年以来，国际农业与农村发展的研究越来越受到重视，尤其是中国的城乡差距加大，农村贫困落后的问题日益凸显。虽然我国贫困人口较 1978 年改革开放以来减少了 6.7 亿人，在联合国千年发展目标中，是国际上第一个实现贫困人口减少 50% 的国家（张占斌，2015）。然而，最新数据显示，2014 年，中国农村人口 6.74 亿，占全国总人口的 49.6%，农村贫困人口为 7 071 万，占全国贫困总人口的 85.6%（杜志雄等，2015）。农业人口基数大、农村发展滞后、城乡收入差距扩大、农业基础设施薄弱等问题，严重影响着中国工业化进程和粮食安全。同时，随着市场经济的快速发展，农业农村发展又开始面临对外开放度不断提高、城乡经济的关联度显著增强、气候变化对农业影响日益加大等一些新情况。

中国"三农"问题在很大程度上影响和制约着社会主义生产力的发展。因此，各级政府及研究机构对"三农"问题不断加大关注。2004 年以来，7 个连续出台的中央"一号文件"均以"三农"工作为指导，进一步推动了粮食安全、产业结构调整、农民增收等农村发展研究农产品连续七年获得丰收、农业结构调整深入推进、农民收入较快增长、农业税费改革取得显著成效、社会事业得到进一步发展，中国农业综合生产能力以及农村发展都连续迈上了几个台阶。2015 年"一号文件"更是提出"在优化农业结构上开辟新途径，在转变农业发展方式上寻求新突破"。因此，中国农业农村转型仍在继续且任重道远。

1.1.1.2 云南农村和农业转型具有特殊性

云南省位于中国西南边陲，94% 的国土面积为山区，山区人口占全省总人口的 67%，但山区财政收入仅占全省的 55%；此外，云南还是全国少数民族三大聚集省区之一，在全国 55 个少数民族中，云南省就有 52 个，人口 1 580 万，约占全省总人数的 38%；同时，云南省也是全国贫困面积大和贫困人口多的地区之一，2014 年贫困人口 574 万，占全国 7%，贫困发生率 15.5%，居全国第二。

国际粮农组织的调查显示，全球大约有 1/12 的农村人口生活在山区。虽然山区生物资源丰富，但是地形地势复杂、气候类型多样、社会经济条件和耕作水平相对落后。云南省山区主要是少数民族较为集中的山区和半山区，多为高寒贫困的资源脆弱区，大多数山区农户处于极度贫困的状态。同时，随着山区人口增加，自然资源和人口承载力的矛盾日益突出，2000～2014年，云南省农业人均耕地面积减少14.6%。同时，山区历史条件特殊、地理环境较差、文化程度较低，使得山区面临更加严峻的发展风险。

但是，中央和当地政府二十多年来一直高度重视云南农业农村经济发展。在中央政府2000年西部大开发、2004年农村税费改革、2005年新农村建设、2010年桥头堡建设、2014年"一带一路"战略等政策的大力支持下，云南省政府颁布实施了涉及农林业生产、农村建设、农村文化科技、农村土地管理、农村消费、农村社会保障等30多项支农惠农政策，其中很大一部分都是投入在山区。因此，云南农村经济发展在中国农村转型的大背景下，依靠市场经济和政策支撑发挥自身优势，挖掘发展潜力，在一定程度上依然实现了跨越式发展。2014年全省GDP和农业GDP分别是1998年的20倍和5倍；全省粮食产量由1 319.5万吨增长到1 860.7万吨，增长了41%；农民人均纯收入由1 387元增长到7 456元，恩格尔系数自2000年起达到温饱水平。因此，云南农业生产也在经历转型期，而且农业经济发展事业蓄势待发。

1.1.2　研究目的

本书以云南南部山区农耕生产系统为背景，探讨云南南部山区农业生产结构从以粮食生产为主的生存型，向以经济作物生产为主的市场导向型转型的过程；以经济结构转型要素为指导，从农户生计条件研究出发，探讨不同转型类型的农业生产结构差异，评估转型趋势、效率及风险，并提出转型策略和机制建议，为进一步探讨云南南部山区农业生产结构的转型机理，制定山区发展政策提供基础信息和科学依据。具体研究目的如下：

第一，深入分析云南南部山区农业生产结构转型目标和生计条件：通过了解云南南部山区农耕生产系统，以社会经济统计、农户调查数据和机构访谈信息为基础，综合分析市场经济转型的大目标，并评价云南南部山区农户生计资本作为初始条件的农业生产结构转型情况；

第二，探讨云南南部山区农业生产结构转型的过程：在总结云南南部山区农业生产结构转型宏观趋势的基础上，结合微观农户调查，分析农业生产结构转型与农业生产力、经济增长、粮食安全的逻辑关联，划分转型阶段并总结转型趋势；

第三，评估云南南部山区农业生产结构转型的影响：结合微观实证研究，通过探寻农户行为模式，分析农户行为决策的差异及影响机制，并进一步评估云南南部山区宏观转型效率及微观农户利润风险；

第四，提出优化云南南部山区农业生产结构转型的对策建议：总结山区农户粮食安全、贫困缓解、经济增收的效应，形成云南南部山区农业生产结构转型优化的对策建议。

1.1.3 研究意义

1.1.3.1 理论意义

拓宽农村经济转型理论的研究视域。从 1997 年到 2014 年的 18 年间，经济转型研究得到了高度的学术关注，但是，针对农业、山区农村经济和山区农村发展的研究并没有得到持续稳定的关注（图 1—1），山区农村经济发展研究性成果以及资料相对比较缺乏。云南山区农业生产系统虽然丰富，但也混杂，由于山区海拔高度、土壤类型质量、降雨量及分布、市场距离和社会经济特征各异，因此，山区农业生产也面临着不同的限制因素和发展机会。由于不同的驱动因素作用，云南山区正在经历转型。所以山区农村经济转型的现状、过程、原因等一系列相关因素还应该得到更为清晰、持续、有效的研究。

探讨山区农业生产结构转型过程与影响。山区生产系统多远离市场，但目前市场经济的逐步发展，山区也加大了市场准入，强化了广泛的经济联系。同时，由于以市场为主导进行生产，所以农业产量不断增加，而农户对农业的投入也不断上升（农药、化肥、种子、农机），这

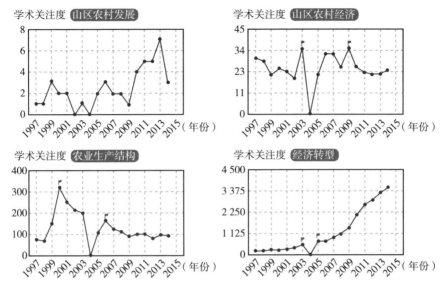

图 1-1　山区经济发展相关研究的学术关注度（1997~2014 年）

资料来源：中国知网。

些因素都导致了不同的山区发展转型模式。但是，目前对山区农业生产结构转型的过程和影响研究还比较缺乏。因此，本书通过对贫困面较大的云南南部山区农业生产结构转型的系统研究，从目标、过程、影响评估层面揭示其中的内在规律性，有利于拓宽山区经济发展理论的研究视域，回应经历了西部大开发、农村税费改革、农村科技扶贫攻关、山区综合开发等一系列有效政策措施后山区农村经济从单一的温饱需求发展到经济增收需求的转折性变化。

1.1.3.2　现实意义

探索转型模式以促进云南南部山区农村经济社会发展。二十年来，各级政府十分重视云南山区农村经济发展问题，出台相关政策推广农业技术和落实扶贫项目等。其中，云南省政府以农户和村级为主要单位，结合经济发展和环境保护，开展扶贫工程，2014 年云南省政府就耗资33 685 万元完成农林水事务支出，其中很大一部分都是投入在山区。重点支持实施百亿斤粮食增产计划、兴建山区"五小水利"、新建农村户用沼气池、节柴改灶、农村人口饮水安全、村容村貌整治、新农村示范村建设、"万村千乡"市场工程等。因此，云南南部山区农村经济研究是顺应大环境的发展要求的。2011 年在云南发展"沿边开放经济带"，2013 年"一带一路"战略构想以及中央近来提出的"长江经济带"建设构想和《滇西边境山区区域发展与扶贫攻坚规划（2011～2020 年)》的实施，都对云南南部山区的经济发展提出新要求，带来了新机遇。由于政府的高度支持，云南省农村经济经历了快速的发展历程。同时，山区粮食产量增加，温饱问题基本解决，劳动力和土地出现剩余，山区农户开始发展经济作物和养殖业，农民收入显著增加，多种经营形式并存的局面凸显（王怀豫，2006）。云南南部山区农村整体状况有了较大变化，同时又各具特色，因此，农村转型研究有助于明确发展的主导模式，进一步促进农村经济发展。

诠释云南南部山区农业生产结构转型的重要性和独特性：云南南部山区主要包括临沧、普洱、西双版纳、红河、文山 5 个州市，其国土面积 15.1 万平方公里、人口 1 438 万，分别占云南全省的 38.2% 和 30.7%。且该区域集中了云南省 80% 以上的森林资源和动植物种类，70% 以上的国家级、世界级旅游资源，93% 的云南独有民族，80% 以上的边境口岸（赵建军，2012），是云南乃至我国重要的跨境山区。同时，也是毗邻国家最多、边境线最长、边境贫困问题最为严重的区域，是少数民族最多、人口较少民族最为集中的片区，是全国和云南省的扶贫攻坚区域。云南南部边境地区有 16 个边境县和 30 个国家级扶贫开发重点县，国家级贫困县达到 41%，是云南省农村经济发展的重点区域。进入 21 世纪后，滇南基本解决了粮食问题。且随着二产业、三产业的快速发展，农业产业化、规模化、标准化的持续推进，粮食作物的种植面积下降，经济作物种植大幅度增加，农业生产结构的转型促使农民的生产和生活发生了翻天覆地的改变，到 2014 年底，农村居民人均纯收入达到 6 663 元，是 2010 年的 2.02 倍。虽然农村整体经济状况有了较大变化，但仍然远远落后于我国东中部地区，且该地区存在山区与坝区、城市与乡村经济发展不平衡的现状。因此，该地区的农业生产结构转型不仅重要而且具备一定的独特性，需要得到进一步分析。

强化云南南部山区农村经济发展对边疆稳定和辐射的作用。云南省南部山区集资源丰富、生态脆弱、农村贫困为一体，不仅是大部分贫困人口的居住区，而且是少数民族聚居的边疆地区。据统计，仅南部普洱市、西双版纳州、临沧市、文山州、红河州 5 个地州（市）就分别与越南、老挝、缅甸接壤，边境线占全省边境线长 74% 以上。因此，发展云南南部山区农户经济，不仅有利于缓解贫困，更有利于民族团结和边疆稳定。同时，在大湄公河次区域，云南由于得天独厚的地理辐射、资源类似等优势，令中国政府和有关国际组织对云南南部山区的农村发展产生越来越大的兴趣。2003 年由中国农业部、国际水稻研究所和亚洲开发银行等在昆明组织的"大湄公河次区域山区可持续农业生产系统发展战略"国际研讨会，甚至阐述并总结了以陆稻发展实现农户收入增长和进行环境保护的"云南模式"（罗蓉婵，2013）。但是，目前关于云南南部山区整体农业农村发展，尤其是转型的研究还不够深入、完整和系统。因此，云南南部山区农村经济转型研究，能够向周边东盟国家发挥辐射作用。

1.2　研究理论基础

1.2.1　转型经济学理论

1.2.1.1　转型经济学发展历程

20 世纪末期，随着计划经济体制向市场经济体制的转变，中国、原苏联和部分东欧国家出现经济转型，各种在计划经济体制下从未遇到的新问题层出不穷，各转型国家政府迫切需要相关的经济理论范式指导经济转型进程，这对已有的经济学理论构成了重大挑战，为此，各国经济学家开始开展广泛而深入的研究。转型经济学从兴起至今，随着研究的深化和扩展，研究视角越来越多样化，并经历了过渡经济学、转轨经济学到转型经济学的发展历程（Chow，2002）。从制度经济学、演化经济学、发展经济学到信息经济学、比较经济学等理论的综合运用；从转型国家的体制、目标到路径、纲领等的全面研究；从转型经济学者的汇集、学术期刊的出版到系列教科书的成型、高等学府的学科体系建设等，转型经济学在短短的二三十年间，不仅发展成一个独立的研究领域，而且逐步跻身主流经济学并成为现代经济学中的研究前沿。

1.2.1.2 转型经济学研究范式

范式是目前对一组方法、理论、准则和假说总和的统称，是一种对方法论、认识论和本体论的基本承诺（赵晓芬，2012）。由于转型经济学的涵盖面广、渗透的学科内容多、各经济现象独特性强，所以迄今为止并没有形成一个统一的研究范式。目前主要运用新自由主义、演进制度学、发展经济学和比较经济学的研究范式（王永兴，2007）。主要研究范式有以下四种：

第一，新自由主义研究范式：新自由主义是诺姆·乔姆斯基在亚当·斯密古典自由主义基础上建立起来的一种政治经济学，主要反对国家对于国内经济的干预。在转型经济学中，新自由主义的主要形态是"华盛顿共识"，即1989年制定的以减少政府干预、促进贸易和金融自由化形成的一系列经济政策主张。而以严厉的经济手段著称的"休克疗法"即源自此思想。

第二，演进制度学研究范式：演进制度学是新制度经济学和演化经济学的结合，从制度及制度演进的角度拓宽转型经济学的视野，其主要形态是"后华盛顿主义"，即美国经济学家斯蒂格利茨为代表提出的强调与发展相关的制度因素。

第三，发展经济学研究范式：发展经济学主要是研究贫困落后的农业国家或发展中国家，如何实现工业化、摆脱贫困、走向富裕的经济学，自20世纪90年代以来，发展经济学开始逐步趋向具体化、国别化、学科化，不仅关注经济增长，还关注贫困、收入分配、可持续发展等。

第四，比较经济学研究范式：比较经济学是随着转型国家的不断发展和成型，通过对各国经济差异性和多样性的全面比较，阐释转型的根本原因，主要运用新制度经济学和博弈论的分析方法。

由此可见，根据经济转型的不同阶段、不同类型、不同程度等，转型经济学的研究范式也在发生变化。随着中国经济的快速发展，中国经济转型取得了巨大的成功，甚至有学者提出"北京共识"、"中国模式"等术语概括中国经济转型与发展过程中所表现出来的经济发展特点（雷默，2004）。中国是几千年的农业大国，但农业生产发展相对落后，所以是发展经济学较关注的国家，而中国社会经济转型的成效涌现出了一系列有价值的研究文献，更丰富和发展了转型经济学和发展经济学的研究内容和理论文献（保健云，2007；陈清泰，2014；刘志彪，2015）。经济转型有目标模式、初始条件、过程方式和终极条件四个关键要素。因此，本书选择以发展经济学的研究范式为指导，根据研究区域的具体性、特殊性、时限性，运用转型经济学的研究要素搭建本书农村经济转型的研究框架。

1.2.2　可持续发展理论

1.2.2.1　可持续农业和农村发展

发展研究兴起于 20 世纪 60 年代，并衍生了各种发展理论与流派，就其发展演化而言，自出现开始就打破了"纯理论"的限制，将理论、战略等研究很好地集成在了一起，实现了理论与实践的结合。无论是对理论体系的完善与补充，还是对现场实践的指导都具有非常现实的意义。发展研究是一个跨学科研究领域，涉及经济学、社会学、政治学、法学等学科及学派的融合，有广义和狭义之分，广义指从全球角度阐明各国、各地区社会经济发展的历史与现状，探讨社会变迁的一般规律；狭义指以相对贫困的第三世界发展中国家政治、经济、社会、文化的发展问题为对象，探讨其现代化的理论、模式、战略方针乃至具体政策。

第一，可持续发展与可持续农业发展。1987 年，WCED 在报告上对可持续发展的概念进行了明确，认为其含义体现在两个不同的方面：

首先，符合当代人的发展生活需求；其次，不会对后代的发展造成影响。经过一段时间的发展，可持续发展的观点得到了多数国家与地区的认可。可持续发展理论作为一个涉及经济、社会、文化、技术和自然环境综合的、动态的发展概念，逐渐在学术界得到重视和流行。1992 年，《21 世纪议程》在联合国环境与发展大会上获得通过，标志着可持续发展问题付诸行动，而不仅仅是理论和概念。21 世纪的可持续发展理论提倡集约型经济增长、环保型生态发展、公平型社会环境的，以人为本位的自然—经济—社会复合系统的持续、稳定、健康发展，值得注意的是，鉴于农业生产与自然生产、社会经济发展等方面都存在紧密联系，所以农业的可持续发展在可持续发展问题研究中居于十分重要而且特殊的地位。于是，可持续农业发展在世界各国迅速崛起，如替代农业、集约农业、生态农业、环保农业等概念应运而生。同时，世界环境与发展委员会、世界银行、国际粮食政策研究所等国际机构对相关的政策进行调整，并出台了一系列政策，确保可持续农业在全球迅速扩散。

第二，可持续农业和农村发展。随着可持续农业理论与实践深入，仅在农业内部研究可持续发展的局限性越来越突出，因为农业、农村、农民三者是相辅相成、缺一不可的，农村和农民的可持续发展也必须纳入其中可持续。农村发展理论作为发展理论的一个重要组成部分，是以综合性整体发展作为导向，以提升农村居民的物质生活水平以及精神生活水平为目标，并以增加农业产量为前提，是农村整体发展的主要部分。1991 年，粮农组织的《登博斯宣言》定义可持续农业和农村发展（Sustainable Agriculture and Rural Development，SARD）是"在调整技术和机构改革基础上，保护和管理自然资源，确保当代及后续世代的生存得到持续满足。这种持续发展能力不仅不会造成环境退化，而且同时在技术和经济上可行且被社会认可"。

第三，SARD 的研究范式。经济人假设是现代经济学的重要理论假设之一，但对经济效益最大化的片面追求存在明显的局限性，而且在涉及代际公平问题时存在根本的缺陷（杨云彦，1999）。可持续发展理论研究有两种研究范式：强可持续性和弱可持续性。对于前者而言，其核心在于自然是不具有可替代性的；而后者则强调能够对自然资本进行替代。在目前条件下，自然资本的作用还存在很大的不确定性和不可抗逆性，而且人类还不完全了解生态系统的活动方式，所以，本书选取强可持续性范式作为假设前提。强可持续性是由全球环境社会经济研究中心的戴维·皮尔斯等人提出，如果自然资本能够很好地制约社会经济的增长，并且是无法由其他类型的资本进行替代的，对自然资源的大量使用不能超过他们的再生能力，这样才能保证他们的环境功能。但是，目前强可持续性范式尚没有一个与其主张相适应的坚实的经济学基础。强可持续性范式的观点满足 SARD 综合发展经济效益、社会效益和生态效益的综合目的（王道龙，1997；刘应元等，2014）。因此，本书进一步以可持续发展的强可持续性范式为假设前提，结合实际研究区域 SARD 发展目的，寻找其他有关农村发展的理论途径，继续搭建农村经济转型的研究框架。

1.2.2.2　可持续生计与贫困代际

第一，可持续生计理论。发展中国家的农村研究建立在一个更为严峻的事实基础上，那就是城乡差距的现实性，农村贫困人口数量远比城市贫困人口多，而且农村人口生活更困难，这种现实不能局限于经济理论研究也不能仅考虑农村贫困的时间和地域限制（李斌等，2004）。因此，自 20 世纪 90 年代中期，英国国际发展部（DFID）提出了可持续生计途径（李斌，2004）。在中国语境背景下，"生计"主要涵盖以下三个内容：产生计策——"事生谋，谋生计"《鬼谷子·谋篇》；生活的状况——"生计艰难"《遥夜庥》；谋生的办法——"苦无生计"《花月痕》。但在国外农村发展的论文和论著中，生计作为术语被赋予了更丰富的内涵和外延。目前主要采用的生计定义是建立在能力（Capabilities）、财产和活动力基础上的谋生方式（Chambers and Conway，1992）。随着生计研究的发展，生计定义中的资产由最初的有形资产和无形资产两类，发展到自然资本、金融资本、人力资本和社会资本（Scoones，1998），之后生计分析框架又将金融资本细分为金融和物资资本。生计概念提供了从农村扶贫、环境保护和自然资源可持续利用的视角分析途径，是目前国际上解决农村问题尤其是贫困问题的主要途径。

第二，贫困代际理论。"代"作为生物学概念，在社会学引用中拥有了自然和社会的双重属性，即"代"不仅具备传承的代际关系也具备同类社会人群的特征。在强可持续范式中，有着十分清晰的代际公平含义，即应该充分认识到全人类赖以生存的自然资源是有限的，当代人不能因为自身的发展需求而去破坏后代生存所需的自然生态环境，而要给后代以公平地利用生存生活自然资源和生态环境的权利。贫困代际主要指贫困的状态以及造成贫困的因素延续到下一代甚至几代人身上，使得后续世代在一定的社会范围内继续重复类似恶性循环的贫困状态（邹海贵，2012；陈全功等，2015）。作为现代人而言，需要充分认识到可持续发展的重要性，在满足自身生活的同时最大限度地降低对后代的影响，确保资源的合理分配。贫困代际传递的具体原因主要涉及：人口因素，即适龄教育、身体健康、家庭背景等；政策因素，即政府管理、扶贫策略、决策参与、社保制度等；社会文化，即风俗传统、社会资源、历史发展、贫困文化等；经济因素，即劳动力、收入、市场、土地资源等；生活环境，即自然灾害、医疗卫生、环境退化、偏僻程度等（David Hulme et al.，2001）。贫困代际理论将农村贫困问题研究从横向延伸至纵向，进一步挖掘了农村发展的研究深度。

1.2.2.3 可持续增收与粮食安全

1974 年联合国粮农组织首次提出"粮食安全"；1983 年更新粮食安全概念，即"保证任何人在任何时候都能买得到又买得起所需要的基本食品"；1992 年国际营养大会再次诠释为"保证任何人在任何时候都能得到安全营养的食品来维持健康能动的生活"。"国以民为本，民以食为天"，粮食不仅关系到国计民生和国家经济安全，更关系到人民群众的基本生活。虽然保障粮食安全与促进农民增收一直是相辅相成的，但是，国家粮食安全并不等于农户粮食保障，个人最基本的生理需求即维持生存的食物才是粮食安全的最终目标，因此，微观粮食安全具有重要的现实意义（王学真，2006）。这也是粮食安全从世界粮食安全、国家粮食安全，发展到家庭粮食保障、个人营养健康研究的原因。同时，粮食安全农民不一定富裕，但是粮食不安全则农民一定贫困，而贫困更是直接导致粮食不安全的主要因素。虽然贫困不能单纯理解为收入低，但是收入水平的确是作为判断农村经济转型的重要指标。同时，国际食物政策研究所认为："发展中国家不能仅满足于自给自足，更需要的是从多方面多形式地充分利用各种资源发展农业，在提高农业生产力的同时实现农户生计的可持续性并提高农业收入。"所以，必须在"可持续发展"方针的指导下，确保粮食生产充分供应，发展多样化的农牧业生产和有关产业，通过农民增收确保农户生计。

1.2.3　核心概念界定

1.2.3.1　农户和农民

农户与农民是两个不同的概念。农户是指户口在农村且长期参加村集体活动，具备明确权利和义务的家庭常住户；农民则是从职业、阶级和文化的角度定义的，是组成农户的主体。农户和农民的区分点如下：产业并非是农户唯一的衡量标准；农民社会不是固定不变的；随时间以及条件的改变，农民在不断发生变动；在进行行为分析时，应当以农户为单位开展（Ellis，1988）。农户是生产和消费为一体的最基本的社会经济单元。

但是，在不同研究背景下，农户的概念并不一致。亚洲国家的农户多指小生产、小规模的个体经营，专业化、社会化和市场化程度低，自给自足程度高；欧美国家的农户多指家庭农场，规模化、市场化程度高，而且家庭成员有可能并不居住在一起（翁贞林，2008）。此外，农户还有农民家庭和社会经济组织单位的解释（韩明谟，2001；卜范达等，2003）。云南山区农户即是典型的亚洲农户，主要依靠家庭劳动力从事农业生产，对家庭生产生活拥有决策权的、独立的社会经济单位。

1.2.3.2　农耕系统

农耕系统是由自然系统与人为系统中相关联的个体组成，是一个协调统一的社会，主要涉及农耕文化、农耕制度、农耕经济等。农耕文化，是指由农民在长期农业生产过程中形成的以服务和娱乐为主的风俗习惯，集各类宗教及传统文化为一体，在语言、内容和形式上具有浓郁的地方特色，是中国目前最为广泛和基础的文化特征（龚秀萍等，2010）；农耕制度主要包括土地类型和熟制，是对土地类型和熟制的划分分析；农耕经济主要是自然经济，主要由自耕农经营，以农为本，具有狭隘的地方性、保守性，是一种安定自守的经济也是农耕社会的基本特征，但农业经济也可以发展到较高水平，包括手工业、商业以及市集、城镇等。然而，随着市场经济的推进，山区自然经济闭关自守的状态正在发生变化或者已经转型。

1.2.3.3　生计概念

生计是一个相当宽泛的概念，在不同语境下有着不同的意义，生计概念的界定是生计研究的基础。在贫困和农村发展研究中，以钱伯斯和康威（Chambers and Conway，1992）的生计定义为代表，认为生计能力是个人在特定环境中面临危机和胁迫时的处理能力，以及挖掘和利用机会的能力。埃利斯（Ellis，2000）则认为生计是一种以财产和行动力为基础的行为决策，这种决策又决定了个人生存所需资料的获取能力。这两种定义的核心部分是相同的，即利用生计资产作为活动开展的基础。以英国为案例进行研究分析可知，在这一过程中英国将其划分成五类，即社会资本、人力资本、自然资本、物质资本、金融资本。

生计概念为研究者提供了一个研究和观察农村贫困和发展问题的视角，其根本目标是实现生计安全和可持续性。相比较收入、事业等概念，生计概念的内涵和外延更为丰富，更能如实描述贫苦农户生活的实际特点，不但将生存过程中的必需资源包括进来，而且将生存所实施的各类应对方式进行了囊括（李斌等，2004；丁士军等，2007）。这种策略也有短期和长期之分，短期措施主要指个人、家庭等在受到威胁时采取的措施，长期措施主要指国家、地区等在人类进步的过程中所采用的各类手段（陈传波和丁士军，2005）。生计安全可以被理解为获得生存所需资源的策略、手段和方法，农户生计安全是农村社会可持续发展的微观基础（赵靖伟，2014）。本书的生计概念主要是指山区农户在目前的社会资本、人力资本、自然资本、物质资本和金融资本五类生计资本条件下，通过调整农业生产结构确保生存所需的一种行为模式。

1.2.3.4　粮经作物

联合国粮农组织的粮食是指以麦类、粗粮和稻谷为主的谷物，而中国的粮食概念除了谷物以外，还包括薯类和大豆。宏观区域粮食产量指全社会的产量，包括国营农场等全民所有制经营的、集体统一经营的和农民家庭经营的粮食产量，还可包括工矿企业家属办的农场和其他生产单位的产量。而微观农户粮食产量则是指农民家庭经营生产的粮食产量（高峰等，2006）。

经济作物是某种特定经济用途农作物的总称，对自然条件要求比较严格，宜于集中进行专门化生产，具有经济价值高、商品率高、地域性强等特点（邓琨，2012），包括油料作物，如花生、油菜、大豆等；糖料作物，如甘蔗、甜菜等；饮料作物，如茶叶、咖啡等；药用作物，如三七、天麻等。所以，经济作物是相对于粮食作物的一个统称。本书采用的粮食概念是包括薯类和大豆的中国粮食概念，经济作物概念也是指除粮食作物以外的其他作物统称。

1.2.3.5　农业生产结构

"农业生产结构即在农业体系中各生产机构以及生产种类之间的关系。农业生产结构有不同层次的划分，如第一层次是划分农业生产部门，主要包括林业、种植业、渔业等；第二层次是划分种植业、林业、畜牧业、渔业等生产部门的内部生产结构，如划分粮、油、菜等在种植业中所占比重及其相互关系的种植业生产结构；第三层次的划分是对第二层次的进一步细化，如划分水稻、小麦、玉米等在粮食中所占的比重及其相互关系的粮食生产结构"。种植业是云南南部山区的主要产业，而种植业的内部生产结构也有多层次划分，因此，本书对农业生产结构的界定也是根据研究需求划分为宏观和微观的种植业结构变化。在宏观省级区域分析中，通过种植业产值在林业、渔业等农业生产部门中的比重变化反映宏观农业生产结构转型；在微观农户数据分析中，通过粮食作物和经济作物的农户收入比重变化反映微观农业生产结构转型。

1.2.3.6 农村转型

转型是指事件的运转模型、事物的结构形态和观念的根本性转变的过程，也是创新的过程，其内容和方向的发展则由不同主体的存在状态以及环境的具体形态决定。在研究领域，根据不同的分类方式可以将转型划分成三种：首先是经济转型，即由计划经济转型至市场经济，这种经济转型也正是当前学术界研究的重点；其次是国家以及社会转型，即在经济转型的同时还存在政治领域的转型；最后是文明转型，换句话说在国家以及社会转型的基础上，文明结构发生转型，通常文明转型又被称作广义范畴的转型（周冰，2008）。因此，转型包括了许多方面的，甚至是一些细小的转轨过程，如经济转型、文化等。研究发现，这类转型之间存在一定的联系，比如因果关系或者同时存在等（Kornai，2006）。

在中国，农村传统产业的变更、就业方式的更新、消费结构的改变以及和谐社会的构建过程催生了农村转型，实质是以工业反哺农业、打破城乡隔离关系的根本转变（文琦，2009）。因此，在经济发展主导下，农村转型研究不仅涉及村域市场主体及其生产、分配、交换和消费方式转型等狭义农村转型，还包括广义农村转型，主要涉及传统农业向现代农业转变、农耕文化向商业文化融合、贫困农户走向富裕小康、农村封闭型生活转向开放型，农副业生产结构向三产业协调发展转变等（王景新，2008）。其中，农村居民点布局优化研究作为推动农村转型发展的重要内容日益受到重视（邹利林，2015）。本书的转型研究主要指经济转型，是以粮食作物和经济作物的农户收入变化为基础，通过微观农户的农业生产结构转型研究，分析云南南部山区以种植业为主的农耕系统变化影响下的广义农村转型。

1.3　文献综述

1.3.1　农业生产结构研究动态

1.3.1.1　农村居民收入与农业生产结构

对于收入差距分配的研究，并不是简单地描述贫富的距离或空间，最主要的是分析产生差距的原因和因素。经济增长、资源配置、社会贫困等始终存在，这也正是世界各国所研究的核心问题（Ray，1998；波金斯等，2005）。在分析发展中国家收入分配方面，刘易斯剩余劳动力模型指出，经济增长与收入不平等之间存在紧密的联系，这种联系主要体现在两个不同的方面：第一，经济增长造成了收入不平等；第二，收入不平等促进了经济增长。因此向高收入阶层倾斜的收入分配将有助于增长。库兹涅茨"倒'U'型假说"提出，经济增长具有两个方面的特点：首先，初始时期收入分配呈现恶化趋势；其次，后期收入分配会得到明显的改观。由此加剧了收入不平等现象，造成与人均 GDP 间呈现倒"U"型。

而在中国居民收入分配差距问题中，农村居民收入一直是各界广泛关注的焦点。1978 年以来，中国经济持续增长，GDP 年均增长率接近 10%，人均 GDP 年均增长率超过 8%。但是，中国居民的消费需求占 GDP 的比重却逐年减少，内需不足是阻碍中国经济发展的重要原因，而居民收入分配不均则是造成内需不足的主要原因（王岚，2010），发展中转型经济的一大特点是金融抑制现象在经济落后地区表现得更为突出，由此加剧了收入不平等问题（王小华等，2014）。其中，产业结构通过影响社会对不同生产要素的需求，从而对各层级的生产者的收入产生一定的影响，改善收入分配的层级现状。另外，因收入分配情况的改善也对产品需求结构产生一定的影响，进一步改变产业的内部结构（罗军，2008；林毅夫等，2013）。由此可见，收入分配、产业结构和经济增长之间存在内在关联性。这些问题在农村场域十分典型，在云南南部山区的农村场域又极具特殊性（冯璐等，2013）。

1.3.1.2 农户行为模式与农业生产结构

所谓农户行为形式是农业生产行为的一种选择，就是说农户的投资行为。在农户生产行为经典理论中，主要有以利润最大化为主的舒尔茨"理性小农"和以消费最大化为主的恰亚诺夫"自给小农"两大理论体系及成果。以此为基础，西方国家的农户形式发展可划分为两个时间段：假设农户家庭成员拥有同样效用函数的单一模型，以追求单一利润最大化为目标；假定农户家庭成员具有不同效用函数的集体模型（Manser et al.，1980）。早期研究结论表明，多目标效用理论更能准确地描述和预测生产者行为（Robinson，1982）。近期研究表明，由于经济发展、外界政策干预等因素的存在，农户追求的目标可能随时间而有所变化（Huylenbroeck et al.，2001；Aronsson et al.，2001）。除了利润最大化目标以外，还考虑规避风险、减少劳动力投入等优化目标（Riesgo et al.，2006；Bartolini et al.，2007）。国外相关研究中，农户模型已广泛运用于小农行为分析，大量实证研究表明，技术认知及推广程度、农场规模、劳动力人口、土壤质量、农户债务等是影响农户生产决策的主要因素（Tamer et al.，2008；Wilson et al.，2009）；同时，性别差异、产业化发展、政策体制以及农户意愿等因素也会产生不同的行为决策（Joergensen et al.，2007；Shiferaw et al.，2009）。所谓投资都是具有风险性，投资回报率一般都会高于时间偏好率，才会引起农民的投资兴趣；农民在选择投资时，主要面临的风险是外部环境的不可预测性、市场的不可控性以及信息的滞后性。而农业企业通过提供种苗、资金等形式帮助农户减少风险尤其是市场的不稳定性，同时，通过保障交易成本提高农户的市场参与程度（Abebe et al.，2013；Balisacan et al.，2015）。因此，农户参与农业企业开展订单农业已经成为发展中国家农户增收的一种方式（Barrett et al.，2012；Bellemare，2012），并进一步促使农业生产结构由粮食作物种植向经济作物种植倾斜的结构转型（Gathala et al.，2015）。

目前，中国农村正处于市场经济的发展大潮，中国的农业市场是由一个个被分割的局部市场构成，而各个市场的行为差异又是由不同农户行为模式构成，而农户投资行为目标的多重性事实上也是体制转换的产物（陈春生，2010）。相关实证分析显示，农户收入、农地规模、农地收益水平、净收益的预期、农户贷款资金以及土地使用权的稳定性等都对农户投资决策有着实质性的影响（郭敏等，2002；辛翔飞等，2005；李后建，2012；张明杨等，2014）。而在影响农户行为模式的因素中，无论是土地规模、收入水平，都是农业生产结构的研究范畴。上述研究主要对农户的经营结果、生产目标以及体系制定等进行了分析与研究，相对来说具有很大的理论实践意义，为后期研究提供了来源，然而多数以定性分析探讨农户的投资行为（龙冬平等，2014）。

1.3.2　农村发展与转型研究动态

1.3.2.1　制度变迁主导的国外农村转型研究

如果没有以适当的制度为基础的自由化、稳定化和私有化政策，不大可能产生成功的结果，要理解转型，人们必须理解大规模的制度变迁的过程（热若尔·罗兰，2002）。制度是要求大家共同遵守的办事规程或行为准则，也是某一领域的制度体系，如政治制度、文化制度、经济制度等。其中，政治约束在实际转型过程中扮演了主要角色（Roland et al.，2000），所以要建立发展透明的、竞争性的和法制的渠道（Hellman et al.，2003），否则，强大的既得利益会导致转型经济中政府角色转变的失败（Gupta et al.，2003）。另外，无论是转型国家还是市场成熟的国家，发展的目的都是要取得经济持续快速的增长。而经济建设需要相关制度的维系，制度对经济增长的作用是决定性的（Grogan et al.，2001），虽然自由化和私有化的改革具有滞后性，但是其对经济增长的正面影响却逐渐显现（Sanfeyet et al.，2001）。而文化的冲突也会通过交易成本这一载体决定转型的最终结果（Pejovich，2003）。

随着转型国家的改革，各国的农业生产力和农业产量都发生了巨大变化，但是，各国在发展方向以及变化程度方面却存在巨大差异。一方面，以中国、越南为代表的东亚转型国家农业生产持续增长，而以原苏联为代表的东欧转型国家农业生产却出现滑坡。同时，不同转型国家的城乡差距和农村贫困问题差异很大，农村贫困问题严重则改革进展相对缓慢（Macours et al.，2006）。随着市场化的准入，引发自然资源尤其是土地的利用变化，大大促进了农户生计发展的转型。另一方面，宗教信仰、教育文化、社区安全、外部联系等社会因素也在推动农户对土地利用的变更，而土地所有权的变动则直接影响了农村社区的经济结构、劳动力转移、非农经济的增长等（Almeida et al.，2006）。随着市场准入的不断挺进，农村转型正在从以生存为单一目标，到以市场准入为主的多方向发展（Thongmanivong et al.，2006；Narayanan，2014）。

1.3.2.2 经济发展主导的国内农村转型研究

从以生产力为重心到以经济为中心，再到可持续发展为主，中国改革实践不仅是孕育转型经济学的沃土，还形成了从"华盛顿共识"到"北京共识"的转变（余东华，2007）。中国经济转型主要由社会主义计划经济体制向社会主义市场经济体制转变，并以此为先导引发社会主义政治文化等的社会变化过程（张建君，2008）。商品化农业经济的确立要建立在有效的市场链接上，这样农民才能在商品经济中获益并促使农业成为国民经济增长的新经济点（毛丹，2008），而农业现代化则是农业和村域经济转型的根本（张崇安，2009）。但是，中国农村地域广阔、人口数量众多、经济基础薄弱，因此，在市场经济构建和国家现代化建设的发展过程中，中国农村在地理、文化、生产等方方面面的特殊性造成了中国农村转型研究的特殊性困难（毛丹，2008）。农村经济—社会结构的转型构成了未来中国新型乡村治理关系的基础（游祥斌，2008）。中国东部经济发达地区的相关研究发现，地区经济发展差距的扩大并不会完全影响经济发达地区的粮食生产，在自然条件适宜、耕地资源丰富的经济发达地区，经济发展对粮食生产的冲击强度反而会减弱（应瑞瑶等，2013）。但是，中国西部农村的发展水平差距大、发展不协调问题更突出（崔悦怡，2014）。

1.3.3　山区农户生计研究动态

1.3.3.1　山区农户生计与农村贫困

"农业上所谓山区一般指海拔 2 500 米以下的山地，群山连绵，峡谷交错，相对高差大于 200 米，有其独特的气候、水文、土壤和生物群落的区域。按海拔相对高差和坡度的大小分为极高山地、高山山地、中山山地和低山山地"①。据 FAO 相关调查，山区大约占地表面积的20%，世界人口有 10% 居住在山区，其中 10% 的人口居住在海拔超过2 500 米的高山地区。但 50% 的人口需要依赖山区来提供维持生命的基本服务，特别是水，人类使用的淡水中，有 50% 来源于山区。山区的矿物资源、林木资源、水土资源以及生物资源虽然相对丰富，但也同样非常脆弱，山区居民也是世界上最贫穷和饥饿的人群（Stevenson，2002）。世界 90% 的山区人民生活在发展中或转型国家，大约有 5 亿的山地居民生活在贫困线以下，占世界山区人口的 80%。山区是少数民族聚居区，是慢性贫困的多发人群，随着全球贫困问题研究的深入，山区贫困问题受到越来越多的关注（McCulloch and Calandrino，2003）。

作为全球经济发展的生态屏障和重要物质供应所，山区发展是全球经济发展中的重要议题和难点问题（Stevenson，2002）。2002 年，联合国大会指定每年的 12 月 11 日为国际山区日，并根据山区的主要发展问题为每年的国际山区日突出主题，借此突出全球山区生态系统的重要性，加强国际社会对山区的重视。2003 年"山区：水源地"；2004 年"和平：山区可持续发展的关键"；2005 年"旅游：减缓山区贫困"；2006 年"为了更好地生活，经营管理好山区生物多样性"；2007 年"应对变化：山区气候变化"；2008 年"山区粮食安全"；2009 年"山区灾害风险管理"；2010 年"山区少数民族和土著人民"；2011 年"山地林"；2012 年"庆祝山地生活"；2013 年"山区：可持续未来的

---

① 云南省志·农业志. 云南人民出版社，1998：80.

关键"；2014 年"山区家庭农民"；2015 年"推广山地产品，强化生计手段"。

山区人口中的 46% 分布在亚太地区，其中 90% 分布在发展中国家，1/3 人口分布在中国（Aubertin and Ginzburg，2000；Pender，2000；Xu and Rana，2005）。中国是一个山区大国，山区面积占全国国土总面积的 69%。全国有一半的行政县（区）是山区（丘陵）县，而山区县中有 35% 是国家扶贫开发重点县。"山区拥有全国 56% 的人口，拥有全国 90% 以上的森林和水能资源、54% 的耕地资源、50% 以上的草地资源。不了解山地，就等于不了解国土"（余建斌，2008），中国山区在整个国家可持续发展战略中占有举足轻重的地位，但中国山区却是全国扶贫的攻坚区，更是加剧中国区域差异化发展的主要贡献者。而且，中国山区与其他区域的经济发展差距还会随着时间的推移进一步扩大（陈国阶，2004；何立华等，2013）。依据世行划分的标准来看，我国的农村贫困人口与全国总贫困人口相比较，仍然约占 90%，其中城市的贫困人口只占全国贫困人口的 4%，即使在 2009 年，中国提升了扶贫标准，由原来的年人均纯收入提高到 1 197 元，然而我国的扶贫标准与投资额度始终无法达到国际标准。我国的贫困地区都是在山区，社会经济情况极其复杂。目前，那些生产工艺落后、成本高产量低的农业初级产品仍然主导着中国山区农业经济发展，而这些初级产品的需求收入弹性很小，难以满足现代市场的销售需求并远远落后于市场经济的发展（田千禧，1999；李祥，2014）。针对山区贫困问题，中国政府及研究人员提出了一系列政策措施，如强化基础设施建设、传播农业科学技术、开发农业生产资源、开发山区人力资源、调整农业产业结构、综合治理水土流失，等等。

1.3.3.2 山区农户生计与粮食安全

根据国际粮农组织对于粮食安全在热量、蛋白质以及维生素等方面的标准计算，全球超过 75% 的山区居民粮食安全无法保障。山区农户的粮食短缺原因是多方面的，恶劣的气候条件、艰难和往往无法进入的地带以及政治和社会边缘化使山区人民很容易遭受粮食短缺的打击。首先，山区粮食短缺的根源在于农业生产力水平低下，从而引起单位面积作物产出率低下，加剧了人类对自然界的索取。同时，山区人口急剧增长，而山区较薄的表土层限制了粮食生产，山区耕地承受了更大的生产压力（Pender，2000；Pandey，2000）。其次，对于农业来说，山区被认为是边缘土地，不适合现代商业化农业生产，因为商业化生产关注的是为大市场生产单一品种的作物。而对于山区人民来说，土地、水和森林也并非仅是用来开发到远方市场上营利的自然资源。但是，为了满足更广泛的市场经济的要求，越来越多的山区农民改变了耕作方式，单一地依赖经济作物维持生计，导致农业生物多样性逐步减少，进而造成山区粮食不安全和营养不良，据营养方面的研究表明，山区人口患微量营养素缺乏症的比例很高。

粮食安全和贫困互为作用，是农村发展中的重要问题，也是农村转型的重要标志。贫困的一个重要表现是要与饥饿抗衡，诺贝尔经济学奖获得者阿马蒂亚·森认为饥饿是某些人未得到足够生存的食物，并不是广义的粮食生产短缺。饥饿则意味粮食不安全，而粮食不安全则是贫困的必然特征及其产生的恶果（高峰，2006）。目前，针对山区贫困和粮食安全问题，国内外学者提出了大量有关农业技术、公共投资、文化教育方面的建议。减少贫困首先要保障粮食安全，而农业技术不但能解决粮食安全问题还能推动农业发展（Fan，2000）。采用新技术不仅有助于农户增收缓解贫困，而且不用通过工业化和城镇化的发展方式就可以减少城市移民压力，并缓解自然资源超负荷的承载力（Perz，2003；Nascente et al.，2013；George，2014）。农业技术对于消除贫困还具有直接或间接的作用，直接作用是技术采用者所获得的直接效益，间接作用是技术采用后所形成的粮食价格的下降、就业机会的增加以及相关效应的增长（Janvry et al.，2002；Dusserre et al.，2012；Saito，2014）。而当技术和配置已经达到顶峰，那么，技术改良将在未来成为生产增长的主要动力，这也就意味着政府要持续增加基础设施建设及技术方面的公共投资，如道路、灌溉设施、研究及推广经费（Fan，1999）。与此同时，投资边际效益在生产基础或经济条件较好的农村发展呈下降趋势，相反地，在条件较差的农村则呈上升趋势（Fan，2000；Janvry et al.，2002）。农业技术的更新推广不仅能提升农户收入，还不会造成农户收入差距的扩大（Wu et al.，2010；Ding et al.，2011）。

1978 年以来，中国粮食产量不断攀升，粮食短缺的状况得到大幅度缓解，绝大多数年份的粮食产量都是在安全线临界点，甚至部分年份还出现暂时性剩余，在占全球 7% 的耕地面积上养活了 20% 的人口。1949～2015 年，中国粮食产量在世界粮食产量的比例由 17% 上升到 25%。但是 2000 年粮食减产 10%，说明我们是在薄弱的农业生产基础上确保粮食安全，中国农业生产仍然需要随时重视提高生产力。2014 年，中国粮食产量占世界粮食产量的比重恢复到 24.3%。随着中国粮食安全的深入研究，中国对粮食安全的认识从以吃饱为目的进行的中低产田改造，发展到现在以生态安全确保粮食安全的标本兼治（徐海亚等，2015）。近年来，中国农村居民口粮消费量逐渐减少，间接粮食消费量逐步增加，并有超过口粮消费量的趋势（刘灵芝等，2011）。在温饱阶段，粮食资源利用以口粮为主，结构十分单一；在初级小康阶段，粮食资源利用逐步转向以饲料为主，结构开始转变（丁声俊，2011）。同时，农户种植行为的市场化成为主导性手段，而贫困地区农户更呈现出明显的粮食消费市场化特征（陈前恒等，2006；Chen et al.，2013）。以通过提高粮食生产比重保障自给自足的传统粮食政策，目前并不是保障粮食安全的有力措施（朱晶，2003）。农民收入、收入增长速度和经营收入预期直接影响粮食生产及安全，而农民减少粮食种植面积也是对高机会成本的理性选择（王雅鹏，2005；邓大才，2006）。在以山区、风险、民族、贫困为主要特征的云南跨境农村场域，农户生产行为不仅受上述因素影响，而且更具有脆弱性和特殊性。云南南部山区经济作物的发展不仅带来了市场风险，特殊的历史条件和较低的文化教育程度，也使山区农业面临着严峻的社会自然风险，农业生产不仅要确保农户生计也要规避风险（Wang et al.，2010；陈玉萍等，2010）。

1.3.3.3　山区农户生计与农业生态环境

农业发展与生态系统的结构是指系统内部或组成部分的搭配关系

或形式，而农业生产力以及生态资源开发状况则决定其层次性。单一农业系统表示农业生产力较低，生态环境开发利用较低，混合农业系统则反之。当农业生产力较好，资源开发利用较合理时，农业发展与生态系统就处于良性循环，反之则为恶性循环（陈珏，2009）。在现代农业发展中，化肥和农药是农业史上一次重大的变革，但两者都是直接人为介入并影响自然生产环境的，甚至部分是有毒性的化学物质。相关研究显示，农药中80%~90%的物质都将保留在土壤中不可降解，同时，农药的污染不仅与药理和自然环境有关，还与人为意识及文化历史有关（崔玉亭，2000；林玉锁，2000）。1972年，美国生物学家蕾切尔·卡逊撰写的《寂静的春天》讲述了农药对人类环境的危害引发环境保护，是20世纪最具影响力的著作之一。因此，虽然两者对于粮食增产的作用十分有效，在缓解世界粮食紧张和促进经济稳步发展的作用中甚至不可替代，但是，由于长期大量使用也严重影响人体健康并造成环境污染。而在生态多样性最明显的山区，农业生态系统变化更为敏感和强烈。

从全球角度而言，山区生态系统对保持土壤结构、维护生物多样性、保护碳水循环等方面的作用十分突出，因此，对维系全球生态系统的发展至关重要，在应对全球气候变化中也是举足轻重的。目前，山区生态环境由于土壤恶化、生物多样性减少等因素急剧退化，因此，需要合理开发山区资源发展社会经济。"根据亚太区域人类活动影响土地退化结构来讲，其中过度放牧占34%、植被破坏占36%、基础设施过度开发利用占6%、非持续性农业耕地占24%。其中，山区70%的土地用于放牧，超过3亿人生活在山区的牧场上并依赖牲畜保障粮食安全，人类生产活动空间的不断扩张，导致生态系统严重破坏，山区人口的生存环境进一步恶化。"① 保护生态环境、维护生态平衡就是保护和维护人类的生存和发展。

中国历史上就重视农业与生态环境的关系："山处则木，水处则鱼，陆处则农，谷处则牧"——《淮南子》；"丰林之下，必有仓庾之

---

① 21世纪议程，第十三章。

坻"——《齐民要术》。但是，随着现代农业的不断发展，由于不合理的资源开发，生态环境日益恶化。近年来，中国的环境破坏与气候变化问题不仅影响了本国的生态环境，对经济发展造成了难以估量的负面损失，也影响到了周边国家（Kristen，2005）。"在西部热带亚热带山区（海南、广西、云南、贵州、四川、重庆及山西南部、甘肃陇南地区），地形结构、水文地质条件迥异，其中旱地占西部山区总耕地面积的52.3%，云南、陕南、陇南地区旱地面积最大，分别占61.3%、79%、92.2%"[①]。再加上人为耕作的影响，毁林开荒、刀耕火种，尤其是在山高土层薄、降雨量大、降雨频率高的热带、亚热带山区，干旱、大风、暴雨等灾害性天气发生频率较高，出现严重的水土流失，进一步影响了旱作物为主的山区农业生产，并直接威胁中、下层和平原地区的农业生产。在制约西部粮食生产发展的众多因素中，农业气象灾害、土地种植面积等都是直接影响山区粮食生产力提高的主要因素（范红忠等，2014）。因此，"退耕还林"、"封山育林"、"林权改革"等环保政策应运而生，技术推广、体制改革、复合经营等农业措施逐步实施，因地制宜地开发山区生态资源。

1.3.4 文献述评

综上所述，转型研究主要起源于制度的变迁，从20世纪末转型国家的政治体制改革到经济体制改革，转型研究在宽度和广度上都在不断进步和细化。随着市场经济的渗透，农业国家的农业生产面临着巨大的挑战，作为农业大国，中国的转型研究也是中国农村的转型研究，更是商品化农业经济的转型研究。同时，中国也是山区大国，在全球日益关注的山区贫困问题中占据重要位置，而山区与平原和丘陵的经济发展差距，也势必影响和制约着中国农村经济转型。中国山区贫困问题严峻，一直备受关注，而与山区贫困相关联的主要是农业经济发展的落后。因此，山区农业生产发展的过程不仅是一个脱贫的过程，也是山区农业生

---

① 中国热带亚热带西部山区农业气候．北京：气象出版社，1995：6.

产结构转型的过程。

随着跨境经济的深入发展和融合，虽然现有的研究已经将其视角更多地倾向于经济行为、市场、产业等中微观经济层面，但尚缺乏农业生产结构转型的结构梳理。而农业生产结构调整所发挥的综合效益，不仅能反映社会经济的发展，还能反映出技术效率，以及基础设施及投资建设等配置所发挥的规模效益。另外，在已有的农业生产结构转型研究中，虽然学者们从不同角度、不同环境提出众多影响因素，但山区由于贫困缓解和粮食安全问题的困扰，农户生计的风险和脆弱性问题更为严重。也正因为如此，云南南部跨境山区的市场化转型带来的不仅是风险更是经济发展，也进一步映射出农户生计差异对农业生产结构变化的影响。

同时，粮食作为生存基础，是制约山区发展的首要因素。山区粮食短缺与贫困互为作用也是农业生产结构转型的重要标志，而科技是第一生产力促使农业技术作为解决粮食保障成为共识。但是，随着市场经济的进一步深入，山区人民的生存需求已经不能简单地概括为粮食满足。随着经济收入的增长，农村居民收入的水平及差距不断影响着山区农业生产结构的变化，而农业生产结构转型也不断影响着农户的行为模式从生存向市场发展。在这些相互影响的变化过程中，影响因素是最主要的研究范畴，但是，结合经济转型综合地分析区域性农业生产结构转型的过程、趋势、类型、效率、风险等则较少，特别是针对山区农业生产。

因此，目前云南南部山区农业生产结构如何？农户生计面临怎样的风险？该地区特殊的生计资本如何影响农户的生产行为？这样的生产行为效果如何？农业生产结构转型达到什么阶段，趋势状态如何？转型的效率怎样等问题，就需要结合云南南部山区边缘农户的特定形式开展综合性的实证研究。本书以经济转型研究为指导，基于农户行为影响因素研究，选取云南南部山区系统地分析区域性农业生产结构在市场经济下，农户从生存向市场发展的方式过程、效率风险等。由于对跨境经济问题有较深入研究的区域多以发达国家为主，缺乏针对发展中农业国家跨境地区农户生产行为的研究，这也为本研究提供了契机。

1.4 研究设计

1.4.1 研究思路与研究内容

1.4.1.1 研究思路

本书结合研究目的从农户生计资本对比描述出发，引出对农业生产结构转型问题的思考和深入分析。第一，通过统计描述研究云南南部山区农业生产结构转型中，农户生计资本作为初始条件的发展动态。第二，分析农业生产结构转型过程。运用回归分析和统计描述对比了解宏微观农业生产结构转型的变动趋势，根据农户收入和作物种植面积划分转型农户类型，结合倒"U"型经济发展理论分析转型阶段和总结转型趋势。第三，评估农业生产结构转型的影响，运用 Probit 模型分析农户行为决策及影响机制，利用 DEA 模型评估农业生产结构转型效率，再结合标准差和因子分析法分析农户的利润风险。第四，综合评价云南南部山区农业生产结构转型，并提出优化建议。

1.4.1.2 研究内容

本书研究内容主要针对研究目标，划分为理论框架、宏观背景描述和微观实证分析以及总结评价六个部分，具体内容如下：

第一部分：云南南部山区农业生产结构转型研究的理论分析框架。此部分主要涉及经济转型、农业生产结构、农户行为决策等相关文献分析，并以此构建农业生产结构转型理论框架。将本研究的核心内容统一到一个分析框架下，使研究更具有整体性和系统性。

第二部分：云南南部山区农村农业生产发展回顾。主要从时间上对云南南部山区经济、社会和自然环境的变化进行描述分析，包括农村经济总量、产业结构、经济生活在内的经济发展态势；文化教育、政策制度、科技推广在内的社会发展态势；以及耕地利用为主的自然环境变化趋势，对云南南部山区农村发展进行宏观描述，重点刻画农民收入及农业生产结构变化。

第三部分：云南南部山区农业生产结构转型目标和农户生计条件。总结以市场经济展为转型目标的主要特征，选取具有典型性和代表性的地区，根据农户实地调查数据资料，分析以人力、自然、物质、金融和社会五大资本为基础的农户生计条件情况。

第四部分：云南南部山区农业生产结构转型的过程分析。以农户生计条件为基础，从农户收入视角出发，探究农业生产结构转型宏观趋势，并通过微观转型农户类型划分及比较，揭示农业生产结构转型动态及静态发展趋势。

第五部分：云南南部山区农业生产结构转型的影响评估。综合评价转型中的农户行为模式，分析农户行为决策的影响机制，评价宏观农业生产结构转型效率及效率偏差，并分析转型中不同种植结构农户的利润风险。

第六部分：针对云南南部山区农业生产结构转型的评价、解析、归纳，从可持续发展、科学发展、城乡统筹发展等实际出发，提出优化云南南部山区农业生产结构转型的对策建议。

1.4.2 研究程序与技术路线

1.4.2.1 研究程序

根据转型经济研究的四个关键因素，结合调查分析划分出以下四个阶段的研究程序：

第一阶段：研究转型目标模式。根据文献回顾、会议交流等方式，定位研究区域，明确核心概念，并分解和提出可执行的研究目的。根据研究目的选择研究方法，从总体水平上考察云南南部山区农村发展情况，最后形成研究框架。

第二阶段：研究转型初始条件。该阶段分两步走：第一步，收集云南南部山区农业农村经济发展的宏观二手资料，比较归纳云南南部山区农村发展的宏观历史和趋势；第二步也是核心部分，设计抽样调查问卷，构思访谈提纲。问卷设计以农民生计概念框架为指导，结合社会学、民俗学、管理学、心理学等相关社会调查方法，内容包括文化教育、生产资源、作物种植、粮食保障、农户收入政策及技术措施等在内的大量信息，获取微观一手数据。分类访谈提纲主要针对村级带头人及各级部门领导，内容主要涉及农村生产、生活、生态的发展变化，以及历史上的重大事件，通过引导式、开放式访谈，了解农业生产结构及经济发展历史和趋势。

第三阶段：研究转型的过程方式。此部分为全书分析研究的重点部分，通过文献资料整理、调查数据录入，对相关数据进行统计描述以及计量分析，归纳出初步研究观点和结论，并结合跟踪调查点的长期调查资料，分析转型过程方式。首先，分析农户生产行为决策的影响机制，划分转型类型，分析转型阶段总结转型趋势；其次，评估宏观农业生产转型效率，评价转型中不同农业种植结构下的农户的利润风险；最后，综合评价云南南部山区农业生产结构转型的过程和影响，并对支持或修订研究观点和结论进行补充。

第四阶段：研究转型的最终条件。基本完成论文结论的分析，得出研究结果，并通过专家咨询、会议讨论等进一步完善研究结果，形成优化云南南部山区农业生产转型的建议。

1.4.2.2 技术路线

本书的技术路线概要如下：第一，通过文献回顾和会议讨论提出明确的研究问题和研究目标；第二，运用理论指导搭建研究框架；第三，设计调查问卷开展实施调查收集研究数据；第四，综合运用宏观和微观数据资料，在理论框架下开展转型的过程分析和影响评估；最后，通过专家咨询和会议讨论对研究结论进行实证，并提出云南南部山区农业生产结构转型优化建议（见图1-2）。

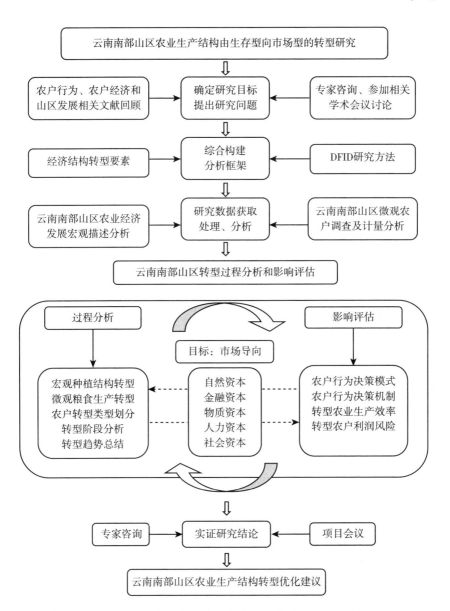

图1-2 云南南部山区农业生产结构转型研究技术路线

1.4.3　研究方法与主要创新

1.4.3.1　研究方法

问卷调查法：向有关研究对象发放问卷，通过系统地收集一手资料了解调查变量，进而对收集到的一定数量的一手资料进行比较，再对社会上存在的现象进行研究，从而归纳出规律性知识。农村发展的主体是农民，农民的行为、生产生活方式对农村发展有很大的影响，因此，本书第3、第4、第5章主要基于云南南部山区农户调查和访谈资料进行相关分析。实地调查是通过项目承担单位与当地农业部门合作，主要是农业局农业技术推广中心，寻找符合研究条件的村委会，再依托村委会领导班子寻找符合条件的自然村以及相关农户。

定量分析法：利用统计描述及计量分析等方法对有关研究对象进行研究分析，进而精确量化研究对象，并科学地揭示事件发生的规律并挖掘影响因素，进一步预测事件未来的走向。本书第3章主要运用描述统计对比农户生计资本的变化；第4章运用回归分析宏观农民人均纯收入和种植业结构转型的关系，划分转型类型；第5章主要采用Probit分析、DEA分析、标准差和因子分析等计量统计方法，从微观层面更细致、全面、合理地分析变量之间的关系，综合评价云南南部山区农业生产结构转型中农户生产决策的影响机制、农业生产结构效率和农户利润风险。

定性分析法：根据社会现象或事件中的矛盾变化及特有性质，对有关研究对象进行归纳演绎、推理概括，从而对内在的"质变"进行分析。这种研究方法可以从不同角度和维度对获得的资料进行思维加工，从而揭示事件本身的内质以及社会发展的普遍规律等。本书第1章即用此法进行文献回顾，阐述全书研究的背景、理论和框架；第4章主要运用归纳演绎的方法分析转型阶段，总结转型趋势，同时，第6章也都是在定量分析结果的基础上，根据相关理论和经验总结归纳云南南部山区农村发展的对策建议。

个案研究法：个案研究即是对具有代表性的单一个体或群体进行深入挖掘研究，这种研究方法在社会学研究中具有重要地位。通过深入了解个案问题，找出全方位的问题解决模式。通过 2005～2010 年长期连续性的农户调查，本书掌握了上千户农户调查面板数据和相关访谈资料，2015 年又结合相关研究项目继续跟踪及扩大调查村寨。因此，第 4 章对各转型类型的访谈记录和类型对比，即是在前述分析的基础上采用个案研究法进行的评价。

比较研究法：比较研究法是指对收集的各种资料进行参证、比较、判断其类似与差异及变化轨迹的研究方法。本书主要采用类型比较法，以分类和归纳建立一般规律，探求农业生产结构转型变化的趋势。本书第 3、第 4、第 5 章均采用比较研究，通过对比进行最终的归纳判断，提出建议。

上述研究方法虽然各自的优势都很突出，但也有各自的不足。问卷调查法一旦不能很好地把握问卷设计的质量，常常有失偏颇得不偿失；定性分析用语言文字描述，靠直觉判断较为粗糙；定量分析用数学语言描述，刚性有度容易主观武断；个案研究完全取决于所获得案例资料的正确性，否则错误率极高；比较研究法容易割裂因素间的内在联系，造成归类时的牵强附会。因此，本书综合利用各研究方法的优缺点，取长补短、相互补充、灵活运用，确保全书研究分析的严谨性。

1.4.3.2　主要创新

第一，综合运用 DFID 理论和经济转型要素构建理论框架。农业生产结构转型是转型经济学的主要研究对象，也是结构经济学的研究范畴，而对云南南部山区农业生产结构转型的探讨，即是转型经济学和结构经济学理论在云南的实证探讨。云南南部山区是跨境地区，农业生产受到国内外双重市场的影响，生产和市场的不确定性显著，使小农户的生产决策更具有易变性，进而促进农业生产结构的转型。因此，本书以经济结构转型要素研究为引导，以转型经济学和可持续发展理论为基础，综合运用 DFID 理论分析框架，并结合山区农业经济研究相关文献以及云南山区农业经济发展情况等，搭建云南南部山区农业生产结构转型研究分析框架。

第二，通过转型过程和影响评估分析强化农业生产结构转型研究。本书以单元农户调查为研究基础，以时间和地域为坐标，运用面板数据的动静态考察，将主观判断用数量形式表达和处理；通过分析以宏观种植业结构转型和微观粮食生产转型为主的过程，划分农户转型类型，分析转型阶段和总结转型趋势；分析转型中农户生产行为决策的影响机制，评估农业生产效率和农户利润风险，扩大农业生产结构转型分析的维度和深度，有助于强化山区农业生产结构转型及农户增收研究。山区农户在中国处于经济发展的边缘地带，政策和研究关注度还不够，本书集中在生态脆弱区尤其是贫困跨境山区，这些地区的粮食安全和经济发展问题尤为重要，因此，在研究内容上也具有强化补充和延伸作用。

1.4.4　研究概念框架应用及构建

概念框架是我们用以构筑思想中的经验世界并用以整理思想中的概念的方式。我们所认识的世界其实是受到概念框架（Conceptual Framework）和知识系统（Knowledge System）的影响。概念框架受到大脑的基本构造和自身逻辑思维的影响，是先验的；而知识系统则为后天习得，是后验的。研究的概念框架就是运用后验的知识系统，将先验的零星概念连接成一个框架或者结构性的东西。

1.4.4.1　DFID 概念框架的应用

DFID（Department for International Development）研究框架是英国国际发展署提出的，是围绕贫困落后地区可持续发展而提出的，一个以二维平面图展示生计分析框架的新的研究工具。可持续生计分析框架强调系统在面临压力和冲击时，应该有强有力的恢复力和适应性，主要在制度、政策、环境等因素造就的风险环境中，即生计风险，判断生计资产情况，选择生计策略类型，形成特有的结果，而其结果又作用于生计风险（叶菁菁等，2016）。其中，生计资本作为农户的一种权利和对抗贫困的能力，对可持续生计有着重要的影响。即：自然资本，用于生产产品；金融资本，用于购买消费和生产物品的现金及借贷；物质资本，用于经济生产的基础设施及工具；人力资本，个人拥有的知识、技能及劳动力等；社会资本，为实现不同生计策略的社会网络资源（见图1－3）。

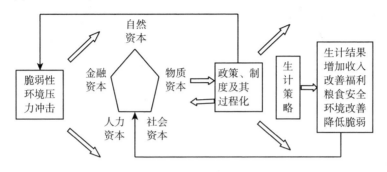

图1－3　DFID可持续生计研究概念框架

1.4.4.2　经济转型要素引导式研究概念框架的构建

经济转型是指一种经济运行状态转向另一种经济运行状态，主要分为体制转型和结构转型，结构转型指的是由传统的模式逐渐转变为现代模式，即不开放的、闭塞的、农村的传统社会逐渐转变成开放的、城市化、工业化的现代社会。其主要目标是更好地实现与提高经济的增长，进一步改善国家或者区域性经济的地位（李永东，2011）。本书研究的农业生产结构转型即是结构转型中的一个类型，但又不是简单的农业生产结构调整，而是在市场经济条件下，农业生产结构由传统的生存导向向现代的市场导向转变的推进过程。因此，其转型要素也应该遵循经济转型要素的主要内容，同时，不仅需要宏微观的分析判断，还需要通过综合评估了解逻辑关联。

DFID研究框架注重逻辑推断，侧重于微观背景和策略引导，以可持续发展为前提，追求对可持续发展方向的掌握。本书以DFID研究框架的生计条件为结构转型的初始条件，探究结构转型的过程方式，并综合评估策略和制度，最后总结建议农业生产结构转型的生计策略，即转型的终极条件。因此，通过对发展中国家粮食安全、经济结构转型、农村经济发展、山区贫困等相关文献的回顾，并结合研究区域农业经济发展状况，本书以 DFID 生计框架为主导，经济转型要素为外围引导，选取农业生产力、农户收入差异、农户行为模式表示转型方式；转型主要内容、重要形式和类型划分表示转型过程；转型趋势、转型风险、转型效率评估表示影响评估，从而形成本书基于 DFID 和经济转型要素引导的农业生产结构转型研究概念框架（见图 1-4）。

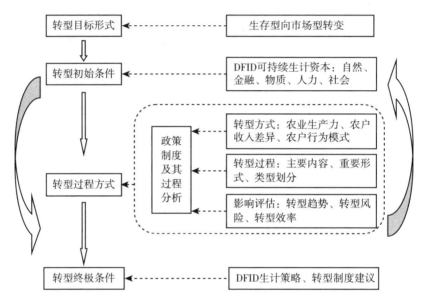

图 1-4　基于 DFID 和经济转型要素引导的农业生产结构转型研究概念框架

研究区域与调查样本概况

2.1 云南南部山区基本情况

2.1.1 地理生态特征

2.1.1.1 地形与地貌

云南南部主要包括滇东南：文山壮族苗族自治州（辖 8 县）、红河哈尼族彝族自治州（辖 2 市 11 县）；滇西南：普洱市（辖 1 区 9 县）、西双版纳傣族自治州（辖 1 市 2 县）、临沧市（辖 1 区 7 县）五个地州市。国土面积共 15.3 万平方公里，占云南省总面积的 40%，耕地面积 278 万公顷，占全省耕地面积的 44%。其中，文山州、红河州与越南接壤，普洱市与老挝、越南和缅甸接壤，临沧市与缅甸接壤，西双版纳州与老挝、泰国毗邻。边境线总长 3 167 千米，占云南省边境线总长的 78%，居住着哈尼、傣、拉祜等 16 个跨境而居的少数民族，是典型的少数民族聚居的边境山区。

云南是一个高原山区省份，山区占全省总面积的 94%、耕地的 83%，跨越热带、亚热带、温带、寒带等多个热量带，动植物品种资源丰富，地形地势复杂。全省 129 个县市区中没有一个纯坝区的县，其中山区占总面积 70%~70.9% 的有 4 个县市；80%~80.9% 的有 3 个县市；90%~95% 的有 9 个县，其余的均在 95% 以上。同时，土地垂直变化十分突出，相对高差 200～1 500 米，"群山连绵、峡谷交错；山中有坝、原中有谷"，是具有独特的气候、水文、土壤和生物群落的区域，云南南部更是典型的山区地带（见表 2－1）。

表 2－1　　　　　　　　云南山区主要类型及土地利用情况

	高山	中山	低山
海拔	>3 500 米	1 000～3 500 米	500～1 000 米
面积比例	包括极高山地，约占 10%	约占 70%	约占 20%
地理分布	滇西北、滇东北	北部高山与南部低山之间	西双版纳、滇东南、滇西南
特点	山高谷深，温带与寒带气候，土壤为棕壤系列和亚高山灌丛草甸土、坡陡土薄	陡坡较大，为亚热带气候，土壤红壤为主，还有紫色土、石灰岩土、黄棕壤、棕壤	坡度较缓，谷地浅阔，为热带及南亚热带气候，水热条件好，土壤为砖红壤和赤红壤
利用概况	流石滩、草地、灌丛、林地、名贵中药材及夏季牧场	林地保留较多，耕地分布零星，玉米、马铃薯等旱粮为主，疏幼林、灌丛、荒地比重大	原始植被覆盖较好，为橡胶及热作、茶叶基地，自然保护区面积较大

资料来源：云南省志·农业志. 云南人民出版社，1998：81.

2.1.1.2　耕地与土壤

云南省宜林宜牧的荒山荒地绝大部分分布在山区，现有耕地除少数开垦为梯田以外，大部分为坡耕地，分布比较零星，中低产田比重也大，生产水平较低。据云南省国土资源厅 2000 年西部大开发坡耕地调查坡度，坡度大于 15°的山地占全省土地面积的 77%，其中普洱市坡耕地面积多达 54 万公顷，占耕地总面积的 73% 为第一位（见表 2－2），这也是本研究多年跟踪调查普洱市的主要原因之一。同时，云南近4 000 万公顷土地中，红壤约占 70%；在 280 万公顷耕地中，红壤面积约占一半，主要分布在滇中北纬 24°～26°、海拔 1 500～2 500 米的高原面、湖盆边缘以及中低山区，是云南省主要的土地资源。因此，云南南部山区是典型的以中低山田、坡地耕地为主的山区红壤旱作农业。

表2-2　　　　　　　云南南部五州市耕地资源划分

	耕地总面积（万公顷）	人均耕地（公顷）	>15°坡耕地比例（%）	按>15°耕地利用划分（%）		按>15°耕地坡度划分（%）	
				坡地	梯田	15°~25°	>25°
文山州	64	0.20	47	84	16	76	24
红河州	63	0.16	42	61	39	70	30
临沧市	56	0.26	72	78	22	68	32
普洱市	75	0.32	73	85	15	69	31
西双版纳州	20	0.23	26	93	7	89	11
五州市合计	278	0.22	52	80	20	74	26
全省总计	634	0.15	48	79	21	72	28

资料来源：云南省志·农业志. 云南人民出版社，1998.

　　刀耕火种是旱作农业的重要和主要形式，云南的刀耕火种绝大部分分布在与缅甸、老挝、越南接壤的云南西南部陆稻种植主产区。该地区海拔600米以下的河谷盆地，是傣族等民族经营的历史悠久的水田灌溉农业系统；海拔600~1800米的山地和丘陵，则是众多山地民族经营的刀耕火种农业系统。刀耕火种的历史久远，这不仅由于该地区属于亚热带季风气候，终年温暖、雨水充沛、森林资源丰富，而且山地地形复杂，难以灌溉，山地民族流动作业的习惯，使得不需要复杂生产设施的刀耕火种农业自然适应了山地民族社会的需要。长期从事刀耕火种，不仅使各山地民族形成了完整的生产技术体系，而且还形成了与之密切的社会组织体系和观念形态体系。虽然刀耕火种只是山野村夫的生计行为，但是它严重地涉及生态环境保护问题。自20世纪50年代以来，由于人口压力的增加，传统的刀耕火种已经难以维持山区农户的生存与发展，特别是山地少数民族人口增长过速，若无别的办法来解决，只能通过毁坏林地，进行大面积开荒，不断扩大耕地面积，然而采取这样的方法必然打乱正常的轮歇规划，对森林与土地资源造成严重的毁坏，不断加剧土地沙化与水土流失（冯璐等，2013）。在亚热带山地刀耕火种的农业系统中，如果人均拥有30亩（2公顷）以上的可耕森林地，这个系统便能保持平衡和良性循环，如果少于此数，便难以为继，失去平衡，导致生态环境破坏从而陷入困境（尹绍亭，2000）。

目前，云南省水土流失面积达14.13万平方千米，占土地面积的37%，年平均侵蚀模数1 340吨/平方千米，年流失土壤5.18亿吨，年均侵蚀深1毫米，其中省境内长江、红河和珠江所在流域的侵蚀程度最为严重（郭云周等，2009），并且主要发生在 >8°的坡地上，占总面积的90%以上。自1958年第一次土壤普查以来，旱地耕地的比重逐年增加，在一定程度上也反映出农业生态环境劣变的趋势。而人口数量的刚性增长，也导致人均占有耕地减少、耕地不足的矛盾。所以，以红壤旱作为主的云南南部山区农业耕作土地，也正日益面临资源紧缺、水土流失、土壤侵蚀的威胁。对此，云南省政府采取一系列措施，通过对刀耕火种进行不断持续的改造和取代从而达到禁止的最终目的，并对山地民族的农业生产及农户生活进行扶持。通过保障粮食安全推进保护环境、发展经济（王怀豫，2006）。

2.1.1.3 气候与降水

云南南近海洋、北倚青藏高原，具有冬春干旱、夏秋多雨、干湿季节分明的季风气候。同时，云南海拔差距悬殊，不仅拥有从海南岛到黑龙江的各种气候带类型，同一地区因海拔高度的差异又区分出几个气候带，"一山分四季，十里不同天"。从水平平面看，一般是南部热、中部暖、北部寒；从垂直差异看，是河谷地带气候炎热，坝区和山腰气候温暖，山区气候凉爽，高山气候寒冷。

在雨量分配上，山区雨量多、坝区雨量少、河谷雨量更少，因此，南部山区为多雨区。其中，滇西南多雨区主要分布在普洱市南部、临沧市西南部，年降雨量1 500～2 300毫米；南部边缘多雨区主要分布在河口、金平等边境线，年降雨量1 700～2 200毫米。因此，先天独特的气候与降水条件促成了云南南部种植结构鲜明的雨养型农业。根据《云南省综合农业区划》的分区划分，云南南部地区农业生产主要分为：

南部边缘地区：年均气温21℃以上，年10℃以上的活动积温为7 500℃以上，长夏无冬，适宜种植橡胶、咖啡、香蕉等热带经济作物，水稻一年可二到三熟，是典型的籼稻产区；

滇西南地区：年均气温多为16～20℃，年10℃以上的活动积温为6 000～7 500℃，热量丰富，夏热冬暖，降水充沛，适宜种植甘蔗、茶叶、柑橘等亚热带经济作物，是普洱茶和滇红茶的产地，粮食中陆稻比重较大；

滇东南地区：年均气温多为16～19℃，年10℃以上的活动积温为6 000～7 300℃，冬暖夏热，一雨成秋，局部地区霜冻严重，同时也是典型的卡斯特地形，主要是玉米、再生稻以及三七、天麻等中草药的主产区。

2.1.2 经济发展状况

2.1.2.1 国内生产总值

"2013年云南全省实现生产总值11 720.91亿元，比上年增长12.1%，高于全国4.4个百分点。其中，第一产业增长6.8%；第二产业增长13.3%，第三产业增长12.4%。三次产业结构由上年的16.0:42.9:41.1调整为16.2:42.0:41.8。全省人均生产总值达25 083元，比上年增长11.4%。非公经济增加值实现5 397.48亿元，占全省生产总值的比重达46.1%，比上年提高2个百分点"①。云南省农业产值不仅远低于二、三产业，而且三次产业GDP比重分别由1980年的42.6:40.3:17.1发展到2013年的16.2:42:41.8。其中，农业产值比例严重降低，第二产业比例相对稳定，第三产业比例大幅度提高，严重导致发展差异逐年扩大（见图2-1）。

---

① 云南省统计局.2013年云南省国民经济和社会发展统计公报.

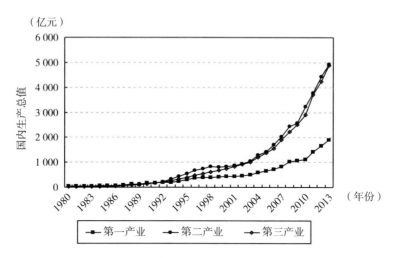

图 2 - 1　云南省历年各产业国内生产总值变化趋势（1980～2013 年）

资料来源：《云南省统计年鉴（2014）》。

2.1.2.2　农业生产总值

虽然云南省农业 GDP 的比重差距逐年加大，但是，云南农业 GDP 总量是逐年上升的，同时，作为农业大省，云南省财政收入的 70%、创汇收入的 60%、国民收入的 75% 和轻工业原料的 80% 直接或间接来自农业（武友德，2016）。"2013 年，全省农业总产值达 3 056.04 亿元，比上年增长 7.0%。其中，农业产值 1 639.40 亿元，增长 6.6%；林业产值 293.25 亿元，增长 12.1%；牧业产值 962.55 亿元，增长 5.7%；渔业产值 70.41 亿元，增长 13.7%；农林牧渔服务业产值 90.43 亿元，增长 9.4%。全年粮食总产量达 1 824 万吨，比上年增长 4.3%；油料产量 60.7 万吨，比上年下降 3.4%；烤烟产量 103.9 万吨，下降 6.5%；蔬菜产量 1 625.5 万吨，增长 10.3%；茶叶产量 30.4 万吨，增长 11.1%；园林水果产量 571.6 万吨，增长 11.8%；鲜切花产量 80.5 亿枝，增长 12.1%"①。

而云南南部不仅是粮食主产区，也是经济作物生产的主要区域。农

---

① 云南省统计局.2013 年云南省国民经济和社会发展统计公报.

业生产布局不仅有比较明显的特色和区域划分，而且农业总产值在全省的比重也较大，2014 年云南南部农业总产值就占全省农业总产值的 1/3 以上，在农业布局中，云南南部五个地州农业布局划分如下：红河州热带亚热带水果产区；文山州中草药产区；西双版纳茶叶、橡胶和热带鲜切花产区；普洱茶叶、橡胶产区；临沧茶叶、橡胶、蔗糖、咖啡、香料产区。主要农作物种植情况如下：

粮食作物：种植面积 146.3 万公顷，占总播种面积的 64.3%。其中，稻谷和玉米分别占粮食种植面积的 27.5% 和 33.9%。粮食总产量 489.2 万吨，稻谷和玉米分别占 46.1% 和 36.6%。

糖料作物：糖类作物以甘蔗为主，种植面积 24.1 万公顷，产量 1 429 万吨，分别占全省种植面积的 77.9% 和产量的 75%。

油料作物：种植面积 9.4 万公顷，总产量 11.5 万吨，分别占全省种植面积的 37.7% 和产量的 28.4%。

经济作物：茶叶产量 12.9 万吨，占全省总产量的 75%；橡胶产量 25.7 万吨，是橡胶总产区；烤烟种植面积 37.9 万公顷，产量 17.3 万吨，分别占 20.4% 和 20.1%。

虽然云南目前农业生产的发展速度令人欣喜，但是，山区和坝区相比的话，二者之间的社会与经济发展很不均衡，其中社会经济形式与自然气候条件的差异性极大。种植业呈现出复杂性、分散性、不平衡性以及旱地农业比重较大的特点。尤其是在山区，由于受到立体气候和多民族生产习惯和传统文化的影响，新技术、新成果推广和传播比较缓慢，而传统农业落后的生产方式和技术又长期地影响着山区的资源环境，限制了农业的生产发展。"山区的土地报酬率仅为坝区的 1/10，山区群众的生活水平比坝区要低得多"①。对云南的山区，可以用这样四句话来概括：资源丰富、经济贫困、生态恶化、人口膨胀。

---

① 云南省经济研究所，云南省社科院农村经济研究所. 云南农业发展战略研究［M］. 昆明：云南人民出版社，1991：209.

2.1.3 社会文化背景

2.1.3.1 人口与教育

2014 年，云南省总人口达到 4 713.9 万人，其中农业人口占58.3%。而云南也是少数民族聚居区，全国 56 个民族中云南就有 52个，2014 年全省少数民族人口 1 533.7 万人，约占全省总人数的 33%，占全国少数民族总人数的 14.4%，目前云南省没有一个单一民族的县。云南省人口总数与农业人口都在呈刚性增长，从 1990 年到 2012 年，云南省总人口数增长 25%，农业人口增长 18.7%，农业人口比重降低约4.3 个百分点。而云南南部从 1990 年到 2012 年，总人口增长 19.7%，农业人口增长 14.8%，农业人口比重也降低了约 4 个百分点（见图 2 - 2）。

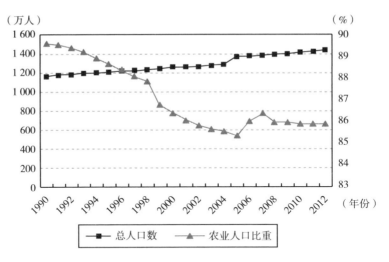

图 2 - 2 云南南部总人口与农业人口增长变化趋势（1990 ~ 2012 年）
资料来源：《云南省统计年鉴（2014）》。

但是，据民国二十一年（1932）云南省民政厅的调查，云南省历史上就有剩余的农业劳动力。南部山区农业人口占总人口的 86%，少数民族占 56%，相对全省来说，劳动力资源较为丰富，因此，除了家务劳作和牲畜饲养以外，云南南部农户也从事手工业和小本商业，并利用地理优势去周边国家，进行向外暂时性转移的生计活动，即"农闲去，农忙回"，而乡镇企业的发展也为农村剩余劳动力提供了出路。同时，云南地处边疆，交通不便，经济基础薄弱，广大农民文化素质偏低。云南省一般文盲率15%，人均受教育年限为6年，而贫困地区文盲率高达19%，人均受教育年限不足6年。目前云南南部乃至全省的教育水平还较低并有待提高。

2.1.3.2 政策与科技

目前云南省现行支农惠农政策中，分别涉及农林业生产、农村建设、农村文化科技及土地管理等政策措施。其中包括资金补贴、措施计划、项目建立等共计36项，这些全省性支农惠农政策措施不仅关乎农村生计，还有助于农村发展及转型，但并未实行针对性区域政策。除了农业生产以外，中央及云南省政府、发改委、民委、财政厅、建设厅等各部门还计划开展了多方面政策措施，以实现农村全面发展（见表2-3）。

表2-3　　云南主要农业生产补贴政策一览（2007~2009年）

补贴名目	简　介	政策依据
能繁母猪补贴	补贴资金按照分级负担的原则，由中央和地方各级财政共同承担，中央财政承担60%，地方财政承担40%。2008年每头补贴100元	云财农〔2007〕171号
奶牛良种补贴	奶牛养殖者饲养的具有繁殖能力的荷斯坦牛、奶水牛等，具体标准在年度项目实施方案中确定	云财农〔2007〕249号
种粮农民农资综合直补	根据中央对我省的补贴资金总额，以各地近3年上报的粮食播种面积、粮食产量及商品量的平均数为测算因素，采用因素法核定补贴金额。权重比例为粮食播种面积占70%、粮食总产量占20%、粮食商品量占10%	云财建〔2008〕53号
油菜良种补贴	省级以全省油菜种植面积为依据下达补助资金，年终进行结算，10元/亩	云农计财字〔2008〕358

补贴名目	简　介	政策依据
能繁母猪保险保费补贴	保险金额 1 000 元/投，保费补贴由中央承担 50%、地方 30% 和养殖户 20% 共同承担，保险重大病害、自然灾害和意外事故所直接引致的能繁母猪死亡	云财农〔2008〕197 号
奶牛保险保费补贴	保险金额 6 000 元/投，保险补贴 360 元/投，农户承担 144 元。保险重大病害、自然灾害和意外事故	财金〔2008〕27 号
水稻、玉米、小麦良种补贴	补贴品种：良种水稻、杂交玉米、良种小麦。补贴对象：生产中使用农作物良种的农民。补贴标准：早稻每亩补助 10 元；中、晚稻每亩 15 元；玉米、小麦每亩 10 元	农办财〔2009〕20 号
农机购置补贴	由项目区农户在国家公布的补贴目录（10 个大类 47 个品目共 1 192 个产品）范围内选择，单机最高补贴额度 8 万元，一般县补贴标准为机具价格的 30%	云农计财字〔2009〕45 号
粮食增产技术推广	由省级财政安排 2 000 万元专项资金，按每亩 1 元的补贴标准，实施 2 000 万亩间作套种等粮食增产技术推广	2009
中低产田改造	由中央及省级相关部门整合资金 29.6 亿元，确保完成 200 万亩中低产田改造	2009

农村建设：2008 年，"一事一议"鼓励发展村级公益事业，形成政府补助、部门扶持、社会捐赠、村组自筹和农民筹资筹劳相结合的投入新机制；2006～2010 年，把全省已定下来的 5 万个 30 户以上不同形式的村庄，划分为扶贫攻坚村、新农村典型示范村以及重点建设村，分级负责争取实质性突破；2006 年，建设民族团结示范村和兴边富民示范村强化民族团结发展；2006 年，扶贫开发整村推进，依据不同地区的资源、社会经济发展程度、生产力的发展水平问题，对不同区域的贫困

村进行划分，通过当地实际环境进行扶贫工作，并制定相适应的工作标准与措施，同时进行引导与规划。此外，还包括基础设施建设、农村公路建设资金补助、农村能源建设等。

农村土地管理：自农村土地实行承包制之后，云南省不仅对农村土地承包关系进行了稳定，也依照相关自愿有偿的规定，平稳有序地实行农村土地承包经营权，积极进行探索实践，截至 2013 年底，云南省土地流转总面积为 602 万亩，占全省承包耕地总面积的 15.5%；在流转的土地中，农户以外的各种新型主体承接面积占比已达 51%。关于流转区域基本围绕经济发展良好的城郊区与坝区，其流转形式较多，包括转让、转包、互换、出租等。自 2006 年以来，为了大力推进农业产业化经营用地，云南省依然采用农民有偿、自愿、规范及有序的准则，以不变更农用地性质为前提，允许农户在土地承包期限内，依法转让或出租土地承包经营权，甚至以股权形式参与产业化经营，但不得抵押拍卖。自 2009 年以来云南省开展土地确权登记，已有 10 个州市开展了试点工作，共调查 20.7 万户农户，确认了家庭承包耕地面积 95 万亩。

农村文化科技：2006 年民族文化事业发展政策、2009 年文化惠农活动补助、2009 年科技型农村经济合作组织扶持措施。

农村消费：2009 年家电下乡补贴、汽车摩托车下乡补贴。

农村社会保障：2004 年农业人口独生子女家庭奖励、2005 年农村义务教育保障免除学杂费等、2007 年大中专家庭经济困难学生资助等。

2.1.3.3 体制发展历程

改革开放以来，云南省委省政府在中央政策指引下，从改变农村的基本经营制度入手，拉开了云南农村改革发展的序幕，而云南南部山区也在全省农村改革发展下，经历了不同阶段的巨大变革。

改革经营体制阶段（1978～1984 年）：1980 年 4 月 30 日，云南省委印发《邓小平同志关于编制长期规划的意见摘录》，决定在大约 1 000 万人口的地广人稀、经济落后、生活贫困的边疆少数民族山区和内地高寒、分散、贫瘠的山区推行包产到户和包交提留到户。到 1983 年 5 月，全省95%以上的生产队实行大包干，农村基本经营制度初步成立。之后，把家庭联产承包责任制作为农业经营的基础，同时采用统分结合的经营体系，废除人民公社。

发展商品经济阶段（1985～1991年）：随着农村基本经营制度的建立，农业生产效率提高，培育农产品市场、完善农产品流通体制和促进非农企业发展等成为改革主体。1985年1月，云南省委从调整生猪入手，逐步取消粮食等一批农产品的统派购制度，7月，省委、省政府发出《关于发展乡镇企业注意解决好的几个问题的通知》，促进乡镇企业和多种经济成分发展；1987年，省委"七五计划"实现了以粮食生产为主的单一结构向粮经二元结构，继而向粮食、经作、饲料和绿化作物合理搭配的三元结构转变。同时，为了适应商品经济发展需要，积极转变计划经济时期的政府职能。

向市场经济转轨阶段（1992～1999年）。随着商品经济的发展，云南省全面进入社会主义市场经济体制转轨阶段。转型标志是全面建立农产品市场体系：1995年，根据国务院《关于稳定和完善土地承包关系的意见》精神，云南省通过立法手段稳定农村基本经营制度，做出了"土地承包30年不变"的规定，鼓励农民增加投入；改革以粮食为主的农产品流通体制，进一步稳定粮食市场和确保粮食安全；继续开展乡镇企业产权制度改革，乡镇企业获得了稳定、持续的推动。在此背景下，云南省包括边境地区在内的大量农村劳动力向东部沿海城市及地区流动，首次出现"民工潮"。

"西部大开发"建设阶段（2000年以来）。自2000年以来，国家出台各项优惠政策，推进云南农村建设进入深化阶段。2000年，国家开启西部大开发政策，并全面启动退耕还林工程；2001年，云南省农村税费改革试点工作开启，2006年全面取消农业税；2002年4月1日起，取消粮食定购任务，实行放开粮食收购、粮食市场和粮食价格；2005年底，云南省委省政府贯彻中央精神，出台"新农村建设"实施意见，按照"多予、少取、放活"的方针，加大"三农"财政支持力度；2006年，开展集体林权制度改革，并出台农村富余劳动力转移及相关配套政策。

2.2 云南南部山区农业发展动态

2.2.1 农民收入变动

2.2.1.1 总体收入增幅

中国改革开放 30 多年来已使两亿多农民脱贫，农民收入逐步增长，农村居民的生活水平日益提高。1992 年到 2013 年 21 年间，中国农民人均纯收入增长了 11.3 倍，云南省和云南南部地区则分别增长了 9.9 倍和 10.7 倍，分别达到 3 103 元和 2 632 元，农民生活水平都得到了进一步的提高。但是，中国农民生活水平发展不平衡，东高西低。与全国相比，云南省农民人均纯收入差距从 1992 年的 21.2% 扩大到 2013 年的 31%。云南南部农民人均纯收入远低于全国水平，但与云南省的农民收入差距正在缩小，1992～2012 年的差距从 6.8% 缩小为 2.2%，2013 年则超出全省平均水平的 0.5%（见图 2－3）。滇南山区农村经济正在经历转型，但是山区仍是云南省经济发展最薄弱的地区，也是云南省扶贫开发、基础设施、生态环境建设、城乡统筹发展的主战场。因此，云南

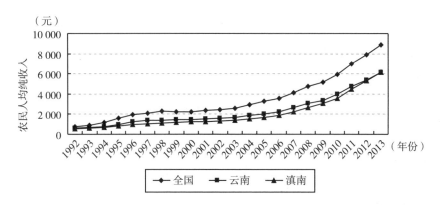

图 2－3 云南南部五地州农民人均纯收入水平对比（1992～2013 年）

资料来源：《云南省统计年鉴（2014）》。

南部地区农民总体收入水平虽然得到了大幅度增长，但是与其他地区相比，地域差距较大，农民增收问题仍然十分紧迫。

2.2.1.2 贫困发生状况

云南是全国扶贫攻坚的重要主战场之一。自 2000 年以来，云南省累计投入省级以上财政扶贫资金 166.77 亿元，云南省贫困人口从 1 022.1 万人下降到 2010 年的 525 万人，减少了 497 万人，贫困发生率由 29.63% 下降到 14.1%，73 个国家扶贫重点县农民人均纯收入由 1 100 元提高到 2 569 元。但截至 2010 年底，云南省深度贫困人口还有 160 万人，仍然是全国贫困面积最大、贫困人口最多、贫困程度最深的省份。同时，云南省 73 个国家级贫困县占全省 129 个县市的 56.5%，约占全国扶贫重点县市总数的 12%，其中南部山区包括临沧市 7 个、红河州 6 个、普洱市 8 个，共计 21 个国家扶贫县，占全省国扶县的 29%，且主要分布在西南地区，尤其少数民族人口是贫困发生的主要群体。这些贫困人口主要聚居在自然条件恶劣、经济落后的深山区、石山区、高寒山区、干热河谷区和少数民族地区、边境一线，这些地区自然条件差，交通不便，科技文化落后，自我发展能力低，返贫率高，亟待可持续发展良性循环的引导。因此，虽然云南省贫困缓解取得了巨大成就，但是云南省尤其是西南部少数民聚居山区的贫困形势依然严峻，山区扶贫攻坚的任务更是任重道远（见表 2-4）。

表 2-4　　云南南部山区主要县市的农村发展概况（2013 年）

序号	县/市	总人口（万人）	农业人口（万人）	农业人口占地（%）	GDP（万元）	农业GDP（万元）	农业GDP占比（%）	农民人均纯收入（元/人）	人均粮食产量（kg/人）
1	屏边县	15.51	13.81	89	20.01	5.31	27	3 565	503
2	沧源县	18.45	16.2	88	29	7.77	27	5 442	405
3	澜沧县	49.68	46.04	93	47.85	14.9	31	3 652	172
4	孟连县	13.83	12.03	87	19.3	8.05	42	4 726	601
5	文山县	49.3	39.93	81	158.1	15.67	10	6 465	374

序号	县/市	总人口（万人）	农业人口（万人）	农业人口占地（%）	GDP（万元）	农业GDP（万元）	农业GDP占比（%）	农民人均纯收入（元/人）	人均粮食产量（kg/人）
6	砚山县	47.1	43.39	92	90.14	19.33	21	5 687	542
7	广南县	79.85	75.62	95	72.51	26.96	37	5 251	414
8	马关县	37.35	34.09	91	55.48	14.91	27	5 636	456
9	景洪市	52.86	32.71	62	144.78	31.73	22	8 907	209
10	勐海县	33.72	28.29	84	70.97	17.83	25	6 513	825
11	勐腊县	28.62	19.63	69	64.37	28.1	44	5 891	284

资料来源：《云南省统计年鉴（2014）》。

2.2.1.3 收入结构变化

根据历年《云南省统计年鉴》，农村居民家庭收入主要按照劳动者报酬、家庭经营、转移性和财产性四类收入计算。家庭经营是农村居民收入的主要来源，占60%以上；劳动报酬收入比重占10%以上，但增长比例较快；转移性和财产性收入所占份额较低，其增幅大小对总收入的影响并不大。其中，农业收入是家庭经营性收入的主要来源，占50%以上，其他包括建筑业、运输业、服务业等收入。而在农业收入中，种植业和畜牧业又是家庭经营性收入的支柱，但近二十年来，种植业的比重下降了10个百分点，畜牧业则下降了5个百分点。因此，云南农村居民家庭收入结构由传统的以种植业和养殖业为主，逐步转变为种植业、劳动性报酬（主要是外出务工）和养殖业来维持家庭生计（见表2-5）。

表2-5　　云南农村居民家庭收入结构情况（1993~2010年）　　单位：%

年份	劳动报酬	家庭经营收入			转移性收入	财产性收入
		种植业	畜牧业	其他		
1993	7.8	43.6	21.8	19.0	6.8	0.9
1994	7.5	43.7	23.3	18.8	4.1	2.5
1995	7.1	46.9	23.2	16.7	2.8	3.3

年份	劳动报酬	家庭经营收入			转移性收入	财产性收入
		种植业	畜牧业	其他		
1996	6.9	50.6	20.1	15.5	3.7	3.2
1997	8.1	51.2	21.4	13.9	4.4	1.0
1998	9.0	46.1	24.0	14.0	5.2	1.7
1999	9.7	47.8	23.2	14.1	4.0	1.2
2000	11.7	46.7	21.8	13.6	4.0	2.1
2001	12.3	47.9	22.5	10.6	4.1	2.6
2002	11.7	46.4	23.9	11.1	4.4	2.5
2003	12.8	46.7	23.7	10.1	4.1	2.7
2004	11.5	45.0	26.7	10.8	3.4	2.5
2005	11.0	47.0	24.7	11.7	3.2	2.4
2006	12.3	45.6	21.3	15.2	3.3	2.3
2007	12.4	45.6	23.0	13.5	3.5	2.1
2008	12.6	42.4	25.4	12.1	5.2	2.3
2009	17.7	34.6	20.3	16.2	8.0	3.3
2010	20.4	33.0	16.9	17.5	8.5	3.7

资料来源:《云南省统计年鉴(1994～2011)》。

2.2.2 农业生产变迁

2.2.2.1 主要种植作物

云南地处泛北植物区系和各热带植物区系交汇地带,寒、温、热带植物均有,农业生产条件复杂,经过长期的人工和自然选择,形成了丰富的农作物地方品种资源,目前全省有高等植物1.8万多种,占全国总数的一半多。云南南部地区由于气候条件优越,种植制度更是复杂多样,根据其农业生产特点划分为云南南部中山宽谷粮、油、蔗、茶区。

云南南部陆稻:云南稻种资源极为丰富,栽培历史可以追溯到战国时期,不仅有栽培稻,也有野生稻,是世界稻种资源多样性地区之一,其中栽培稻主要有水稻、陆稻、糯稻、特种米等品种。尤其在云南南部山区，由于地理气候及种植习惯等因素，"陆稻在历史上一直是云南南部山区农户的主要口粮，其基础性地位作用远远超过水稻，甚至被部分农户作为治疗疾病的药材被敬畏为'鬼谷'、'仙人谷'"①。据考古及文献记载，4000 多年前云南就已有陆稻种植，而水田种稻不超过 2000 年左右，陆稻是云南稻作的最初作业方式和稻种原型；如果云南确实是亚洲栽培稻源的初始点之一，那么亚洲栽培稻最根本的种植方式原型应该是陆稻。陆稻在云南分布范围极广，从北纬 21°到 28°、从海拔 73.2 米的河口到 2 200 米的罗平县马街均有种植。

云南南部玉米：云南玉米资源也是丰富多彩，分布范围极为广泛，由南到北，从西向东，县县都有栽培。但主要集中分布在海拔 1 600~2 400 米的滇东北、滇西北和云南南部的广大山区、半山区及盆地周围的丘陵地带，其中，文山、红河、临沧、普洱等地州的种植面积都在百万亩以上，是云南玉米主产区。玉米不仅满足农户的销售需求，还有助于畜牧业的发展，也是全省较大的主要种植区之一，随着良种推广，对全省粮食增产起到了重要作用。

云南南部经济作物：由于地形复杂，云南南部区七种气候带都有一定面积，适合经济作物种植的种类较多。其中，甘蔗是该区主要的大田经济作物之一，也是云南省重要的甘蔗产区，除满足本区需要以外，每年可调出食糖 10 万吨左右。云南南部地区尤其是滇西南还是茶叶主产区，五地州 42 个县市中有 18 个是茶叶主产县，占 43%。南部边缘区不仅是咖啡的主产地，也是菠萝蜜、番木瓜、芒果等热带水果的主产区。局部地区还可以种植橡胶、药材等特色经济作物产业，稍高的山区还可以种植油菜等喜凉经济作物。

2.2.2.2 种植结构变化

云南南部是仅次于滇中的粮食主产区，云南南部粮食种植面积占全

---

① 戴陆园，游承俐，Paul Quek. 土著知识与农业生物多样性 [M]. 北京：科学出版社，2008，70.

省的 38.2%，其中，稻谷和玉米分别占 13.4% 和 23.2%，是最主要的两大粮食作物，小麦、杂粮、薯类、豆类也有一定面积。尤其是陆稻种植适宜区面积最大，据 1990 年云南省农业厅统计结果，全省陆稻 95.39% 的面积分布在南部边缘水、陆稻区及云南南部单、双季籼稻区，其中文山占 9.57%，红河占 9.87%，普洱占 50.75%，临沧占 16.09%，德宏占 4.4%，西双版纳占 4.4%（玉炯龙等，1992）。因此，在农业结构调整的变化中，云南省政府始终以稳粮调结构的方针政策，把粮食生产作为农业和农村工作的重中之重。除 1993 年粮食播种面积下滑较快以外，云南粮经种植结构变化都比较平稳，由 1990 年的 8.1:1.9 变化为 2013 年的 6.3:3.7，而云南南部地区由于经济作物种植的快速发展，粮经种植结构变化略高于全省平均水平为 6.2:3.8，但整体变化趋势与全省平均水平一致（见图 2-4）。

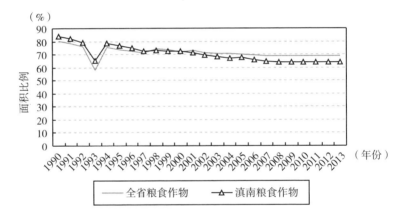

图 2-4　云南及云南南部地区农业生产结构变化对比（1990~2013 年）

资料来源：《云南省统计年鉴（1991~2014）》。

在云南省粮食作物种植面积中，稻谷、玉米、豆类面积并没减少，主要是小麦的面积有所下降。但是，云南南部地区则主要是稻谷面积大幅度下滑（见图 2-5），而且，云南南部地区复种指数较低，种植业生产以低水平的自给性生产为主，经济作物虽然种类较多，但是产区分散、发展不平衡。同时，云南南部又是陆稻主产区，因此，仅从比例结构描述，简要认为陆稻种植面积减少对云南南部农业生产结构变动的影响较大。1984～1998 年，由于陆稻新品种和化肥、除草剂的推广和应用，多数农民开始摒弃刀耕火种的生产方式，陆稻播种面积开始下降，单产略有提高但幅度很小，而且进一步集中于普洱、版纳、临沧、文山和红河地区；1999 年开始，云南省政府实施陆稻扶贫工程，并完善农业技术及配套设施，陆稻单产稳步发展，2012 年全省陆稻单产达到3 吨/公顷左右（冯璐，2009）。来自云南南部陆稻主产县的调查显示：1990 年到 2004 年，陆稻总播种面积年均下降 5%。

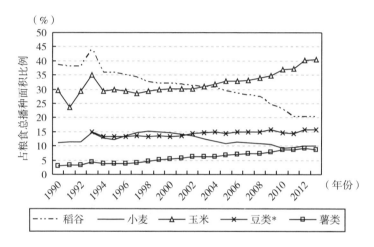

图 2-5 云南南部各粮食作物种植面积比重变化（1990～2013 年）

资料来源：《云南省统计年鉴（1991～2014）》；缺失 1990～1992 年数据。

2.2.2.3 粮食产量变化

云南南部粮食安全不仅关系农户生计，更关系到边疆稳定和民族团结。其中，陆稻不仅是山区粮食的重要组成部分，更是山区农户的主要口粮（冯璐，2009）。总体来说，在 1993～2013 年的 20 年间，云南南部粮食总产量增长了 2.5 倍，占全省粮食总产量的比重由 35.6% 上升到 48.1%。云南省各级政府十分重视粮食生产，并始终把它放在粮食生产首位，不仅从良种推广，还从栽培技术等方面提高粮食生产，因此，各类粮食作物总产量不断攀升。2013 年，各类粮食作物平均单产为：稻谷 456 公斤/亩、小麦 128 公斤/亩、玉米 339 公斤/亩、豆类 33

公斤/亩、薯类 268 公斤/亩。同时，虽然稻谷单产增加总产量稳中有升，2013 年达到 325.5 万吨，但在粮食总产量中的比例不断下滑。其次，玉米面积和单产上升较快，2013 年总产量达到 468 万吨，并占粮食总产量比例的 50% 以上，成为增幅最快的粮食作物，而小麦、豆类和薯类的面积和产量变化都不大（见图 2 - 6）。因此，稻谷和玉米无论是种植面积、单位产量，还是总产量，仍然是云南南部山区粮食生产的主力军。

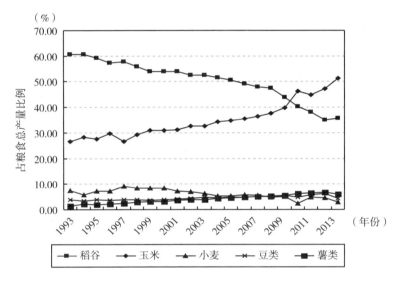

图 2 - 6　云南南部各粮食作物总产量变化趋势（1993 ~ 2013 年）

资料来源：《云南省统计年鉴（1994 ~ 2014）》。

但是，粮食安全的保障不仅要关注总产量，还要关注人均粮食占有量。"在未来的几十年中，……我国的人均粮食消费量约在四百公斤。国家把这个数值用作调控粮食安全的基本参考线"（韩俊，2005）。那么，根据这条参考线，云南南部五地州人均粮食占有量对粮食安全的保障程度并不高，基本是在 300 公斤左右波动（见图 2 - 7）。历届省委和省政府为实现云南省"粮食基本自给"作了很多努力，但是，近几年，云南省粮食产销自给率呈现逐渐下降趋势，产销缺口加大，除了以薯类为主的其他粮食作物能够满足消费以外，其余品种均需从省外大量调入。"2013 年，全省粮食总供给 2 316.54 万吨（其中总产量 1 824 万吨，省外购进 457.34 万吨，进口 35.2 万吨），而总需求则达到 2 525.37万吨（其中总消费 2 269.55 万吨，铁路销往省外 190.67 万吨），供需仍然相差 208.83 万吨"（江枫，2014）。那么，按照 2013 年云南南部地区总人口 1 412.6 万，人均 400 公斤的标准计算，云南南部五地州就需要 565 万吨，接近省外购进和进口粮食的总量。因此，既要稳定和不扩大粮食面积，又要全面增加粮食产量确保粮食安全，不仅要提高粮食单产，还要随时根据粮食生产情况调整农业产业结构，在加强巩固农业生产的同时，发展农业经济。

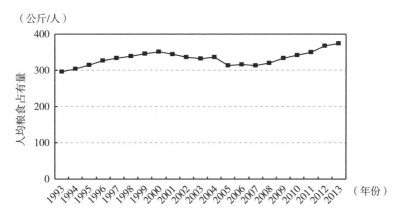

图 2-7　云南南部人均粮食占有量变化趋势（1993~2013 年）

资料来源：《云南省统计年鉴（1994~2014）》。

2.3　云南南部山区农户调查概况

2.3.1　调查样本选取与质量

调查村寨的选择：由于行政村较大，所以，为了反映本书研究数据的代表性和针对性，本书以自然村为主要调查对象。同样，首先考虑项目实施村寨，其次参考当地长期工作在一线的农技专家的推荐意见选取典型村。

调查农户的抽取：农户样本的选择主要参照国家农村入户调查的相关方法，样本抽取95%概率把握程度下，要求抽样误差系数不超过3%。首先，每个样本村的农户抽样，主要基于各自经济状况的好、中、差，按照一定比例抽样，并综合考虑样本村寨的规模大小，随机抽取30户左右的样本。其次，由于人口变动等原因，若为跟踪调查村寨，每次调查按照20%的比例轮换样本，保证数据结构的逻辑性。

调查数据的质量：本书实地调查所收集的农户调查数据、机构访谈、村级访谈、农户代表访谈等资料，均由同一调查小组成员开展，因此在问卷设计、内容理解、工作协调、语言沟通等方面都能保持较好的一致性和连贯性。首先，选取熟悉当地生产情况并善于沟通的农技工作人员，进行问卷调查培训以确保理解一致；其次，细化问卷设计，统一单位口径，有助于贫困山区农户在缺乏测量工具，而且在测量单位不一致的情况下，进一步估算投入产出以充实数据信息，从而在一定程度上确保数据质量和可靠度。

2.3.2 农户调查数据来源

为了保证调查样本的针对性和代表性，通过与云南省农业科学院粮食作物研究所农业技术专家协商，在这些州县（地理分布见图1-1）选择粮食生产为主的农业县，尤其以陆稻生产较为集中的行政村作为样本县和样本村。根据上述调查农户的抽取方法，根据作者主持及参与的四个科研项目设计要求，开展了四次云南南部山区农村社会经济发展的农户调查。2005～2015年，共调查云南南部文山州、红河州、临沧市、普洱市和西双版纳州五个地州（市）14个县36个村累计1 470户农户（见表2-6）。四次调查的共性内容主要包括：（1）家庭人口。人口结构、数量、职业、社会关系和教育等。（2）种植作物：主要种类、面积比例、结构变化、投入产出、田间管理等。（3）土地资源。面积、质量、产权等。（4）家庭收入和资产。来源、结构、固定资产等。（5）家庭粮食安全。粮食购销、食物结构等。同时，随着调查的逐步推进，农户调查的主题和侧重点也在不断变化和逐步完善，具体如下：

2005 年，洛克菲勒基金项目"提高中国云南南部山区农户的粮食保障（2005 SE 003）"，项目承担单位是云南省农业科学院，主要执行人。调查普洱市、临沧市、西双版纳州、文山州和红河州的 8 县 16 村 508 户农户，关注以陆稻为主的粮食安全及对农业技术需求。此次调查获得 2000 年、2002 年和 2005 年共三年的农户调查数据。

2007 年，国家自然科学基金项目"转型时期山区贫困农户的食物保障——对滇西南陆稻产区的分析（70573122）"，项目承担单位是中南财经政法大学，主要执行人。从 2005 年在普洱市和西双版纳州调查的村寨中，选择不同经济水平、海拔高度和市场条件的村寨，随机选择 20 户农户作为对象，完成 3 县 7 村 141 户农户调查，关注陆稻农户生计及对坡改梯、退耕还林等政策的认知。

2010 年，法国发展署国际合作项目"促进云南可持续发展的保护性农业与固碳技术研究"，项目承担单位是云南省农业科学院，子课题负责人。完成文山州、普洱市和西双版纳州 6 县 9 村 252 户农户调查，其中跟踪调查 2005 年调查村寨 5 个。关注以主要耕种作物种植残茬处理为主的农村生态环境，以及农户与农业企业合作对农业生产结构变化的影响。

2015 年，国家自科基金项目"滇南跨境山区小农经济：生计资本对农户多目标行为决策的影响（71403234）"，项目承担单位是云南省农业科学院，主持人。此次调查以农户生计决策为主题，涉及文山州、普洱市和西双版纳州 5 县 20 村 569 户农户，其中跟踪 2005 年调查村寨 3 个。关注农业企业发展及政策引导对农户生计决策的影响。

2.3.3 分析数据的选取

本书的研究主题是山区农业生产结构转型，而且调查初期就注重经济发展及生产模式差异比较典型的村寨，同时结合项目跟踪调查此类村寨经济社会发展情况。虽然各项目开展了大量深入的调查，涉及面广而且数据量大，但是由于侧重程度不同，调查数据的指标设计并不具备完

表 2 - 6　　　　云南南部山区农村发展调查村寨目录（2005～2015 年）

序号	州/市	县	乡/镇	村委会	自然村	总户	调查户数			
							2005年	2007年	2010年	2015年
1	红河州	屏边县	和平乡	白沙村	仓房	52	30	—	—	—
2		河口县	南溪镇	南溪村	马多依下寨	50	—	—	—	23
3				南溪村	小南溪二组	40	—	—	—	31
4				南溪村	龙冬组	43	—	—	—	24
5			河口镇	河口农场	河口农场一队	90	—	—	—	9
6	临沧市	沧源县	团结乡	团结村	团结	33	30	—	—	—
7	普洱市	澜沧县	竹塘乡	东主村	佛堂	25	22	20	—	—
8					老缅	61	26	20	—	—
9			东回乡	东岗村	小回龙	71	36	20	30	—
10					细允	143	35	—	32	—
11		孟连县	公信乡	公良村	班宋	45	36	—	—	—
12			南雅乡	南雅村	哈尼	41	35	20	—	—
13					老缅寨	73	34	—	30	36
14			芒信镇	拉嘎村	帕社	27	—	—	19	24
15					芒糯	27	23	20	21	22
16				岔河村	广伞	35	32	21	30	35
17		西盟县	勐梭镇	勐梭村	勐梭上寨	70	—	—	—	30
18				班母村	爬嘎	39	—	—	—	30
19			岳宋乡	岳宋村	曼亨8组	39	—	—	—	33
20				岳宋村	来带村	58	—	—	—	26
21	文山州	文山县	小街镇	朵白库村	朵白库	82	34	—	—	—
22		砚山县	盘龙乡	明德村	凹龙科	90	—	—	30	—
23		广南县	杨柳井乡	石笋村	石盆水	77	—	—	30	—
24		马关县	大栗树乡	和平村	小坡	55	—	—	30	—
25		麻栗坡县	麻栗镇	牛滚塘村	塘子边	36	—	—	—	31
26				冲头村	下冲头	34	—	—	—	26
27				红岩村	南朵	98	—	—	—	38
28			猛硐乡	铜塔村	铜塔	88	—	—	—	29

序号	州/市	县	乡/镇	村委会	自然村	总户	调查户数			
							2005年	2007年	2010年	2015年
29	西双版纳州	景洪市	嘎洒镇	南联山村	新寨	62	33	20	—	—
30		勐海县	西定乡	曼玛村	老冬	62	36	—	—	—
31				南弄村	中寨	32	31	—	—	—
32			勐棒镇	回落村	盘山	46	35	—	—	—
33		勐腊县	尚勇镇	磨憨村	新明	60	—	—	—	29
34					南列	37	—	—	—	25
35			关累镇	芒果树	曼丢村	60	—	—	—	35
36					芒果树	78	—	—	—	33

全的一致性，所以需要综合考虑调查数据在时间和区域指标方面的一致性和可行性，确保分析误差最小。同时，本书的研究转型主要以时间序列的变化为主，因此，结合实际分析需要，以可比性、务实性原则为指导，以纵向对比为主横向对比为辅的分析，数据使用及指标选取解释如下。

在纵向对比中，选取 2005～2015 年四次调查中获得连续关注的 5 个村寨进行分析（表 2-7 中第 1～5 个村寨），在时间和区域指标上达成一致进行详细的对比描述。同时，由于 5 个村寨的数据量较小且可用指标有限，因此，本书在开展时间序列数据分析时，根据一致性原则慎重选择时间序列指标，主要用于分析阶段、趋势等的变化情况。

表 2-7　　　　　　　　2009 年 9 个样本村的地理特征

	村	东经	北纬	海拔（米）	℃	年降雨（mm）	地貌
1	小回龙	99°46′58.31″	22°24′26.37″	1 378	17.7	1 943	山区
2	细允	99°48′44.33″	22°25′09.26″	1 366	17.7	1 943	山区
3	广伞	99°35′16.45″	22°10′21.35″	1 004	19.6	1 450	山区
4	老缅寨	99°33′24.62″	22°23′05.83″	1 277	19.6	1 373	山区
5	芒糯	99°33′45.45″	22°13′14.17″	1 027	19.6	1 406	山区
6	帕社	99°59′93″	22°18′74″	980	19.6	1 450	山区

	村	东经	北纬	海拔（米）	℃	年降雨（mm）	地貌
7	凹龙科	104°41′14″	23°53′18″	1 584	16.3	996	半山区
8	石盆水	105°23′49″	24°05′13″	1 364	16	940	山区
9	小坡	104°16′13″	23°02′53″	1 610	17	1 200	山区

资料来源：2010 年农户调查。

在横向对比中，选取 2009 年 9 个调查村寨的数据（见表 2－7），但仍然以获得连续关注的 5 个村寨为主。首先，2009 年的调查基于 10 年的前期工作基础，作者对调查样本村农业经济发展情况较为熟悉；其次，2009 年的调查中农户参与农业企业开发种植情况初显，粮食作物种植面积开始下滑，便于分析农业生产结构转型情况；最后，2009 年的数据样本包含 2005～2015 年获得持续关注的 5 个村寨数据。同时，本书在实际分析中还会根据研究目的，选取 2015 年 20 个调查村寨的最新数据进行更新补充，扩大横向对比分析。

2009 年样本村农业生产基本情况如下：第一，人口资源调查显示户均人口规模均在 4 人/户左右，劳动力比重为 70% 左右，多数接受义务教育，差异不大。第二，人均耕地拥有量最高和最低的差距达到 11.1 亩，即耕地资源不平衡，而不到 55% 的农户将一半以上的耕地面积用于粮食生产，种植结构以经济作物为主。第三，陆稻和玉米是最主要的粮食作物，但是，陆稻作为口粮生产，其种植面积最高的凹龙科村人均口粮仅为 312 公斤，多数样本村口粮生产不能满足自身需求，以市场化消费为主。第四，牲畜饲养与饲料粮生产调查显示生猪为主要牲畜，而以细允村的生猪饲养量最高，因此玉米的播种面积也较大。第五，生产结构显示调查村寨农户主要分为以侧重粮食作物种植和侧重以经济作物种植为主，农户种植单一作物的情况较少。而收入水平调查显示以口粮生产为主的芒糯村收入水平相对最低，以饲料粮生产为主的细允村收入水平相对最高。总体来说，样本村调查农户的农业生产基本特征对于分析云南南部山区农业生产结构转型具有典型性和代表性（冯璐等，2015）（见表 2－8）。

表 2 - 8　　　　　　2009 年 9 个样本村农业生产基本情况

			孟连县				澜沧县		砚山县	广南县	马关县
			广伞	芒糯	老缅寨	帕社	小回龙	细允	凹龙科	石盆水	小坡
人口资源	户均规模（人/户）		4.0	3.8	3.7	4.4	4.6	4.8	4.5	4.2	4.3
	劳动力比重（%）		70.0	78.9	75.7	76	76.1	77.1	66	61	64
	教育倾向①		3.0	2.7	3.0	1.8	2.8	3.2	2.9	3.1	2.9
耕地资源	人均耕地面积（亩）		13.1	7.1	7.3	7.8	8.2	8.8	2.7	2.0	3.6
	主要粮食作物面积（%）	合计	30.3	55.6	65.6	39	42.4	45.4	70	83	73
		陆稻	10.3	18.3	11.7	16	5.2	2.9	41	0	10
		水稻	4.0	0	7.2	18.7	4.0	0.4	1	6	11
		玉米	16.0	37.2	46.7	4.3	33.2	42.1	29	77	53
	主要经济作物面积（%）		69.7	44.4	34.4	61	57.6	54.6	30	17	27
粮食生产	人均口粮（公斤/人）		453	491	337	548	176	77	312	409	877
	化肥用量（公斤/亩）		11.2	19.9	15.4	7.1	31.1	35.5	33.3	19.2	16.7
养殖	生猪（头/户）		1.53	1.39	1.53	2.7	1.70	6.1	3.15	4.9	6.3
	耕牛（头/户）		0.2	0.2	0.3	0.4	0.6	0.1	1.5	0.4	0.7
农民人均纯收入②（元/人）			3 937	1 658	3 046	4 577	4 069	5 092	1 899	2 918	4 145

注：①1. 文盲；2. 小学；3. 初中；4. 高中及以上。②按照国家统计局农民人纯收入公式概算。

资料来源：2010 年农户调查。

2.4　本章小结

由于自然条件复杂，地区间社会经济文化发展的不平衡，形成云南南部山区农业生产的许多特点。（1）资源多而分散。在多山环境下，耕地零星分布，各种作物的布局只能是"大分散，小集中"，不能形成大规模的生产基地。（2）生产水平悬殊。云南南部山区是集原始农业、传统农业、现代农业为一体的生产区域，坝区稻谷、玉米、小麦、油菜耕作技术已具有一定水平，但大部分山区耕作粗放，边远山区仍然有刀耕火种的习惯。（3）作物品种齐全。各种作物品种自温带到热带、熟制上从一年一熟到一年两熟或两年三熟，因此农业生产要因地制宜，分类指导。（4）农户文化素质较低。山区农业生产主要是各少数民族耕作，不仅大多数从事传统农业习惯，而且文化素质较低，而且同一民族在地域上的生产水平差异也很大。（5）农业经济基础薄弱。云南商品经济不发达，农户家庭收入单薄，在农田建设上不可能有较大投入，经济水平比较落后。

但是，在经历了农业制度改革、农业优惠政策倾斜等曲折的摸索发展过程后，云南农业取得了很大的成绩，不仅是农业产量、产值的增长，也是农业生产认识的改变。农业是国民经济的基础，粮食是基础的基础，实践证明，粮食减产，经济作物和多种经营以及其他行业都要受到制约；而单抓粮食，忽视经济作物和多种经营，既不能保证市场多方面的需求，也缺乏再生产的资金，而粮食发展也慢。因此，云南农业的生产结构调整趋势经历了由计划粮食生产到开放多种经营的历程，云南农业发展有了结构框架的支撑，继而有目的地增加投入、出台政策、发展科技。

同样，在过去的二十年里，云南南部也经历了农村经济的快速发展历程，粮食产量大幅度增长，农民收入大幅上升。而且，随着经济作物和畜牧业的生产发展，农业经济生产活动也日趋多样化，农业生产结构日益丰富。尽管如此，云南南部经济发展仍然相对落后，尤其是山区经济和社会发展步伐仍然赶不上省内其他地州的发展速度。除了农业投入低、市场不发达、劳动者文化素质低等多种因素影响以外，农业生产结构也受到市场经济的冲击而发生变化，农业生产结构的调整不仅要考虑人口、需求、环境等因素，还要考虑价格、市场等因素。不仅要从宏观把握农村经济与农业生产结构的变化，还要从微观层面了解农户收入与农业种植的需求。

云南南部山区农业生产结构
转型目标与农户生计条件

目标想要达到的境地或标准,初始条件就是在初始时刻运动应该满足的初始状态。因此,转型是在一定的基础即初始条件下,向既定的目标进行发展改变的过程。发展中国特色社会主义市场经济是既定形成的高度共识,而进一步完善社会主义市场经济体制是毋庸置疑的发展路线,因此,本章基于向社会主义市场经济转型的目标,结合云南山区农业经济发展及相关研究文献,简要概括云南山区向市场主导型发展的目标。任何一项研究都要基于对研究对象背景和基本情况的了解和掌握,因此,本章主要基于 DFID 框架从自然资本、社会资本、物质资本、金融资本、社会资本五大资本要素出发,以 2004~2009 年 5 个跟踪调查样本村的农户生产数据为主,从时间序列上详细分析市场主导型转型初始条件的发展变化。

3.1 农业生产结构转型目标

转型总体目标即云南山区农村经济发展实现从生存主导型向市场主导型的转变,也就是传统小农经济向市场经济的转型。小农经济是一种自给自足的自然经济,具有以家庭为单位的分散性、农业和家庭手工业相结合的封闭性、生产的主要目的是满足自家生活需要的自足性,且广泛存在于目前偏远的农村社会。不同于计划经济，市场经济体制下的产品生产和销售则由自由价格机制引导，具有平等性、竞争性、法制性和开放性的一般特征。因此，转型目标的实现过程也就是小农经济向市场经济的目标实现过程，具体如下。

3.1.1　由封闭走向开放

不同于传统农业封闭在家庭作坊范围之内，利用家庭资源生产满足家庭需要的生计产品，而是根据市场需求充分利用市场资源，在广阔的空间范围内进行生产和市场营销。

3.1.2　由分散走向专业化

当人工生产无论在数量上还是质量上都无法满足巨大的市场需要时，就必须运用机器进行大批量生产，同时，家庭劳动力无法完成的工作量也由雇佣劳动力解决。因此，在市场经济条件下，必须转变分散的小农经营为社会经济专业化。同时，改变以往小农经济状态下凭经验靠估计的生产做法，广泛应用科技成果，并形成科学的思维方式，通过机器化、科学化和雇工经营提高社会生产率。

3.1.3　完善市场竞争机制

市场机制使农业企业成为市场机制中最基本的经济组织形式，市场分配成为最基本的分配形式，实行"各增其值、等价交换"原则。以生产要素在生产过程中的增值实现报酬并形成个人收入，并在与农业企业交易过程中按照等价交换的原则购买消费品。市场机制打破家庭经营的局限是必然的，不同于小农经营的简单性，农业企业内部结构相对复杂。因此，市场分配形成市场资源的有限性、农业企业形式形成生产要素的复杂性，都形成了激烈的市场竞争和市场压力，从而推动市场经济不断向前发展。

3.1.4 完善农村法制

市场经济在推动市场发展的同时，也具有自发性、盲目性和滞后性的局限性，虽然与狭窄的小农经济相比，市场经济条件下，市场的范围很大使其无法客观地得到分析观察，但是仍可以依靠法治化、民主化、规范化的宏观经济手段实现对市场经济局限性的调控。

3.2 农户生计条件

资本是人类创造物质和精神财富的各种社会经济资源的总称，是经济发展的前提条件也是限定条件。资本的经济学含义是指资金、设备等用于生产的物资资源，金融学含义是指用于商业流通及兴办企业的财富，而农户生计资本则是农户用以生存、发展并创造财富的各类资源。因此，在分析山区农业生产结构转型之前，本书根据可持续发展的农户生计框架，从人力资本、自然资本、物质资本、金融资本和社会资本五个方面阐述山区农户生计的状况及变化。

3.2.1 人力资本

人力资本指劳动者在经过教育培训等方式所获得的知识、能力等的总和。人力资本的核心是提高人口质量，而教育则是主要表现形式，实践表明：教育水平是经济增长众多因素变量中的一个，人力资本的积累和增加对经济增长与社会发展具有积极的贡献。因此，农户人力资本不仅包括劳动力的数量，还包括劳动力的质量。

3.2.1.1 农户人口规模

云南南部山区农户人口规模一般为 4～5 人/户，由于样本量小以及人口流动的原因，人口增长的趋势并不明显，因此，人口规模变化并不显著。而在劳动力人口方面，在此需要说明的是：由于问卷设计的原因，2004 年的劳动力只是根据农户在调查中反馈的能参与耕作的人口计算，实质是农业生产性劳动力人口。而 2007 年和 2009 年是按年龄统计的 16～65 岁的家庭人口，其中未考虑部分人口由于疾病、上学、外出务工等原因不能从事农业生产的人数，所以比 2004 年的劳动力人口比重高出许多，实质是家庭劳动力人口。即使是这样，农户从事农业生产的劳动力也占到家庭人口的一半，是以农业劳动力支撑家庭生计（见表 3－1）。

表 3－1　　　　5 个样本村农户人口规模、人口流动及劳动力
状况对比（2004～2009 年）

	户均人口规模（人）			外出务工人口＊（%）			劳动力（%）		
	2004 年	2007 年	2009 年	2004 年	2007 年	2009 年	2004 年	2007 年	2009 年
广伞	4.6	4.8	4.0	2.7	6.9	7.2	48.3	73.3	75.2
芒糯	4.4	4.5	3.8	8.9	10	12.5	47.5	78.9	80.0
老缅寨	4.5	—	3.7	0	—	1.8	46.1	—	74.5
小回龙	4.9	4.8	4.6	5.6	10.4	11.5	61.2	72.9	76.3
细允	4.5	—	4.8	8.3	—	4.5	67.3	—	76.1
合计	4.6	—	4.2	5.1	—	7.5	54.1	—	76.2

注：＊指长期外出赚取固定薪酬的人口。
资料来源：2005～2010 年农户调查。

同时，云南南部山区是少数民族聚居型农村社区，其中广伞和芒糯是以哈尼族为主，老缅寨以拉祜族为主，小回龙和细允以佤族为主，少数民族人口占到 90% 以上。而哈尼族聚居的云南无量山、红河南岸哀牢山和西双版纳广阔山区，拉祜族和佤族聚居的横断山脉怒山山系、红河以及西双版纳等区域，基本都位于"东亚半月弧稻作文化圈"① 的中

① 全球历史上以水稻为主食的地方并不多见，仅限于亚洲的日本、朝鲜半岛、中国的辽东地区和长江中下游地区以及云南、越南北部、老挝、泰国、缅甸、不丹、印度南部的阿萨姆邦等地区，大致为一个狭长的新月形地带。同时，日本著名学者中尾佐助、佐佐木高明、渡部忠世等，从宏观的气象学、地理学、生态学诸方面，历经数十年实地考察研究，认为这一地带最基本、最重要的文化特征是以栽种水稻、杂粮（包括陆稻）、薯类为主的相似的农耕文化，因此 20 世纪的一些人类学者和文化学者称其为"东亚半月弧稻作文化圈"，这一区域内的各民族统归为稻作民族。同时，由于该区域内生长着以青冈栎为主的常绿阔叶林，而青冈栎的叶子有明显的光泽，日本学者也因此将这一自然地理带称为"照叶树林带"。

间区域。哈尼族、拉祜族、佤族都是长期居住在山区的典型山地民族，擅长旱地作业，以稻作农耕系统为主。稻作农耕系统随着时代的变化不断调适，再加上地域的限制，基本上都是遵循徒手而耕、役使动物踏耕到耙耕、锄耕和牛耕的演进模式（管彦波，2004），因此，人工作业对劳动力的需求也较多。

而目前人口流动比较明显，2004～2009 年的 5 年内，以外出务工人口增长 2.7 倍的广伞为首，多数村寨外出务工人口都呈现出不同程度的上升趋势。外出务工收入作为经济创收，具有直接显著的经济效益，但是并没有成为这十年来样本村寨农业及福利的重要支柱，也没有影响农业生产的积极性（黄平，1998），农业生产仍然是山区农户的主要生计活动。

3.2.1.2 农户教育水平

中央财政自 2006 年起对西部地区农村义务教育安排经费补助，对于农户来说意味着农村义务教育阶段全部免除学杂费，农村教育水平也因此得到提高，而且由户均教育程度可知：云南南部山区农村教育水平正在不断提高，主要处于从小学教育为主向中学教育为主的过渡。在每户最高教育水平的对比上：芒糯的整体教育起步偏低，以文盲为主的家庭目前仍占 5.6%，因此整体以小学教育素质为主；广伞、老缅寨、细允整体以初中教育为主，而且高中教育发展较快，尤其广伞和小回龙增速分别达到 7 倍和 4 倍，主要是个别农户家庭大学生的培养提高了整体比例。相比之下，芒糯的教育水平整体偏低，可能会成为限制经济发展的影响因素（见表 3－2）。

表 3－2　　　5 个样本村农户教育水平变化对比（2004～2009 年）

	户均教育程度倾向 *			每户最高教育＝文盲（%）			每户最高教育≥高中（%）		
	2004 年	2007 年	2009 年	2004 年	2007 年	2009 年	2004 年	2007 年	2009 年
广伞	2.60	2.95	3.03	3.1	0	0	3.9	28.6	28.6
芒糯	2.58	2.45	2.67	17.4	10	5.6	8.7	5	11.1
老缅寨	2.97	—	3.00	5.9	—	0	23.5	—	27.3

	户均教育程度倾向*			每户最高教育＝文盲（％）			每户最高教育≥高中(％)		
	2004 年	2007 年	2009 年	2004 年	2007 年	2009 年	2004 年	2007 年	2009 年
小回龙	2.60	2.80	2.77	0	0	0	2.9	10	10
细允	3.03	—	3.19	0		0	20.6	—	28.1
合计	2.8	—	2.9	5.3	—	1.12	11.9	—	21.0

注＊：①文盲；②小学；③初中；④高中及以上。

资料来源：2005～2010 年农户调查。

但是，在四分位年龄结构下的劳动力教育倾向对比上：新一代年轻人得益于国家教育政策，往往是家庭受教育程度最高的人群，以初中教育趋势为主；而左右家庭生计决策的往往是户主，而且农村家庭主要是男性主导的户主结构，户主平均年龄在 45 岁上下，此年龄段人群的教育水平还处于小学倾向。从这一点来说，各村寨的户主教育程度差别并不大。以细允为例，即使每户最高教育水平为高中的比例达到了 28.1%，但这个数据中是户主的比例并不多，多数是青年人的教育水平导致的，他们是未来家庭生计的决策主体。所以目前云南南部山区农村家庭的决策主体仍然是：45 岁左右、小学文化、男性劳动力（见表 3-3）。"十年树木，百年树人"，仅五年的时间段和五个村寨的教育发展来说，决策主体的教育水平变化波动并不大，但是，云南南部山区农村教育的整体发展是积极的，而人力资本的不断提升对未来农业生产结构转型具有一定的推动作用，并会在长期的发展过程中表现出较强的边际报酬递增趋势。

表 3-3　　5 个样本村劳动力各年龄四分位下教育倾向对比（2009 年）

	户主平均年龄	四分位年龄结构下的劳动力教育倾向*			
		16～28 岁	29～40 岁	41～52 岁	53～65 岁
广伞	43 岁	2.9	1.5	1.4	1.0
芒糯	44 岁	2.3	2.0	1.4	1.0
老缅寨	46 岁	2.9	2.2	2.0	1.4
小回龙	44 岁	2.7	2.1	2.1	1.3
细允	46 岁	3.2	2.3	2.7	1.7
合计	45 岁	2.8	2.0	1.9	1.3

注＊：①文盲；②小学；③初中；④高中及以上。

资料来源：2010 年农户调查。

3.2.2 自然资本

由于云南南部山区属于旱作农业，各村寨均面临水资源短缺的问题，因此，土地资源是本书自然资本的主要研究范畴。土地是农业生产也是社会生产的基本资料，更是人类赖以生存和发展的重要物质基础。同时，土地在农业生产中不仅是劳动对象也是最好的劳动资料。但是，土地单位面积生产率不会随着土壤质量的改善、耕作技术的提高得到持续不断的增长，因此，土地资源的多寡决定着满足人类生存需求的农产品的数量。同时，随着社会经济的发展，土地的重要性愈发突出，更是成为人类可持续发展的重大问题。尤其在强可持续范式中，土地不容置疑地具有不可替代性，成为一切生计发展的重要前提条件。因此，土地资源是本书重点考察的农户生计自然资本。

3.2.2.1 土地资源的分类

本书采用的土地面积指农户实际拥有的土地资源总和。云南南部山区农户土地资源属于高原山地，主要包括耕地、林地、轮歇地和荒地。耕地以旱地和水田为主，林地主要指薪材林和果园，轮歇地即在休耕种植模式下目前空闲的土地，荒地则是多年空闲未开垦的土地。据调查，荒地比例相当小，而且呈逐年缩小的趋势，同时，多数村寨目前已没有宜垦荒地，因此该部分土地面积忽略不计。

耕地：在农户土地资源利用中，耕地占90%以上，土地资源开发达到了一个较高的程度，并且在经历了2000~2009年10年间的土地流转后，土地作为耕地进行开发利用的比例仍然占绝对的主导地位，相对变动并不大。可以说在很大程度上，山区农户的土地资源开发即是耕地劳作。按中国人均耕地面积仅0.1公顷，山区农户户均人口规模在4~5人计算，调查农户户均耕地占有量要达到国家水平，需在0.4~0.5公顷/户的范围内，而所有样本村寨的户均耕地占有量都远远超过国家水平的2倍以上。但是，云南山区广大土地贫瘠、水土流失严重，据调查农户认为仅有26.5%的耕地质量相对较好，其中广伞37.8%为最高，芒糯10.5%为最低,都对山区耕地的质量状况表示担忧。因此,耕作作为山区农户的主要生产活动,对土地资源作为耕地开发的需求仍然十分紧张(见表3-4)。

表3-4　　　　　5个样本村户均土地面积和耕地面积

变化对比 (2000~2009年)　　　　　单位:公顷/户

	土地面积					耕地面积				
	2000年	2002年	2004年	2007年	2009年	2000年	2002年	2004年	2007年	2009年
广伞	2.70	2.77	2.99	4.13	3.5	2.68	2.76	2.93	3.90	3.49
芒糯	1.07	1.21	1.29	1.78	1.8	1.07	1.20	1.28	1.78	1.77
老缅寨	1.77	1.86	1.92	—	1.9	1.75	1.83	1.89	—	1.75
小回龙	2.48	2.53	2.44	2.21	2.5	2.11	2.14	2.08	1.95	2.38
细允	2.22	2.22	2.29	—	2.8	1.86	1.85	1.92		2.55
合计	2.05	2.12	2.19	2.71	2.58	1.89	1.96	2.02	2.54	2.39

资料来源:2005~2010年农户调查。

林地:由于传统生活习惯,山区林地主要作为薪材林提供日常生活用材。调查地区多数是中、高海拔山区,由于传统种植习惯,当地农户对于栽培果树林木经验尚浅,也未形成规模,因此种植面积很低,仅为3%,户均占有量不到0.1公顷/户。其中,小回龙和细允村的林木面积变动较大,主要是由于农户合同种植桉树的波动(见表3-5)。

表3-5　　　　　　5个样本村户均耕地利用类型及面积

变化对比 (2004~2009年)　　　　　单位:公顷/户

	旱地面积		坡地(%)		台地(%)		水田		林地		轮歇地	
	2004年	2009年	2004年	2009年	2004年	2009年	2004年	2009年	2004年	2009年	2004年	2009年
广伞	2.73	3.37	84.2	87.8	18.7	13.9	0.20	0.12	0.04	0.01	0.03	0
芒糯	1.28	1.77	66.4	73.4	50.6	36.2	0.00	0.00	0.00	0.01	0.01	0
老缅寨	1.73	1.60	86.7	87.5	15.3	14.3	0.16	0.15	0.01	0.00	0.02	0
小回龙	2.05	2.34	82.4	87.6	21.3	14.1	0.03	0.04	0.33	0.09	0.05	0
细允	1.86	2.51	75.3	90.0	32.9	11.1	0.06	0.04	0.33	0.21	0.01	0
合计	1.93	2.32	66.8	87.9	17.8	15.2	0.09	0.07	0.37	0.07	0.22	0

资料来源:2005~2010年农户调查。

轮歇地：轮歇是土地耕作后闲置一段时间再耕作，是刀耕火种的主要耕作方式。1950年以来云南人口持续快速增长，刀耕火种不仅难以满足山区农户的生存需求，更对生态环境造成了严重的破坏（王怀豫，2009）。随着压力的上升，传统的农耕方式已无法满足山区人民生存需求，也破坏了当地的环境。于是，云南省政府对山地民族的刀耕火种进行了大约50年的改造、取代、禁止，并采取了一系列措施，如固定耕地、退耕还林、传统作物提纯复壮、引进新品种、推广新技术等，目前样本村寨的轮歇地几近消失（见表3-5）。目前，云南南部山区土地资源的开发已经比较充分，但是如何较好地利用数量丰富而质量贫乏的土地资源，还主要取决于对耕地资源的利用。

3.2.2.2 耕地资源的结构

在耕地资源的类型结构中，旱地还可以分为台地和坡地，因此，云南南部山区农户耕地资源主要由水田、台地和坡地构成。但是，我们需要定义并了解的是：

水田：山区水田并不是完全意义上的保水田，由于云南山区水资源分布不均衡，导致水资源匮乏，再加上多数不具备灌溉设施，因此，山区水田在水资源丰富的情况下种植灌溉水稻，在水资源匮乏的情况下靠雨水种植雨养水稻，这时的水田也被称为雷响田，而在很多时候，严重缺水只能改种其他旱作作物。所以，山区水田生产系统并不稳定，仅占耕地总面积的3%，户均占有量不到0.1公顷，2004~2009年水田以每年4.9个百分点下跌，形成水田旱作，芒糯村甚至没有水田。

台地：虽然山区水田也是梯田形式，但是主要种植水田作物，而台地则是进行旱作农业。云南台地建设拥有2000多年的历史，但是，台地面积得到大范围提高还是在20世纪80~90年代后期。云南省政府通过公开招标，政府提供必要的技术和资金，农民投工投劳进行台地建设，目前，云南南部的台地面积已经有数十万公顷。台地有利于提高土地质量，减少水土流失，而且由于已经投资建设台地，农户也就不再可能进行大范围的轮作轮歇，因此，是一项改变传统种植习惯的重要措施。而台地也主要用于种植具有经济价值的旱作作物，如茶、咖啡、橡

—— 73 ——

胶等，各村的台地数量也基本保持在 0.31 公顷/户左右，面积最多的是芒糯村为 0.47 公顷/户，最低的是老缅寨村为 0.2 公顷/户。

坡地：坡地是山区耕地的主要特征，是相对于台地的耕地类型，经过数次土地流转，目前各村寨的总面积基本固定，占耕地总面积的 81%。据调查发现，2004～2009 年，由于干旱、雨水冲刷、植被破坏等因素，造成台地面积每年以 4.8 个百分点的速度流失，坡地面积则以 6.3 个百分点的速度增加。而且，虽然各村寨经历了 5 年的家庭人口结构变动，但并没有影响坡地面积的增长速度。因此，在考虑总面积一定的情况下，本书以坡地增加的速度表示水土流失的相对状态作为参考，细允的土壤保持相对较差（见表 3－6）。

表 3－6　　　　5 个样本村户均耕地利用类型变化对比（2004～2009 年）

	坡地年均增长速度	台地年均增长速度	耕地类型变化	陡坡地比重
广伞	5.2	－0.9	1.9	50
芒糯	8.9	1.8	0.8	8
老缅寨	－1.4	－2.8	0.5	38
小回龙	3.9	－4.2	2.4	23
细允	10.1	－11.5	6.0	24

注：①坡地、台地年均增长速度 = $\sqrt[n]{C/A} - 1$。C 为末期数据；A 为基期数据；n 为年份。
②耕地类型变化 = 末期坡地面积/末期台地面积 － 基期末期坡地面积/基期台地面积。
资料来源：2005～2010 年农户调查。

此外，根据国家退耕还林相关条例，以 35°作为参考界限，将坡地分为适宜耕作的缓坡地和不易耕作的陡坡地。因此，本书在调查过程，以山脚平地为标准，通过向农户做手势的方式表示耕地所在位置的角度高低，从而获得耕地资源的地理轮廓，据调查山区陡坡地主要占 32%。虽然这 5 个村所在的海拔高度类似，但是若以相对高度观察，那么广伞是在靠近山顶的地区作业，芒糯则是在山脚作业。而山区土地资源分散，每户地块数为 3～15 块不等，大小不均，多数以 6 块大型地块为主。因此，云南南部山区农户土地资源以旱作耕地为主，耕地结构相似，但是农户种植呈分散性，限制了农业生产的规模性和整体性。此外，户均耕地面积以及耕地相对高度差异较大，都促成了山区农业稻作文化的生产多样性。

3.2.2.3 耕地资源的流转

根据"固定耕地"①的政策要求，农户的承包土地面积基本是不变的，当年人均耕地面积在每户每人0.5公顷左右。但是，随着时间的推移，农村社会生产力在农村人口和土地的增量和存量上都发生了很大的变化，1990~2008年的近20年间，云南省农村人口和耕地面积分别增长了12.8%和47.6%，尤其是农业效益的起伏跌宕，早期的农村土地承包一成不变的格局早已被打破，以经济效益为目的的土地流转比较灵活。

据调查，云南南部山区户均耕地面积基本保持在2公顷/户左右，村寨间的耕地面积差别达到2倍左右，广伞村是耕地资源相对丰富的村寨，芒糯村则相对缺乏（见表3-4）。山区土地资源总体来说比较丰富，但是，耕地资源的需求仍然紧张。以2009年为例，农户拥有的土地资源中88%是自有土地，即每户每人仅有0.4公顷左右，各村寨都有不同程度的耕地租种情况，主要租种外出务工家庭的土地或集体土地。其中，芒糯村耕地资源相对缺乏，租用耕地的比例较高，占40%（见图3-1）。

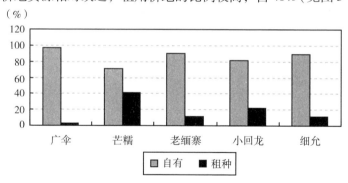

图3-1　5个样本村土地流转情况（2009年）

资料来源：2010年农户调查。

---

① 1978~1984年，以家庭经营为主的农村土地家庭经营承包制，确定家庭土地承包"五十年不变"，1997~1999年落实《农村土地承包法》"三十年不变"的延包政策。

根据土地的自然特点，人们利用相关的生物技术手段，对土地开展周期性或长期性的经营、改造等，以达到一定的经济或社会目的，即土地利用。政府宏观调控的土地制度涉及所有制、规划、保护、征用、税收、管理、利用等，而在一定的土地所有制下，人们规定的土地使用方式、程序等既是土地利用制度，也是土地使用在人类社会中的关系，不仅涉及土地使用者和土地所有者的经济利益、权利和义务，更涉及国家的土地管理。

我国的农业生产一直以粮食为主，基本忽略了其他种植业，如林业、渔业、畜牧业等，没有合理利用土地资源。而且，我国对土地资源的利用比较看重平原土地，不重视对山区土地资源的开发与利用，我国的山地与丘陵的面积约占我国土地总面积的60%，由于管理不到位，利用率偏低，生产水平也比较低。我国虽然重视粮食种植业的发展，但只是重视灌溉高产农田的经营，不重视低产田的改善与开发，而中国的中低产田占全国耕地的78.5%。2003年初，我国针对土地资源进行了调整，实施了一系列的宏观调控手段，其中国土资源作为调控部门之一，并于2004年开始大力整顿土地市场。

根据《农村土地承包法》，目前土地资源仅以农村土地承包为主，具体来说是"国家所有与农民集体所有按照法律规定由农民集体使用的林、草、牧、耕地，还包括其他方式的农业用地"，"虽然目前的土地制度已有雏形，但农民所得到的土地使用权利未得到充分体现，并没有切实的土地使用权、收益权以及所有权等"（马晓河，2011），但是合理地使用流转和承包年限的延长使土地利用仍然得到了一定程度的开发，并提高了农民的生产积极性。滇南山区土地资源比较匮乏，可利用的耕地资源稀少，因此，合理的土地利用制度是山区农业生产发展的保障，目前，有关滇南山区农业土地的宏观调控政策的具体措施有以下几类：

固定耕地：自1978年之后，随着农业投资的不断提高，大兴农田水利工程，大力推进固定耕地，禁止毁林开荒，偏远的山区民族基本都逐渐采用现代的生产模式，完全废除了原始的刀耕火种模式。同时，云南省政府为了进一步防止土地退化，严禁在25°以上的斜坡地种植粮食，并通过各种财政补贴奖励农民将农田恢复成林地，即农田还林政策（吴海涛等，2009）。

中低产田改造：中低产田改造是综合改善不同类型中低产田的生产条件，如培肥地力提高土壤等级，施用有机肥建设生态农业，通过种植业结构调整开展土地综合治理。此项举措不仅能改良土壤环境，减少制约土地生产力提高的障碍，提升农产品产量，更能提高土地可持续生产力。

林权改革：具体指集体所有制的单位及经济团体对林地、森林所享有的使用权、占有权、处分权以及收益权。按照法律来说属于集体拥有的林木、林地以及森林的使用、占有、所有的权利，如：《土地改革法》里提到分配给农民个人使用的森林、林木、林地，在合作化时期全部转为集体所有；集体所有的土地基本是农村集体经济组织为主，农民自己进行培育或种植的林木；"四固定"时期，分配给农村集体经济组织的林地、林木；"三定"时期，有些区域把国有林分给了农民集体经济组织所有，同时林权证由当地人民政府发放。维护林农的合法经营，丰富和完善农村生产责任制，改善生态环境，促进农民增收（孟广芹等，2013）。

台地建设：即对山地进行梯田改造，但是改造后的梯田是用于旱作农业，并不是水田作业（冯璐，2009）。云南台地建设拥有 2000 多年的历史，20 世纪 80～90 年代后期，云南省政府通过公开招标，政府提供必要的技术和资金，农民投工投劳进行大范围建设，目前已有数十万公顷。台地有利于提高土地质量，减少水土流失，而且由于已经投资建设台地，农户也就不再可能进行大范围的轮作轮歇，因此，是一项改变传统种植习惯的重要措施。

四荒拍卖和两山到户：四荒拍卖即政策允许公开拍卖"荒山、荒漠、荒水、荒地"山坡地给农户；两山到户中两山是指山地和丘陵，到户是指按照农户家庭人数，并根据劳动力的数量进行分配，把两山分到农户，其形式主要以合同为主（吴海涛等，2009），鼓励农户保护林地并从中获益，促进农业可持续发展。

3.2.3 物质资本

物质资本包含了支持农户生计所需要的所有基础设施和生产手段，不仅包括长期存在的生产物资形式，如机器、设备、厂房、建筑物、交通运输设施以及其他固定资产形式等；还包括基础设施、公用事业等公共品的物质形态，如道路、桥梁、水源、卫生设备、通信、广场等，它是经济增长的物质基础和必备条件，通过积累物质资本增进福利进而累计其他资本即是经济发展。

同时，公共服务是具有非排他性和非竞争性的产品，非排他性指即使某一经济主体无法因未支付相关费用而被排除其消费功能；非竞争性指其所具有的不会因为某一主体的消费而减少其他主体对这一产品的消费额。因此，具有非排他性的农业生产公共服务不能通过市场供给，而具有非竞争性的农业生产公共服务也不能由企业提供，而必须由政府为主来提供。为农业生产提供公共服务是政府农业宏观调控的一项重要内容，有利于提高农业生产率、促进社会均衡发展，除了政府为农业生产修建的大中型水库、道路、通信等基础设置外，也包括农业科学技术研究与推广等。

3.2.3.1 农村家庭固定资产

生活型物质资本主要指农户家庭固定资产，这一类资本主要用于反映农户生存条件的基本变化。随着山区农村的进一步发展，现代化家用设备得到更广泛的使用，尤其是"家电下乡"[①] 政策更是一剂催化剂，加快了生活型物质资本的发展。据调查，首先，摩托车由于快捷、便

---

① 《云南省商务厅云南省财政厅关于开展家电下乡工作有关问题的通知》（云商市〔2009〕25 号）《云南省财政厅云南省商务厅关于印发〈云南省家电下乡工作实施方案〉和〈云南省家电下乡补贴资金管理暂行办法〉的通知》（云财企〔2009〕3 号）等。补助时间、对象及标准：从 2009 年 2 月 1 日开始，于 2013 年 1 月 31 日结束。在此期间，在全省范围内具有农业户籍的农民购买规定的家电产品，给予销售价格 13% 资金补贴。每户每类家电下乡产品限购 3 台。补贴品种：彩电、冰箱（冷柜）、洗衣机、手机、摩托车、电脑、热水器、空调、微波炉和电磁炉 10 大类。

利，不仅在农户的实际生活中，加快了与市场的衔接，更是动摇了农用车作为运输主力的地位，年均增长速度为42.5%；其次，电话使用的普及率基本达到百分之百，年均增长速度为40%，尤其是手机数量的增长加强了农户与外界的信息沟通，其中小回龙村的手机数量年均增速甚至达到了97%，芒糯仅为19.5%；最后是电视机作为媒介主体，丰富了农民的业余生活，但从普及率角度考虑，电视机的普及基础在一定程度上要高于摩托车和电话，因此增速并不是很高。每户农户拥有1台摩托车、电视机和电话的数量，从2004年的10户、2户、4户发展到2009年的2户、1户、1户，从侧面反映了山区农户对于外界信息、对于市场信息的渴求。同时，大件消费品购买力的提升，仅依靠政府的优惠政策不能完全实现，也反映出山区农户经济实力显著增强。

生产型物质资本主要是在生产过程中，用来改变或者影响劳动对象的劳动资料。山区农耕系统由于地域限制，主要依靠简单的手工生产工具，生产型物质资本短缺，大型农耕设备并没有得到广泛运用，目前多数仍然局限于耕牛犁地、人工劳作的现状。但是，机械化的趋势已经在逐步发展。

表3-7　　　5个样本村农户物质资本变化对比（2004~2009年）

单位：台/户；头/户

	生活型物质资本						生产型物质资本					
	摩托车		电视机		电话		拖拉机		脱粒机		耕牛	
	2004年	2009年	2004年	2009年	2004年	2009年	2004年	2009年	2004年	2009年	2004年	2009年
广伞	0.10	0.50	0.67	0.97	0.28	1.47	0	0.10	0.10	0.40	1.50	1.50
芒糯	0.05	0.48	0.33	0.76	0.48	1.17	0	0.40	0.00	0.30	1.20	1.00
老缅寨	0.13	0.57	0.40	0.70	0.09	1.45	0	0.30	0.09	0.70	2.00	2.30
小回龙	0.17	0.73	0.40	1.03	0.03	0.90	0.1	0.30	0.1	0.20	1.80	1.90
细允	0.06	0.72	0.44	0.94	0.40	1.91	0	0.60	0.10	0.60	1.10	0.20
合计	0.10	0.60	0.45	0.88	0.26	1.38	0.04	0.34	0.08	0.44	1.48	1.42

资料来源：2005~2010年农户调查。

第一，小型拖拉机耕地，拖拉机对于多数农户来说属于高级消费品，但仍然能在 5 年时间内实现零的突破，到目前实现各村寨间每 10 户 1 台到每 2 户 1 台不等的区间水平，也是经济实力增强的佐证。除了广伞因为拥有 50% 以上的陡坡地而限制了拖拉机耕地以外，其他村寨的拖拉机数量都在不同程度地增长，耕牛虽然还是主要劳动力，但是随着山区土地的开发，宜牧荒地减少，耕牛的饲养在一定程度上出现下降的趋势。

第二，大型犁地机初步发展，目前仅小回龙拥有 1 台大型犁地机，细允拥有 10 台左右的大型犁地机，不仅满足自身劳作还出租作业。此类大型农机设备对劳动力的释放主要体现在耕牛的数量变化上：其他村寨耕牛数量在原有的基础上保持微量变动，但细允 5 年内的耕牛拥有量却从每户 1 头降到了每 5 户 1 头。可以说，细允在陡坡地占 23% 的前提条件下，使用大型犁地机释放了近 80% 的耕牛劳动力，那么，拥有类似地理条件的芒糯和小回龙，也同样具备劳动力释放的可能性。

第三，脱粒机、碾米机等小型设备快速发展，拥有每 1 台的农户数量从 2004 年的 12 户到 2009 年的 3 户，也进一步节约了劳动力，提高了劳动生产率。

虽然山区农耕文化不适应大型农机设备的运用，但是在部分具备地理和经济条件的村寨，随着云南南部山区农户经济实力增强，大型农机设备的使用已经在悄然兴起。因此，总的说来，生活型物质资本的倾向表明：农户在经济收入增长的同时，对市场信息、外界联系的需求也日益强烈。

3.2.3.2 基础设施建设

政府提供公共产品是弥补市场失灵的主要手段，并以此化解和防范社会面临的各种公共风险。农村私人产品对公共产品有强烈的依赖性，公共产品是农户有效投入的先行条件，同时，公共产品的消费量对私人产品消费的替代性，就是减少各类私人成本的经济水平。因此，为农民提供基本而有保障的公共产品，是中国农业以至整个国民经济进入新阶段的客观要求。

基础设施是一种公共服务体系，主要为社会及居民提供物质性设施建设，用以保障该国或地区正常的社会经济获得。某一项基础设施建设通常能带来数倍于其投资金额的回报，即乘数效应所带来的国民收入。因此，基础设施的建设完善往往是一国或地区经济长期稳定发展的重要基础。而农村基础设施建设不仅具有扩散和示范效应，有利于农村经济发展，而且有利于扩大内需，改善农村生活条件，提高农民生活质量，促进生活方式和思想观念的转变。

由于近年来山区粮食产量水平提高，农户开始发展养殖业以增加家庭收入，但传统养殖习惯不但效益低也不利于生态环境，于是当地政府将农户习惯散养的猪牛改为圈养，通过改厕建池并充分利用农家肥减少薪柴砍伐，在进行基础设施建设的同时改善生态环境，即政府实施的猪圈、厕所和沼气三项配套工程。此外，政府主导型发展战略还主要集中在住房、交通、电力、通信等生活型基础设施的建设，相对而言，比较欠缺农田水利等生产型基础设施建设。另外，虽然政府一直大力提倡文教卫基础设施建设，但是其效益回馈是比较缓慢的，就目前的滇南山区农业基础设施调查来说，整体情况仍然十分薄弱。事实上，农村基础设施不仅取决于政府的供给，也取决于农民自身的生产性努力，即农民既是一定意义上的基础设施需求者，也是生产者。因此，要尽可能激励农民参与到农村基础设施的建设中，在通过政府宏观调控避免"搭公车"的同时，满足农民多样化的需求。

农村基础设施虽然不能直接提升经济收入，但至少可以直接通过提供消费来提高生活质量。随着市场经济的逐步深入，山区农户对外界的信息需求日益强烈，尤其是1995～2004年的10年间，山区村寨的基础设施建设发展迅猛，主要包括乡村道路、居民水电、住房、通信四个方面（见表3-8）。乡村道路建设降低了运输成本，有利于经济总量在空间上的积聚，加强与市场的联系；居民水电疏通和住房条件的改善，不仅提高了农民的生活水平，还间接强化了劳动生产率；农村通信设施建设则直接启动农村市场，改善农村消费环境，带动现代消费品在农村的普及和推广，是最能形成乘数效用的投资选择。

表 3-8　　　　　　　5 个样本村不同时期主要基础设施建设
对比*（1990~2009 年）

	1990~1994 年	1995~1999 年	2000 2001 年	2005 2009 年
广伞	通电	通水泥路、通自来水、台地建设、电视信号、娱乐室	砖房、沼气	扩建会议室
芒糯	—	通水泥路、通自来水、通电、台地建设	通电话、电视信号	砖房、会议室、沼气池
老缅寨	通电	砖房、台地建设	通电话、沼气、小水窖、通水泥路、电视信号	砖房
小回龙	通电、通自来水	砖房	通水泥路、通电话、砖房、电视信号	—
细允	台地建设	通水泥路、通电、砖房、沼气、电视信号	通水泥路、通电话	小水窖

注：*多数为政府投资、农户投工投劳建设。

资料来源：2005~2010 年农户调查。

虽然政府对各样本村寨的公共产品投入时间不一，但是，目前基本形成"三通一气"，即通水、通电、通路和沼气的格局，其中，广伞村还获得政府提供的娱乐设施以及会议室等投资。但是，目前投资方向主要以生活性辅助投资为主，农田水利建设等生产性投资还是比较缺乏，最近的台地建设也经历了 10 多年的时间，而在以雨养田为主的旱作农业中，农民对中小型水库的建设需求是比较强烈的。因此，从公共品型物质资本的基本状况了解到，自 20 世纪 90 年代起，政府对改善山区农户的生活水平提供了大力支持，目前各样本村寨获得的基础设施建设大体相同，生活性设施差异不大，但生产性设施依然缺乏。

3.2.3.3　农村科技推广

农业生产需求是农业科技进步的重要因素，农业技术之间的协调直接影响着农业科技进步，物质投入作为农业科技发展的原动力，农业科研人员的文化素养尤为重要，对农业科技的研制、引进、应用等方面有着决定性作用。云南省农业科技研究与开发经费绝对数不足，相对数也不足，尤其是农业生产和科技的经费投入，虽然在逐年增加，但仍落后于全国平均水平。云南省财政在农业科技方面的投入仅占农业 GDP 的 0.16%，按照全国各省 0.12% ~ 0.27% 的投入范围来看，该投入属于比较低的范畴更远低于发展中国家平均 0.5% 和世界平均 1% 的水平。科研费用基本都以科技队伍稳定为主，无法集中用于研究，因此没有较大的研究成果出来，即使有一部分研究成果出来，始终无法有大量突破性的农业科技成果拿出来（番兴明，2006）。

科技作为第一生产力有狭义和广义之分，狭义仅涉及自然科学技术进步，而广义则包含公共服务、政策措施、企业经营等社会科学进步，所以科技进步是直接贡献于市场经济发展的社会资本。但是科技进步作为评价指标，并不能用硬性的统计值加以衡量。首先，科技的发展不仅依靠劳动力与资本，而且也要依赖于其他因素，如制度、管理、科技水平以及体制等，只有以上的综合因素无变化或者变化很小时，此指标值才能用来作纯科技的贡献率。其次，经济学意义上的科技进步应是一个长期性问题，如 10 年以上的时间跨度，因为从长期来看实际产出是围绕着生产能力可到达的自然产出而波动的，即实际产出最终取决于实际的生产能力。而在短期内非科技进步的因素如市场波动、需求变化以及心理预期等对产出往往会有更大的影响作用，因此度量意义不大。

表 3 - 9　　5 个样本村主要农业技术推广发展对比（2000 ~ 2009 年）

县	村寨	农业技术名称
澜沧县	小回龙村	（1）作物间套作；（2）改良陆稻品种；（3）测土配方施肥；（4）养殖技术培训；（5）杂交稻；（6）施肥技术
	细允村	（1）杂交玉米栽培；（2）改良陆稻品种；（3）套作与间作；（4）测土配方施肥；（5）良种猪；（6）玉米制种
孟连县	广伞村	（1）改良陆稻品种；（2）陆稻套种玉米；（3）杂交稻；（4）杂交玉米
	老缅寨村	（1）改良陆稻品种；（2）陆稻高产栽培；（3）施肥技术
	芒糯村	（1）改良陆稻品种；（2）陆稻套种玉米；（3）台地种植技术

资料来源：2005 ~ 2010 年农户调查。

但是，通过农业科技攻关计划、农村科技星火燎原计划、滇中农业现代化示范工程、高产稳产基本农田建设工程、重大农业科技成果推广计划、科技扶贫示范工程等科技计划的实施，以及在加强农业高新技术研究、种子创新工程、现代农业装备科技等方面开展技术创新和科技攻关，云南省科技进步对农业增长的贡献率分别在 2000 年、2002 年、2005 年、2007 年以及 2013 年时递增式上升，分别为 41.76%、43%、46.7%、48%、50%，达到年均增长 1 个百分点，进一步提高云南农业科技竞争力。其中，云南省农业科技部门自 20 世纪 80 年代以来，通过引入、研究和推广农业现代化技术帮助山区农户增产增收，主要以"两化两杂"为代表，即向山区农户推广杂交玉米和杂交水稻，并培训施用化肥和除草剂（吴海涛，2009）。其中，改良陆稻品种的推广和采用在保障山区农户粮食安全、推进山区农业经济转型起到了重要作用（吴海涛，2009）。本书结合实际情况，仅采用 2009 年的科技推广率作为评价山区农村科技进步的基本情况。同时，调查村寨均推广过陆稻改良技术，本书以此为例解释科技推广培训涵盖的主要内容：陆稻改良技术 = 品种开发引进 + 化肥化除配套使用 + 田间式技术推广 + 耕地建设，其详细内容如下：

第一，农作物优良种植品种繁育技术体系：主要包括陆稻新品种的试验、育种、审核、检验、优良种植品种繁育、加工及销售等流程之间的链接，如云陆 52、陆引 46 等品种的研发和引进等。

第二，农业化学技术体系：其中主要以微量元素、科学应用肥料以及土壤改良剂等为主，纵横配套，如磷肥的推广使用等。

第三，农业耕作制度体系：主要指山区陆稻耕作制度从传统农业过渡到现代农业的过程，如标准化栽培、固定耕地、坡改梯建设等。

第四，现代农业技术推广体系：主要指陆稻改良技术利用现代农业技术进行推广，运用多元化的推广科学技术，缩减中间的流程，加速农业科技成果的转化，使科学技术迅速变成生产力，如开展田间学校等（冯璐等，2009）。

目前山区科技推广普及率显示，大多数农户都曾获得科技培训，但是针对经济作物的科技培训还处于基础水平，没有得到广泛提升，各村寨粮食作物栽培技术、经济作物栽培技术和畜牧养殖技术普及比例在66:4:30的水平上（见图3-2）。就具体的科技需求来说，粮食作物高产丰产技术和经济作物栽培技术是农户最想掌握的科学技术，同时，对于咖啡、橡胶等新兴经济作物的需求远高于茶叶、甘蔗等传统经济作物，说明农业科技发展拉动并带动山区农户，从生产的需求动机向致富动机和创业动机的转变。

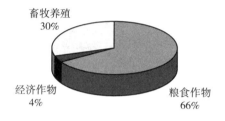

山区农村科技推广率（%）*	
广伞	79
芒糯	66
老缅寨	60
小回龙	89
细允	85

图3-2　5个样本村科技推广分类比例及推广率（2009年）

注：*山区农村科技推广率 = $\dfrac{\text{调查村寨获得科普培训的农户数量}}{\text{调查村寨农户样本总数}} \times 100\%$

资料来源：2010年农户调查。

3.2.4　社会资本

根据世界银行社会资本协会界定，社会资本是指家庭和国家的相互利益在受到影响时，市民和政府所采取的集体行动。它存在于社交活动与社交网络，不可以个人直接使用或者占有，只能成为其中的社会成员，并拥有自己的社会网络，才可以运用此资本，它是连接人与人之间无形但有力的纽带，通过合作整合社会力量提升社会效率。世界银行认为社会资本的特点是构建社会网络在数量上和质量上的制度规范，它不是简单的社会制度总和，更重要的是凝聚力，是提升公民社会、经济增长和有效政府的前提。因此，本书结合实际调查，将微观农户生产互助和宏观的政府政策调控作为影响社会资本的主要因素进行描述分析。

3.2.4.1　山区农户生产互助

许多学者对农村社会资本存量的研究结果表明，农村贫富差距在市场经济冲击下愈来愈大，农村的社会资本愈来愈少，人际交流和关爱互助逐渐淡漠（王淑霞等，2010）。中国转型期农村人际关系呈现出情感性关系和工具性关系并存的局面，并发生了正负两方面的变迁。"所谓正向变迁可表现为多种形式，包括竞争性、开放性、平等性以及流动性；而负面变迁的表现形式为表面化、功利化以及自我主义性"（李伟，2013）。这主要是由于市场经济对中国传统农村的冲击、农村政治体制结构的变迁、文化素质较低等因素造成的，对本来就处于弱势地位的农民非常不利。

在云南南部山区的农村社会发展中，换工和帮工的概念是普遍存在的，尤其是在农忙季节需要进行高密度作业的情况下，集中用工不仅可以节约时间还可以提高生产效率。在老缅寨和小回龙，农户之间的帮工/换工情况比较频繁，甚至超出了家庭用工比例，其次是细允和广伞，以家庭用工为主，但差距不是很大，反映出农户同工同劳的观念依然强烈。而芒糯除家庭用工以外，主要用雇佣人工，虽然芒糯的外出务工人员比例较大，但是并没有严重影响芒糯的劳动力存量，因此，帮工换工的滞后从侧面反映出芒糯的社会资本要低于其他村寨。

因此，在传统社会向现代社会转变的过程中，山区农村的社会资本也受到市场经济的影响和冲击。虽然换工帮工只是农村社会资本形式的一个方面，但却比较直观地从市场化条件下的雇佣关系变化反映出农村人际关系结构的变化。雇工经营不仅促进了山区市场经济的发展，也反映出云南南部山区农村社会资本的工具性衍生（见表3-10）。

表3-10　　　　5个样本村农业生产用工来源情况（2009年）　　　　单位：%

		家庭用工	帮工换工	雇佣人工
1	广伞	58	35	7
2	芒糯	64	12	24
3	老缅寨	42	55	3
4	小回龙	38	45	17
5	细允	42	39	19
	合计	49	37	14

资料来源：2010年农户调查。

3.2.4.2 政府调控稳定价格

在市场经济条件下，市场是配置农业资源的基础，但是，市场机制在农业的外部性、基础设施的公共服务性、收入分配不平衡方面出现失灵。因此，需要政府作为宏观经济调控者，发挥政府管理农业经济最重要的职能。同时，政府对农业宏观调控既要反映农业和农村经济发展趋势和预期目标，又要不脱离农业和农村经济运行的实际情况，从而保持农业内部以及农业和国民经济总体之间的协调和平衡，促进农业经济结构的优化，引导农业经济健康快速发展。

农业生产不仅为农业生产者和消费者带来利益，还给全社会其他非农经济部门带去好处。农产品作为生活必需品，其需求刚性是很强的，因此，如果农产品供给波动超过某一临界点，就会引起巨大的社会动荡，即农产品具有正外部效应。若将农业生产者看作市场经济条件下的自主决策者，则当其私人收益小于社会收益时，农业生产者并不会扩大生产量。特别是对于以小农经济为主体的云南南部山区，这种选择虽然对农业生产者来说是有利于规避风险的明智决策，但是却不利于经济、社会和环境的可持续发展。因此，培育并健全山区农业市场机制有助于稳定市场经济对农业生产外部性的影响。

云南南部山区农户对粮经互补型发展路线的选择，并不是单纯地根据所谓市场经济条件下农业生产活动的完全自主权决定的，而是政府宏观调控，从不同方面影响农户的经济利益，促使经济主体从自身的经济利益出发，自动地按照经济杠杆作用所引导的方向调整自己的经济活动。云南省各级政府在稳粮保增收的政策基础上，保护农业市场，积极为山区农户的生计发展搭建良好的市场发展平台，如农产品区域规划、产业调整政策、稳定农产品价格、农业生产补贴、发放小额信贷、减免农业税等，潜移默化地引导山区农户的生产活动、经济行为向良性的方向发展。

兼具效率与公平共同发展，在市场经济不断追求效率最大化的过程中，是很难实现一致的。市场不能保证农业与非农产业就业人员之间，甚至农业内部就业人员的收入公平，就需要通过政府调节。随着经济的不断发展，产业结构不断分化升级，但农业作为弱质产业，资源调整较难，贸易条件及环境相对较差，导致比较利益下降，因此，在适当的时期采取农业保护措施，缩小农业与非农产业就业人员，甚至农业内部就业人员的收入差距都十分重要。由于产业的不同性质，农业与非农产业就业者存在一定的收入差距，有利于整个产业结构的调整，那么，农业内部就业人员一定的收入差距，也应该有利于农业生产结构的调整。而农户收入与市场价格是直接挂钩的，市场价格随时会因为供求关系出现变化甚至是大起大落，这时农户的收入差距也会出现变化甚至是大起大伏，同时，价格手段也是政府对农业宏观调控经济手段的核心部分。因此，政府在不违背市场经济规律的前提下，制定措施保持合理的收入差距，以及提供补贴从而平衡农业生产结构也即是培育和完善市场机制。

目前，滇南农户的收入差距主要表现在量上，虽然基尼系数显示收入分配的差距在逐步加大，但整体差异情况仍在合理范围。根据时间的推进发展，滇南山区农户增收也未受到价格因素大起大落的恶劣影响，2004～2009 年的六年间，滇南山区农户主要农产品的销售价格差距并不大（见表 3 –11）。滇南山区农户是多数纯农户和少量农业兼业户的组合，收入差距主要体现在农业生产内部，即农业生产结构差异所形成的收入差距。

表 3 –11　　　　5 个样本村主要农产品价格变化对比（2004～2009 年）

作物	一般价格	高价	低价
稻米	1.6	2	1.4
玉米	1.4	2	1.2
咖啡	1.4	1.3	1.0
茶叶	5.0	6.0	3.0
甘蔗*	180	200	100

注：＊甘蔗单位为元/吨，其余均为元/公斤；价格调查是按一般、高价、低价三类进行，未按年份排列并最终选取价格众数表示。

资料来源：2005～2010 年农户调查。

在向市场经济发展的进程中，政府主要采取经济手段积极稳定农产品价格，粮食作物生产的政府宏观调控主要采取良种补贴、技术推广补贴等措施，而经济作物生产主要采取保护价收购的形式。其中，农业补贴是政府对农业保护中最常用的政策工具，也是对农产品流通和贸易的转移支付。虽然农产品价格调控是一个复杂的社会问题，需要多种手段联合并用，但是目前滇南山区农业生产在宏观调控的有效保护下，农户收入和生产积极性都得到一定保障，这不仅是政府对农业市场的保护，也为农业生产结构转型搭建了良好的平台。

3.2.5 金融资本

在可持续发展生计概念中，金融资本是指农户在生产消费中为了生计目标所需要的用于累积和交换的资本，主要是现金和借贷。山区农业种植的主要金融资本就是用于生产投入的种子、化肥、农药现金消费。据调查，山区农户粮食作物生产主要是自行投入，而经济作物则多数是在企业扶持的基础上再自行投入。因此，本书将分别分析粮食作物和经济作物的金融资本状况。

3.2.5.1 粮食作物的生产投资

在云南山区粮食作物生产中，陆稻和玉米是主要生产对象，其次是水稻。陆稻是山区农户的主要口粮，但是投入金额差异较显著，其中：陆稻品种多数处于提纯复壮老品种和改良新品种的交替阶段，其中新品种多数由农业技术部门提供，因此种子花费金额并不多；但是，种植陆稻的土地多数比较贫瘠，再加上陆稻种植中杂草问题严重，因此对农药化肥的需求量较高。基于各村寨的经济发展水平，陆稻的金融资本投入并不一致，其中小回龙和细允属于高投入型村寨，金融资本条件远高于其他村寨。另外，玉米也是山区粮食作物的主力军，目前已基本实现杂交玉米种植，种子投入较高，同时作为旱地作物的化肥和农药用量也较高，因此总体来说山区玉米属于高投入型作物，而小回龙和细允仍然是高投入型村寨。但是，水稻在山区农耕系统中的角色远次于陆稻和玉米，虽然山区水稻目前也基本实现杂交水稻种植，但由于水田多数缺水而且缺乏灌溉设施，相比坝区水稻的精耕细作，山区水稻的耕作多是粗放经营，生产投入也低于旱作作业。相比较而言，仅广伞和老缅寨因水田较多而投入相对多一些（见图 3 - 3）。

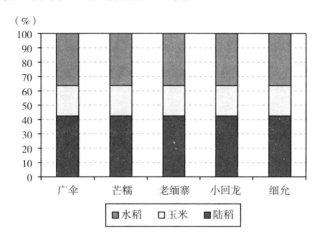

图 3 - 3　5 个样本村粮食作物金融资本总投入比重情况（2009 年）

资料来源：2010 年农户调查。

从金融资本的单位面积种子、化肥、农药的投入上分析：化肥是山区农户的主要生产消费品，占到生产资本投入的 66%，其次是农药 19%、种子 15%。而从作物类型投入分析，陆稻投入最多，占生产投入资本的 41% 左右，其次是玉米 32%、水稻 27%。所以，陆稻和玉米的单位面积化肥投入是影响粮食作物生产金融资本的主要因素。其中，小回龙和细允的陆稻种植已经进入高投入质量型生产阶段（见表 3 - 12）。因此，化肥是山区粮食作物的主要生产资本，而农户对生产资本不同的运作方式，即播种面积的权衡则是决定金融资本投入差异的因素。

表 3 - 12　5 个样本村粮食作物金融资本单位面积投入情况（2009 年）

	陆稻（%）			水稻（%）			玉米（%）			总金额* （万元）
	种子	化肥	农药	种子	化肥	农药	种子	化肥	农药	
广伞	1.6	11.3	3.5	20.6	35.7	3.3	6.7	15.6	1.6	3.19
芒糯	0.7	36.0	14.3	0.0	0.0	0.0	12.4	31.2	5.4	8.73
老缅寨	0.6	26.2	5.5	6.7	18.3	3.2	11.3	25.5	2.6	11.95

	陆稻（%）			水稻（%）			玉米（%）			总金额*
	种子	化肥	农药	种子	化肥	农药	种子	化肥	农药	（万元）
小回龙	0.0	50.8	11.7	0.6	4.0	2.6	4.6	19.9	5.7	8.75
细允	0.9	27.4	15.5	7.3	8.8	7.0	5.4	23.3	4.4	10.68
合计	0.7	30.3	10.2	8.0	14.6	4.7	6.6	21.1	3.9	43.3

注：＊总金额＝单位面积投入×总播种面积。

资料来源：2010 年农户调查。

3.2.5.2 经济作物的生产投资

样本村种植的主要经济作物是甘蔗、茶叶和咖啡，其次包括橡胶、水果等。但由于橡胶目前尚未收益，水果等作物种植面积很小而暂不做考虑，另外，多年生作物和一年生作物的投入水平不一，因此，本书以种植初期种苗投入和生产期主要投入为准进行分析。

随着 20 世纪 90 年代制糖厂的发展，甘蔗基本形成产业化种植，甘蔗的生产模式相对比较成熟，生产资本已由最初的农业企业提供转嫁到了农户自行投入，但收购价格的决定权仍然在农业企业。所以即使生产成本由农户提供，但仍然是与农业企业签订购销合同的订单形式。首先，茶叶是云南的传统经济作物，栽培历史有上千年的时间，但是相对于农户投入、生产、管理并直接面对市场的传统生产方式，目前样本村寨的茶叶种植基本形成农业企业投入收购＋农户生产管理的订单型农业生产方式。其次，咖啡是近年来大范围种植的新兴经济作物，兴起之初即为订单型生产模式，由农业企业提供一切生产管理费用，并以统一的保护价进行收购（冯璐等，2015）。

虽然农业企业投入在一定程度上规避了小农经济的生产风险，但无论是实行保护价形式，还是签订生产销售合同形式，经济作物生产的金融资本最终还是转嫁在农户身上的。因此，本书以农业企业投入作为咖啡和茶叶生产的金融资本，农户生产投入作为甘蔗生产的金融资本区别分析。据调查，农业企业主要是以物质形式向农户提供生产的金融资本，主要包括种苗和化肥，其次还提供必要的配套技术。由于各种作物的生长周期不同，市场需求各异，因此对金融资本的要求也不一样。2009 年咖啡每公顷投入最高达到 1 万元，其次是甘蔗和茶叶，而化肥农药投入仍然是影响生产的主要因素（见表 3 - 13）。

表 3 - 13　　　　　　5 个样本村经济作物金融资本单位面积
投入情况（2007 ~ 2009 年）　　　　单位：元/公顷

作物	投入时间	投入形式	投入金额			
			合计	人工费	种苗	化肥农药
咖啡	2007	农业企业投入	10 170	120	5 250	4 800
茶叶	2007	农业企业投入	2 775	0	375	2 400
甘蔗	2009	自行投入	3 800	800 *	1 200	1 800

注：* 样本村寨甘蔗种植的雇工费用，根据农户实际所需雇工数量变化而变化，此为均值。
资料来源：2007 年和 2010 年农户调查。

多年生经济作物如咖啡和茶树的成长期都在 3 ~ 4 年，尤其每年都要施用化肥 3 ~ 5 次，其投入量最重，生产的金融资本需求量和风险也就相对较大，种植面积也主要以少量的投入面积为主（冯璐等，2015）。甘蔗投入少见效快，位居经济作物种植面积第一位，仅芒糯村由于不适宜甘蔗种植，从 2005 年起种植面积大幅度下滑，从最高峰时的 10 公顷减少到几近消失。所以，每个村寨都有各自生产投入的主要对象，广伞和小回龙主要种植甘蔗，芒糯和老缅寨主要种植咖啡，而细允则主要种植茶叶（见图 3 - 4）。

云南南部山区农户的金融资本主要包括农户投入和农业企业投入两类，其中农户投入以粮食作物和经济作物中的甘蔗为主，占金融资本的69%，而农业企业投入以咖啡和茶叶为主，占 31%。但是，据分析发现：虽然各样本村寨的种植面积不一，但粮食作物和经济作物的金融资本之和基本保持一致（20 万元/村左右），表明在市场化运作下，云南南部山区种植业生产的金融资本趋同，但资本运作不一，即农户在农业企业投入的影响下，对粮食作物和经济作物的投入选择差异较显著，也在一定程度上导致了各村的发展差异。

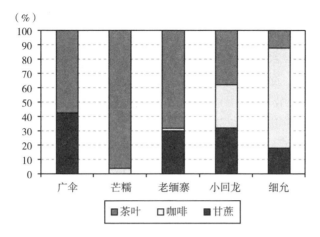

图 3 - 4　5 个样本村经济作物金融资本总投入比重（2009 年）

资料来源：2010 年农户调查。

3.3　本章小结

人力资本：外出务工人员变化尚不显著，整体教育发展良好。目前山区农户是由 4~5 人/户，每户 2~3 个劳动力构成；人口整体教育发展有较强的上升趋势，但是目前家庭决策者仍然是 45 岁左右小学文化的男性劳动力；此外，外出务工趋势显著增强，但伴随着农村经济的发展，也出现了部分外出务工返乡的趋势，目前对农村经济发展的影响并不明显。

自然资本：自然环境有所改善，耕地紧张现象得到一定缓解。从面积来看，山区土地资源相对丰富，人均耕地占有量高出全国水平 2 倍以上；从类型来看，由于 2009 年云南省百年不遇的干旱灾害，山区林地、轮歇地、水田等土地类型比例更是进一步缩小，旱作型耕地几乎占据了土地类型的 95% 以上，其中以宜耕缓坡地为主；从需求来看，由于土地贫瘠、水土流失等问题，固定耕地的需求仍然比较紧张，目前抛荒或者轮歇现象已经大幅度下降，但是，在市场经济条件下，土地流转相对灵活，对调节耕地人均拥有量具有一定的辅助作用。同时，虽然各村寨都是山区旱作农业，但是由于相对高度不同，在云南省立体气候的大环境下，也会形成生产多样性，从而影响土地需求。因此，旱作耕地数量变化是影响山区经济发展的基础性自然资本。

物质资本：生活型基础设施大幅度提高，但生产型基础设施特别是农业科技推广仍需要大力建设。无论是生活型物质资本还是生产型物质资本，山区农村家庭固定资产都经历了大幅度的提升过程，不仅反映出山区农村经济的发展、生产力的提升，也反映出农户对外界信息的需求；而政府提供基础设施建设和农业科技服务在经历了20年的发展后，样本村的生活型基础设施建设也得到大幅度提升，但相比较而言生产性设施仍然十分缺乏。较高的科技推广率说明山区科技推广工作的持续和广泛，这对山区农村经济的发展是潜移默化的，只是从农户需求来看，目前山区农业科技推广的涉及面还没有跟上山区作物种植的多样性发展。因此，山区农村在生活性基础设施得到提升的同时，对生产性基础设施发展的需求也是影响山区农村经济发展的因素。

社会资本：传统互帮互助是农业生产的微观支持力量，政府调控引导是转型宏观层面的社会发展力量。社会资本是无形资本，是难以用某个量化数据进行硬性评价的指标。本书结合实际调查，选取以微观劳动力互助和宏观市场调控作为社会资本的发展参考。在市场化背景下，虽然随着外出务工人员的增加，以及劳动密集型经济作物的种植，雇工人数开始增长，但是传统帮工形式的延续显示，山区农村的社会变迁还是以互助的正面演进为主。同时，政府从宏观层面稳定市场价格，稳定市场秩序，确保农户持续稳定地增收。

金融资本：主要作物的初始投资资本一致，但生产结构不同和资本运作各异，形成最显著的转型变化。金融资本是影响农户生计最主要也是最直接的资本，但是考虑到多年生作物和一年生作物的生长周期不一样，因此本书以一个生产周期内的投入进行对比。五个村寨粮食作物和经济作物的种植面积不一，金融资本投入也不一样。但是，从总体的金融资本投入来看，无论是农业企业投入还是农户投入，五个村寨的种植业金融资本都保持在相同水平。那么可以说在市场经济的调节下，五个村寨种植业的初始金融资本是一致的，但是农业生产结构不同、资本运作不一，从而形成金融资本内部差异。

　　综上所述，人力资本、自然资本、物质资本、金融资本和社会资本作为影响可持续生计发展的五大资本，其变化是云南南部山区农业生产转型的初始条件。根据农户生计资本的描述分析，本书认为云南南部山区的转型不断受到市场经济的影响，主要建立在人口教育的发展、自然环境的改善、基础设施的大力建设、政府的宏观调控引导以及生产资本的差异运作。其中，农户生计条件最显著的变化主要源于对金融资本的运作，而金融资本投资主要体现在农业生产结构和农户收入上。由于立体型气候特征，云南南部山区农业生产结构呈现多样性，作物种类丰富。同时，由于地域限制云南南部山区较难形成类似中国东中部大面积的规模化种植，农户的生产种植也呈现多样化。主要体现在粮食作物和经济作物种植面积比例的变化上，其结构变动又进一步影响各资本要素的发展。在市场经济条件下，农作物种植面积的变化一方面来自农业生产力自身的提高，另一方面，主要来自以农业企业发展为载体的市场经济发展，随着市场经济的逐步加深，农户生计投资博弈的风险并不亚于任何商业投资的风险，农业生产结构的任何变动都能直接地辐射到农户收入中。

云南南部山区农业生产结构
转型的过程分析

在统计学上，趋势和阶段是过程发展中不可分割的两个因素。趋势是事物或局势发展的动向，表示一种向尚不明确的或只是模糊地制定的遥远的目标持续发展的总的运动。相比而言，阶段倾向于横向划分，趋势更具有时间性。因此，本章首先分析云南南部农业生产结构的宏观变动趋势，再以微观农户的粮食生产面积、单产以及效用变化等为出发点，分析农业生产结构微观变动趋势。其次，以微观农户农业生产收入来源、水平及分配变化集合种植结构，划分农业生产结构转型类型。最后，依托转型类型划分转型阶段，实证总结云南南部山区农业生产结构的转型趋势，从而明晰云南南部山区农业生产结构的转型过程。

4.1 转型中的宏观农业生产结构变动趋势

农业生产结构状况对农业与国民经济的发展具有十分重要的作用，当两者的比例符合社会需求就能推动国民经济发展，反之则抑制甚至严重阻碍社会生产力的发展，这主要借助于农业的商品产值结构、总产值结构、土地资源利用结构以及劳动力使用结构等方面的指标来进行体现。在宏观农业生产结构变化中，种植业、林业、畜牧业、渔业产值占农业总产值的比重是常用分析指标。1992~2009年，云南南部农业总

产值从 40 亿元到 237 亿元，增长了近 6 倍；农民人均纯收入从 576 元
到 2 632 元，增长了近 5 倍；但是，种植业产值比重却从 54% 到 47%，
下降了 7 个百分点（图 4－1）。尤其是西部大开发以后，粮食供求基本
平衡，种植业产值比重下降幅度较大，这是一种良性的变化，也是农业
综合生产力提高的结果。同时，多种经营的比重有所上升，主要体现在
畜牧业上，比重增幅达到 10.1%，也从侧面反映出农业综合生产力的
提高，能释放更多的资源配置在畜牧生产上，以及人们生活水平的提高
所带来的对畜牧产品的需求，而这与农民人均纯收入的增长是一致的。

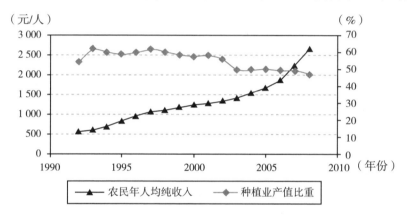

图 4－1 1992～2009 年云南南部种植业产值比重与农民人均纯收入变化

资料来源：《云南省统计年鉴（1991～2010）》。

云南南部山区农业生产系统十分丰富，山区农户的农业生计并不仅
仅依靠某种资源，而是在于对多种资源的搭配利用，尤其是在不同的时
间和空间上，这种搭配形成云南南部山区农户的生产多样性，也是丰富
的农业生产结构（冯璐等，2013）。农民人均纯收入作为粮食安全的重
要保障指标，不仅是衡量农村居民生活水平的重要体现，也体现了农村
经济发展的水平情况（冯璐等，2013）。因此，以下主要选取种植业总
产值比重和农民人均纯收入变化作为宏观指标，分析云南南部山区转型
中的农业生产结构变动趋势。结合 1998～2009 年云南省统计年鉴，汇
总文山州、红河州、西双版纳州、普洱市和临沧市 5 个南部地级州市农
业生产数据，选取农民人均纯收入为因变量（Y），按照农业生产结构

的划分选取种植业（X_1）、林业（X_2）、渔业（X_3）和牧业（X_4）的产值比重为自变量因子，构建多元回归线性模型：

$$Y = B_0 + B_1X_1 + B_2X_2 + B_3X_3 + B_4X_4$$

模型回归分析结果显示（表 4 - 1）：种植业和渔业产值比重下降，农民人均纯收入增加，其影响为负；林业和牧业产值比重上升，农民人均纯收入增加，其影响为正。其中，虽然渔业的影响系数最高，但是云南作为内陆省份，渔业的产值比重很小，因此其增幅对以耕作为主的农户收入影响并不大。其次，林业发展的收益时间和周期都较长，同时出于国家生态环境保护的制约，林木的种植和砍伐都受到一定的限制，因此其比重和增幅的影响也最低。综合考虑回归影响系数值和比重值，种植业对云南南部农民收入增长影响较大，其次是畜牧业。

表 4 - 1 　　　　云南南部 5 个地级州市宏观农业生产结构与
农民人均纯收入回归结果（2009 年）

分析指标	种植业	林业	牧业	渔业
Person 相关系数	− 0.796	0.629	0.922	0.810
单尾显著性	0.000	0.003	0.000	0.000
回归系数值	− 31.844	7.398	220.523	− 366.691
回归系数相关性	0.990	0.793	0.180	0.117
均值（%）	55.2	18.1	23.8	1.5
模型拟合度	$R^2 = 0.915$；$DW = 1.113$			
方差分析	$P = 0.000 < 0.05$；$F = 32.445$			

种植业为人类提供生存所需的食物以及生活所需的原材料，其发展和布局直接影响其他产业的发展和布局，因此，正确处理种植业以其他产业的关系，尤其是合理布局种植业内部结构即适宜的种植比例，才是合理利用土地资源推动农业生产发展的根基。截至目前，过度开发生态资源和对环境的破坏，云南南部山区农户不可能再继续扩大耕地面积，同时，云南省政府也要求农户固定耕地，而山区农户又要面临不断增长的人口压力，这就更需要提高土地资源的利用率，得到更高的单位面积

产出和收入（王怀豫，2006）。因此，适时合理调整种植业生产结构，并结合农业技术改进和推广，将是山区农户粮食保障和收入增加的重要途径。

4.2　转型中的微观粮食生产需求变动趋势

4.2.1　粮食播种面积持续下降

粮食作物不仅是国民生计的有力保证，还是确保国家稳定发展的不可替代的战略储备物资，因此，"稳粮促增收"一直是粮食作物生产的指导原则。特别是云南边远山区，信息闭塞、交通不便，粮食生产一直以自给自足为主。但是，随着农业技术的发展和市场化程度的加深，山区传统粮食生产正在经受不同程度的影响。据 2000～2009 年的调查数据显示，多数村寨粮食作物的耕作面积都呈现不同程度的下降，其中广伞下降比例接近 60%，小回龙和细允在 35% 左右，仅芒糯和老缅寨的变动幅度不大（表 4 - 2）。

表 4 - 2　5 个样本村粮食作物种植面积变化对比 （2000～2009 年）　单位：%

样本村	2000 年	2002 年	2004 年	2007 年	2009 年
广伞	74.7	69.0	70.0	57.5	30.8
芒糯	76.0	66.8	69.3	68.3	72.0
老缅寨	70.4	68.2	67.6	—	70.3
小回龙	78.2	73.0	75.3	42.5	45.3
细允	70.7	64.5	63.6	—	47.5
合计	74.0	68.3	69.2	56.1	53.2

资料来源：2005～2010 年农户调查。

但总体来说，粮食作物的耕作地位正在从绝对主导向相对主导动摇，而经济作物的耕作地位则从绝对劣势向相对优势转变，两者种植面积的变化形成了目前粮食作物和经济作物几乎平分秋色的局面（冯璐等，2015），而这种差距大幅度缩小的转变过程最终形成了正向瓶颈式的发展趋势（图4-2）。同时，随着经济作物种植的蓄势待发，未来的发展格局可能出现反向瓶颈模式，并形成X式发展趋势。种植模式的大幅度变动显示：受市场经济的引导，山区农户的种植倾向已经不仅仅是自给自足的单一生存型模式，而是在经济作物的增幅过程中逐步融入市场竞争当中。山区粮食作物以陆稻和玉米为主，水稻等其他粮食作物所占份额很小，因此，陆稻和玉米对山区粮食作物的影响十分重要。其中，玉米种植面积的波动幅度不大，而陆稻的种植面积逐年下滑达到63%，因此，陆稻面积大幅度下滑是山区粮食作物面积下降的主要因素。

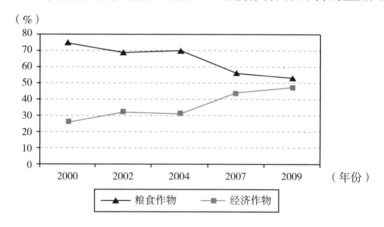

图4-2 5个样本村农业生产结构"正向瓶颈式"
发展趋势（2000~2009年）

资料来源：2005~2010年农户调查。

而在经济作物中，作物种类的发展是一个不断丰富的过程。甘蔗作为一年生作物，周期短见效快，曾是山区经济作物的绝对主导力量，但随着山区经济的发展，咖啡、橡胶等高投入高回报的多年生作物发展势力迅猛，甘蔗目前已降到相对主导。高投入型作物大多数得益于农业企业投入，所以农业企业在帮助农户规避市场风险的同时，也影响了农户对种植模式的选择。因此，山区农村在向现代农业转变的过程中，农户种植模式的主导方向是粮食作物向经济作物的转变，即由生存主导型向市场主导型的方向变动（冯璐等，2015）。具体来说，粮食作物种植面积下降的主要因素是陆稻播种面积下降，而经济作物种植面积增长的主要因素是常年生高投入高回报型作物的上升。由于粮食作物和经济作物的效用不同，因此，本书主要从产量变化考察粮食作物，从收入变化考察经济作物。

4.2.2　粮食单产提升总产下降

作物单产和面积决定作物总产量，所以本书从粮食作物单产变化入手，了解山区粮食作物产量变化。由于陆稻改良新品种的推广采用以及杂交玉米的广泛普及，山区陆稻和玉米的单产都呈现上升趋势。2009年，陆稻和玉米的单产与 2000 年相比，增长率分别为 16.7% 和11.4%。同时，复种指数也增长了 32.6%，这在一定程度上提高了生产率（冯璐等，2015）（表 4 - 3）。

表 4 - 3　　5 个样本村粮食单位产量变化对比（2000～2009 年）

单位：吨/公顷

	陆稻			玉米			复种指数		
	2000 年	2004 年	2009 年	2000 年	2004 年	2009 年	2000 年	2004 年	2009 年
广伞	3.35	3.63	3.15	3.23	3.50	3.23	0.91	0.94	1.04
芒糯	3.26	3.87	4.31	2.98	3.09	3.84	0.91	0.94	1.37
老缅寨	2.33	2.71	3.70	4.00	4.06	3.99	0.94	0.93	1.07
小回龙	2.52	2.80	3.78	3.18	3.88	4.38	0.81	1.05	1.45
细允	4.44	3.38	3.59	4.60	4.44	4.61	1.17	1.33	1.39
合计	3.18	3.28	3.71	3.60	3.79	4.01	0.95	1.04	1.26

资料来源：2005～2010 年农户调查。

但是，2000～2009 年 10 年间，陆稻由于面积大幅度下降，户均产量减少了近一半。其中，陆稻户均产量变化分别为细允 -82%、小回龙 -76%、广伞 -55%、老缅寨 -27%、芒糯 +53%。而玉米种植面积浮动不大，因此产量随着单产的增长上升了 28%，玉米户均产量变化分别为老缅寨 -55%、广伞 -24%、小回龙 +188%、芒糯 +75%、细允

+68%（表4－4）。陆稻和玉米种植面积下降原因相同，都是为了发展经济作物，而上升原因却各有不同，小回龙的玉米面积激增主要是由于畜牧业的发展需要，芒糯则是依靠粮食销售，细允的玉米制种产业催生了玉米面积的上升。由此看出，在与市场接轨的过程中，同样作为粮食作物，陆稻和玉米两大重要支柱在面积和产量上却呈现出不同的变化差异：玉米和陆稻单产增长幅度一致，但玉米的面积无明显变动，玉米总产量上升；而陆稻面积却大幅下滑，从而导致陆稻总产量下降（冯璐等，2015）。这从侧面反映出粮食作物内部效用也发生了变化，而这对山区农业生产结构转型的作用也会产生分歧，所以以下将继续深入分析粮食作物内部效用的变化。

表4－4　　　　5个样本村户均粮食产量变化对比

（2000～2009年）　　　　　　　　　　　单位：公斤/户

村	陆稻					水稻					玉米				
	2000年	2002年	2004年	2007年	2009年	2000年	2002年	2004年	2007年	2009年	2000年	2002年	2004年	2007年	2009年
广伞	2 503	2 631	2 893	1 044	1 123	623	814	941	719	762	2 380	2 432	3 086	5 381	1 810
芒糯	1 429	1 949	1 676	1 946	2 183	0	0	0	20	0	681	631	915	2 354	1 194
老缅寨	1 039	1 062	1 101	—	756	533	585	688	—	929	2 917	3 014	3 455	—	1 323
小回龙	1 938	2 376	2 279	1 025	462	63	118	109	83	337	1 257	2 076	2 710	1 481	3 620
细允*	3 223	1 829	1 735	—	561	35	38	5	—	94	3 281	4 453	5 073	—	5 505
合计	2 026	1 969	1 937	1 338	1 017	251	311	349	274	424	2 103	2 521	3 048	3 072	2 690

＊玉米制种是细允的特色产业，因此户均产量要高于平均水平。

资料来源：2005～2010年农户调查。

4.2.3　粮食生产效用差异大

中国作为山区大国，近年来农村居民口粮消费量逐渐减少，间接粮食消费量逐步增加，并有超过口粮消费量的趋势（刘灵芝等，2011）。众所周知，粮食作物价格弹性系数小，产量少了价格暴涨，产量多了价格暴跌，经济效益很低，呈现激烈的波浪形变化趋势。云南南部山区自然条件禀赋较差，粮食生产水平较低，人口和自然资源承载力矛盾显著

（刘东等，2011），陆稻和玉米生产一样都是山区农户家庭的重要经济活动，在云南南部山区农业生产和经济发展中举足轻重。虽然玉米作为粮食作物的食用比例下降，但是多数村寨的陆稻产量已经能够满足人口消费，正处于准备或者已经到达波峰状态开始下滑的趋势，根据人均占有量和消费模式分析：人均占有量显著低于界限值的小回龙和细允仍然销售粮食；人均占有量富裕的芒糯却增加种植面积加大卖粮，说明粮食内部效用不仅出现变化，而且差异较大（表4-5）。

表4-5　　　　5个样本村粮食作物消费模式情况（2009 年）

	陆稻（%）			玉米（%）			人均粮食占有量*（千克）
	销售	饲料	口粮	销售	饲料	口粮	
广伞	6	0	94	57	28	15	453
芒糯	59	0	41	53	37	9	491
老缅寨	18	0	82	41	57	2	337
小回龙	28	0	72	16	81	3	176
细允	45	6	50	18	73	9	77
合计	31	1	68	28	65	8	307

　*由于玉米的食用比例下降，这里以陆稻占有量为主。

　资料来源：2010 年农户调查。

据《澜沧县志》和《孟连县志》农业篇记载，云南山区粮食作物产量低，农户的主要口粮是陆稻和玉米。在陆稻产量较低的村寨，食用形式主要为"苞谷饭"，俗称"七分苞谷三分饭"，即七成玉米面和三成米饭。随着杂交玉米和新品种陆稻产量的提升，食用形式转变为"糙米饭"或者"红谷饭"，两者的效用出现了显著变化（冯璐等，2015）。粮食作物不同于市场商品，约束条件是以满足人类食品消费需要为目的，预算线即以人均占有量表示，而人类的食品消费是有限的，所以即使产量上升，预算线也不随产量的变化而变化。同时，在社会主义市场经济转型过程中，农户对粮食消费的偏好逐步与城市居民相同，越来越多的粮食替代品会被选择从而改变全社会的粮食需求，并最终促使粮食供需达到新的均衡，进而实现粮食安全，这种偏好可以用无差异曲线表示（徐勇等，2006）。本书仅用于陆稻和玉米的比较，所以，选择以口粮消费比例为指标的无差异曲线，反映不同时间段不同产量条件下，为了满足食品消费需要，陆稻和玉米消费组合的变化。因此，本书以农户提供的 2000～2009 年口粮的大致消费比例，结合目前调查数据考察陆稻和玉米的效用组合。由于分析数据来源于农户的生活推断，所以无差异曲线图仅作为效用变化的证据。

效用是指对于消费者通过消费或者享受闲暇等使自己的需求、欲望等得到满足的一个度量，并通过效用函数来体现。效用函数具体是指消费者通过消费体现出的效用并与该消费品组合之间数量关系的函数。一般被用来衡量消费者对已消费的商品组合中得到的满足程度。主要表达公式为 $U = U(x, y, z, \cdots)$，其公式中的 x，y，z 代表着消费的各种商品总量。农户不仅是生产者也是消费者，但是在生产过程中同样需要消费相关的生产资料，所以，为了便于分析陆稻作为口粮的偏好变化，此处定义农户为完全的消费者。由于分析数据来源于农户的生活推断，因此，偏好变化仅用于趋势发展的模拟评估。同时，无差异曲线主要用于分析两种商品的组合，因此，假设陆稻和玉米的无差异曲线：$U(x, y)$，X 是陆稻，Y 是玉米，根据 2009 年各样本村口粮消费比例组合，$X = \{6, 7, 5.8, 8, 9\}$；$Y = \{3.8, 3.1, 4.5, 2.2, 1.6\}$，模拟无差异曲线显示为相互替代型（图 4-3）。当种粮农户的收入增加时，粮食作物的相对价格下降，预算线 A_1 改为 A_2，均衡点从 E_0 改变成 E_s，为了保持原来的效应，X 的消费量应从 X_1^0 增加到 X_1^s，但是 Y 的消费量则需要从 Y_1^0 减少到 Y_1^s，此时，$X_1^0 X_1^s$ 为陆稻对玉米的替代效应。当粮食的市场价格下降时，农户的购买能力提高，预算线从 A_2 改为 A_3，均衡点从 E_s 改变成 E_1，为了保持原来的效应，X 的消费量应从 X_1^s 增加到 X_1^1，但是 Y 的消费量则需要从 Y_1^s 减少到 Y_1^1，此时，$X_1^s X_1^1$ 为陆稻对玉米的收入效应（冯璐等，2015）。

$X_1^s X_1^1 > X_1^0 X_1^s$，即收入效应大于替代效应，意味着实际收入的影响超过了相对价格即替代作用的变化。政府支持陆稻改良技术补贴的是替代效应，在促使陆稻增产的同时也强化了对玉米的口粮替代。同时，在目前生产中，玉米 28% 的产量用于销售、65% 的产量贡献于饲料，在

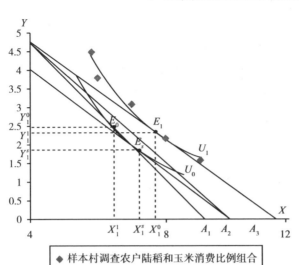

图4-3 9个样本村陆稻和玉米的效用变化（2009年）

资料来源：2010年农户调查。

很大程度上缓解了农户饲养的压力，因此，对于常年习惯饲养牲畜的山区农户来说，玉米作为饲料粮发展不亚于经济作物。而且，随着粮食作物产量上升以及市场的外力驱动，玉米的饲料消耗高于口粮消费，而农户对粮食作物附加值的追求也是增收的需求，也会减少玉米口粮的消费。反过来说，若政府取消支持陆稻改良技术的发展，意味着陆稻产量下降，经过补偿（扶贫补助等）收入增加后，预算线由 A_1 变为虚拟的 A_2，农户的消费偏好才会发生当前的变化。在《资本论》中，要实现扩大再生产，必须完成货币积累和实物积累两个过程。因此，在现阶段通过农业科技提高粮食作物产量，促使相对价格下降保障实物积累，是夯实经济基础的必要手段。但随着市场经济的渗透发展，粮食消费偏好发生变化出现新的均衡点，其替代效应小于收入效应，说明在与市场接轨中的政策效力不足或者发展方式滞后，需要根据现有的粮食消费需求定义农业科技发展和相关政策。

云南南部山区粮食产量全面提升，种植面积以陆稻为主大幅度下降，粮食生产利用逐步转向以饲料粮为主，经济发展步入初级小康阶段。同时，以种植陆稻和玉米为主的粮食消费组合偏好也相应改变。但是，陆稻作为口粮消费的收入效应高于替代效应，反映出与市场接轨中的政策效力不足或者发展方式滞后。因此，虽然增产增收的作用显著，但在目前以消费需求为引导的市场作用下，政策指导和科技发展方向不仅要考虑当前的粮食生产状况，更需要了解粮食消费偏好的变化，才能进一步优化粮食生产消费结构，从而满足市场需求确保山区粮食安全（冯璐等，2015）。

4.2.4 粮食需求商品化发展

由种植业发展变化可知，粮经作物比例和户均粮食占有量的变化最大。因此，根据滇南山区户均粮食占有量（X）和粮食作物种植比例（Y），结合粮食安全状况立体考察种植结构的改变。根据中国人均400kg的粮食安全线①，云南南部山区农户 4～5 人/户的人口规模，按1 700kg/户的标准划分可以看出：自 2000～2009 年的 10 年间，随着粮食作物种植面积的下降，云南南部山区农户的粮食自给程度逐步下降，商品粮的流通需求正在扩大，主要分为以下三种（图 4-4）。

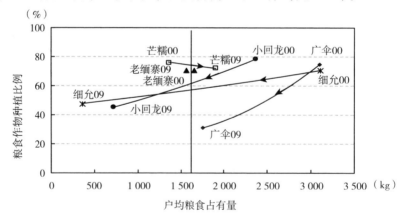

图 4-4　5 个样本村粮食安全变化二维分类图（2000～2009 年）

资料来源：2005～2010 年农户调查。

---

① 韩俊. 多少粮食才安全 [J]. 瞭望新闻周刊，2005 (27).

A. 粮食面积小幅度增加，粮食自给自足：芒糯、老缅寨；

B. 粮食面积大幅度下降，粮食自给自足：广伞；

C. 粮食面积大幅度下降，商品粮需求增加：小回龙、细允。

提到云南山区粮食生产，陆稻和玉米是最主要的两种粮食作物，而陆稻更是山区农户的主要口粮和重要经济活动（Pandey et al.，1998），因此，关注山区发展就不得不关注陆稻的生产。滇西南边远山区人口压力越来越大，人口与自然资源承载力的矛盾日益突出，农户为了获得足够的食物保障，进一步缩短了土地的轮歇期，并倾向种植生长周期短的农作物，严重影响山区农业可持续发展（尹绍亭，2000）。根据云南红河区域的研究表明，高山区的农户一年12个月中有半年以上的时间处于缺粮阶段，中山区的农户一年12个月有半年时间处于缺粮阶段（李小云，1997），因此，中国政府乃至相关国际机构都十分关注云南南部山区的粮食安全问题（国际水稻研究所和中国农业部，2003）。

农产品消费需求、农业资源限制以及科技信息短缺等都影响农业生产发展，例如，农业资源在市场经济消费需求提升的过程中，能否满足数量条件并达到生产质量的标准，科学技术与信息是否可以满足生产成本的降低，提高劳动生产力与土地资源利用率的标准，这些问题严重制约农业生产发展。为了提高农业生产力，同时保护自然资源，云南省相关科技部门开展了相关技术的创新研究。例如，云南省农业科学院研发的改良陆稻品种单季单产高达5吨/公顷（周家武等，2004；Tao et al.，2004）。在普洱市和西双版纳州，政府将改良陆稻品种推广与固定耕地、台地建设等相结合，改变了陆稻传统的刀耕火种种植形式，不仅提高了粮食生产力，又进一步阻止了山区农户对生态资源的破坏。2003年"大湄公河次区域山区可持续农业生产系统发展战略"国际研讨会上还总结出"云南模式"①。

滇西南山区陆稻技术发展体系不单纯是某个系统的发展，而是整个系统不断完善、不断健全的过程。陆稻改良技术对于滇西南山区的生产

---

① 云南模式：以提高陆稻单产为切入点提高陆稻生产力，继而改善家庭粮食安全，释放资源用于多样化发展，在保护环境及生物多样性的基础上增加农民收入，促进非农产业发展。

发展有着积极的贡献和推动作用，研究发现：改良技术采用比例大的农户粮食作物面积比例下降的幅度要大于采用比例小的农户，技术采用的程度越深，农户种植业生产模式从粮食作物生产为主向经济作物生产为主的模式转变的幅度越大（冯璐等，2015）。同时，采用户和非采用户陆稻产量和口粮产量都发生很大的变化。采用户陆稻产量下降的幅度要远大于非采用户，其原因在于采用户对非采用户的陆稻种植面积下降的幅度超过了单产的增加幅度（吴海涛，2007）。自20世纪90年代末开始，所有的调查村寨就已经陆续接受陆稻改良技术的推广，受益者也在逐渐增多，但是，随着改良技术推广的逐步发展，目前调查村寨种植业的发展和粮食安全形式却发生了不同的变化，虽然技术的"溢出效应"在提高陆稻生产能力的同时也提高了非陆稻产品的生产能力，但是在技术全方位深入和市场经济进一步发展的背景下，更需要结合技术和市场机制的双向作用综合划分农业生产结构转型的类型。

综上可知，云南南部山区随着以陆稻改良技术发展为主导的农业生产力提高，粮食单产总体提升，但是总产量随着种植面积的持续下降大幅度下滑。由此，以陆稻和玉米为主的粮食生产逐步转向以饲料粮为主，经济发展步入初级小康阶段。但口粮消费在以陆稻自给生产为主向以商品粮消费为主的转变过程中，市场发展的政策效力不足或者发展方式滞后（冯璐等，2015）。因此，以农业科技发展推动的粮食生产内部结构变化以及市场政策的导向，促使农业生产结构向市场型转型。

4.3 转型中的农户类型划分及对比

4.3.1 农户类型划分

云南南部山区经济作物种植的倾向性在很大程度上促进了经济增收，但是，农户的决策并不是完全依托经济作物发展作为增收的主要方式，而是一个迂回的博弈过程。在这个博弈的过程中，单纯的收入高低并不能反映一个经济体系的发展过程，单独的农业生产结构也不能反映农村生产的变化，因为首先粮食生产是国民经济的基础，粮食安全在很大程度上决定了农户的生产方向，此外，收入水平又主导农户决策，而农户决策反映生产结构，生产结构又左右收入水平，同时，云南南部山区各村寨在农业生产结构变动与经济收入变化上既有差异性也有共通点。因此，根据统计分组方法以及统计分组原则，本书在选取云南南部山区 2000～2009 年种植业发展与粮食安全状况的数据分析基础上，以农业生产结构和农民收入变化作为统计分组互斥性的主要依据，划分云南南部山区农业生产结构转型类型。

由农业生产现金收入变化可知，农户户均收入和经济作物收入比例的变化较大。因此，本书选择农户户均收入（X）和经济作物收入比例（Y），再从收入结构变化立体考察农户收入水平的改变。根据人均 1 067 元的贫困线，云南南部山区农户 4～5 人/户的人口规模，按 5 000 元/户的标准划分可以看出：自 2000～2009 年的 10 年间，随着农业生产结构的大幅度调整，经济作物增收力度扩大，云南南部山区农户的收入增长幅度较大，但增收的效果并不是一蹴而就，主要分为以下三类（图 4-5）：

（1）经济作物收入逐步下降，增收幅度较小：芒糯。

（2）经济作物收入平稳增长，增收幅度较大：老缅寨、小回龙、广伞。

（3）经济作物收入快速增长，增收速度较快：细允。

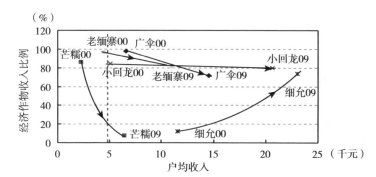

图 4-5　2000～2009 年 5 个样本村农业生产结构转型二维分类图

资料来源：2005～2010 年农户调查。

结合前述粮食安全变化二维分类图和农业生产结构转型的二维分类图发现：芒糯和细允是两个发展明显不同的村寨，而其他三个村寨虽然略有不同，但发展途径大体相似，因此，根据农业生产结构和农户收入进行聚类总结分析得出，云南南部山区农户收入视角下的农业生产结构转型类型：

（1）生存主导型。基本特征：农业生产结构传统，市场准入较低，增收幅度较小。生存主导，即以满足人类基本生活需求的农业生产为主导，农业生产结构主要依靠粮食生产自给自足。剩余农产品进入小型市场流通，经济作物生产比重较低，增收幅度较小。处于产量主导时期，即市场诱导农户以提高产量为主。以芒糯村为例。

（2）互补过渡型。基本特征：农业生产结构微调，提升市场准入，增收幅度较大。粮食产量增长正效应、粮食效用变化均高于生存主导型，剩余农产品充足，经济作物种植增加、多样性增强，继而提升市场准入，增收幅度较大。处于结构调整时期，即市场诱导农户调整农业生产结构，互补迈向现代农业。以老缅寨、小回龙、广伞村为例。

（3）市场主导型。基本特征：农业生产结构变动，主动适应市场，增收速度加快。农业生产结构基本符合市场需求，经济作物种植占据明显优势，成为农户增收的主力军，增收基数和维度都较大。处于价格诱导时期，即市场诱导农户积极参与市场竞争，以市场价格为生产主导。以细允村为例。

农业生产结构的改变一方面充分体现了对已有需求市场的深度挖掘；另一方面也快速地扩大了需求市场。然而，结构调整也对其产生一定的影响，使得市场需求量还有上升的空间（王萍萍，2001）。从宏观角度出发，种植业一直是云南农业生产结构的主要对象，其结构的变动调整对农民增收的影响是十分显著的，而落实到农户，则进一步表现为粮食作物和经济作物的互补协调。在生活水平没有实现温饱之前，农产品生产量依然处于扩张阶段，且扩张速度非常快，若生活水平一旦实现温饱甚至高于温饱要求时，市场的需求量与消费方式就会发生改变，扩张速度也会逐渐放缓，同时农业的收入速度也随之减慢（王萍萍，2001）。

4.3.2　农户类型比较

4.3.2.1　不同类型的农户现金收入不同，但农业生产是主要来源

农户现金收入是衡量农村经济发展的重要指标，也是保障粮食安全的重要指标。为了反映样本村寨农户的收入结构，本书根据国家统计局的统计定义计算农户现金收入，具体是指在规定的时间内，农户家庭全部成员的现金收入，其中包含期内结存现金，期内用于生产、生活等支出的现金。期内现金收入包括期内生产经营费用，并高于期内人均纯收入。本章主要依据现金收入来源把收入划分4个方面，即家庭经营收入、工资性收入、转移性收入以及财产性收入，这四类收入对比研究农户现金收入。

（1）工资性收入：指农村住户成员受雇于单位或个人，靠出卖劳动而获得的收入。包括在非企业组织得到的收入，在本地企业得到的收入和外出劳务所获得的收入。

（2）家庭经营收入：指农村住户以家庭为生产经营单位进行生产筹划和管理而获得的并扣除成本的收入。主要是家庭经营一产、二产和三产的收入。这里的家庭经营收入，不仅包括出售产品部分，还要包括未出售产品部分。即生产销售现金收入（作物销售、经营销售）和生产实物收入（余粮折算）。

（3）财产性收入：主要有利息、股金、租金、红利、土地征用费用及其他。

（4）转移性收入：国家、社会团体、单位对居民家庭的各种转移支付和居民家庭间的收入转移，包括家庭非常驻人口寄回、亲友赠送、调查补贴、救济金、救灾款、保险年金、退休金、抚恤金及其他。

现金收入水平比较：横向来看，芒糯和老缅寨的起点较低，2009年收入发展仅达到小回龙和广伞2000年的水平，而作为高收入起点的广伞由于橡胶投入，收入目前有所下降，细允则仍保持高水平状态；纵向来看，在2009年云南遭受百年不遇的旱灾背景下，除2007年由于两个村寨

的数据缺失以外，农民现金收入的总体趋势是上升的（表4-6）。

表4-6　　2000~2009年5个样本村户均现金收入变化对比　　单位：万元

	2000年	2002年	2004年	2007年	2009年	类型
广伞	1.19	1.46	1.81	2.68	1.45	互补过渡
芒糯	0.43	0.61	0.71	1.22	0.65	生存主导
老缅寨	0.37	0.43	0.56	—	1.1	互补过渡
小回龙	0.69	0.97	1.19	1.77	2.06	互补过渡
细允	1.82	2.22	2.75	—	2.3	市场导向
合计	0.9	1.14	1.4	1.13	1.51	

资料来源：2005~2010年农户调查。

现金收入整体结构：2009年，调查农户家庭经营性收入涉及农业生产（作物销售、畜牧养殖）、余粮折算（稻谷、玉米）、家庭批零兼营等，是农村现金收入的主要来源，占到89.45%；转移性收入主要有国家补贴、外出务工、救济金等，占5.63%；工资性收入涉及零时短工和农村干部工资，收入比例并不大，仅占4.47%；储蓄借贷收入主要是农业生产性借贷，如化肥、农药、种子等，以及生活性贷款，如农机购买、房屋建设等，占0.45%；财产性收入在调查中仅有少量土地出租，金额很小所以忽略不计（表4-7）。

表4-7　　　　2009年5个样本村农户现金收入结构比例　　单位：%

	工资性收入	家庭经营性收入			转移性收入	
		农业生产	批零经营	余粮折算*	外出务工	补助等
广伞	0.05	63.57	0.00	25.55	5.46	5.19
芒糯	0.79	63.98	5.55	27.68	1.48	0.52
老缅寨	11.13	51.80	9.80	23.31	3.36	0.61
小回龙	8.46	55.80	0.94	27.79	2.59	2.49
细允	1.90	56.92	1.74	32.81	4.08	2.39
比例差值**	11.07	12.18	9.49	9.80	3.98	4.67
总体比例	4.47	58.41	3.60	27.43	3.39	2.24

* 余粮折算价格按照当年的市场价格换算；** 比例差值=此结构内（最高值-最低值）。
资料来源：2010年农户调查。

现金收入个体差异：不同收入类型中，村寨之间的比较差异显著。农业生产以 12 个百分点的差异为最高，其次是工资性收入 11%，批零经营和余粮折算在 9.5% 左右，农业生产是各村寨收入结构差距的主要因素。其中，农业生产补助是按照国家政策实施的，虽然补助金额根据各村寨的作物种植情况而定，但总体补助强度不大，因此村寨间差距仅为 4.67%；另外，虽然近几年外出务工愈演愈烈，但是外出务工所得用于贴补家用的金额比例并不大；此外，考虑到储蓄收入较为敏感且容易失真，所以以借贷收入作为发展参考数据，可比性不强（表 4 - 7）。

综上所述：各转型类型中，第一产业不仅是农村支柱型收入，还是影响农村整体收入变化的因素。市场主导型收入较高，收入渠道比较多样，经济起步水平较高，其次为互补过渡和生存主导型。

4.3.2.2 不同类型的农户粮经作物种植比重不同，但市场化都偏低

由上述分析可知，在目前山区农户收入不断增加的前提下，农业生产现金收入占据收入的主要来源，因此，本书将对农户的农业生产现金收入进行细致剖析。山区农户农业生产包括种植业和养殖业，其中，种植业包括以陆稻和玉米为主的粮食作物和多元化经济作物，养殖业则以肉猪为主。虽然目前经济作物在产业面积结构中由绝对劣势向相对优势转变，但是在经济发展中仍然需要粮食作物的扶持协助。否则，在目前经济发展初期，农户抗风险能力尚未形成或者巩固的时期，单纯地依托某一类作物并不利于山区农户经济的发展，所以，经济作物和粮食作物的多样化比例配套是主要的转变形式，也正是区分当前山区农村不同转型路径的主要依据，同时，也反映出山区农户在市场经济冲击下，对经济发展多元化、速度化的迫切愿望。云南是农业大省更是种植业大省，因此，本书着重分析粮经作物，对于云南山区农业生产结构转型具有一定的代表性。

云南南部山区以第一产业为主，占总收入的 79%，其中种植业占 61%，而且种植业内部结构差异很大。山区粮食作物以陆稻和玉米为主，经济作物则以多样性而各具特色，如橡胶、咖啡、甘蔗、蚕桑等

（冯璐等，2013）。因此，考虑到农业生产结构在微观层面的巨大差异以及调查数据的精确性和广泛性，本研究在此选取 2009 年文山州和普洱市共 9 个样本村 252 户农户，以 2009 年云南省农民人均纯收入 3 482 元为线，将调查村寨分为高低收入两组，并结合粮食作物和经济作物的收入结构比例，结合农民人均纯收入对比分析农业生产结构情况。统计描述显示：人均纯收入较高的村寨主要以经济作物种植为主，均为市场导向和互补过渡型，收入较低的村寨收入结构则以粮食作物收入为主，为生存主导型（表 4 - 8）。

表 4 - 8　　　　　　　2009 年 5 个样本村农业生产结构与农民人均纯收入对比

村寨	非农∶农业	畜牧业∶种植业	粮食作物∶经济作物	人均纯收入
广伞	1∶5.85	1∶2.93	1∶2.94	3 937
芒糯	1∶7.67	1∶1.65	1∶0.09	1 658
老缅寨	1∶2.08	1∶3.85	1∶5.61	3 046
细允	1∶5.54	1∶0.73	1∶1.99	5 092
小回龙	1∶3.40	1∶0.89	1∶5.01	4 069

资料来源：2010 年农户调查。

当农民收入渠道狭窄时，对粮食生产依存度就会提高，而粮食生产的弹性系数小，则市场化程度相对较低；当农民收入多样化时，对依靠粮食增加收入的依存度小，则市场化程度则相对较高（冯璐等，2013）。目前，在中国经济市场化进程中，农民收入的增加在很大程度上受农业结构的影响。与此同时，后者的改变又取决于农村市场的发展，而市场化进程又最终决定农民的收入水平。因此，要充分依托市场调整农业产业结构形成多元化收入，实现农民增收。10 年的户均农业生产现金收入数据显示：各村寨的农业生产现金收入不仅增长较快，生产结构变动幅度也相当大。山区农户的市场化程度主要反映在农业生产上，而农业生产由主要以种植业为主，占到经济收入的 61%，尤其是经济作物几乎占据了半壁江山（表 4 - 9）。

表4-9 2000~2009年5个样本村户均粮经作物收入比例变化对比

	粮食作物					经济作物				
	2000年	2002年	2004年	2007年	2009年	2000年	2002年	2004年	2007年	2009年
广伞	1.9	1.7	2.1	4.3	28.1	98.1	98.3	97.9	95.7	71.9
芒糯	14.2	14.9	18.7	25.4	92.5	85.8	85.1	81.3	74.6	7.5
老缅寨	3.0	0.3	0	—	18.3	97.0	99.7	100	—	81.8
小回龙	15.3	16.3	19	26.4	20.2	84.7	83.7	81	73.6	79.8
细允	87.6	89.2	90.9	—	26.4	12.4	10.8	9.1	—	73.6
合计	24.4	24.5	26.1	11.2	37.1	75.6	75.5	73.9	48.8	62.9

资料来源：2005~2010年农户调查。

为了进一步验证微观农业生产结构与农户增收的关系，本书以2009年5个样本村人均纯收入为因变量，粮食作物（X_1）、经济作物（X_2）、畜牧业（X_3）和非农产业（X_4）的收入为四个自变量，分别结合收入类型和收入水平，对人均收入与农业生产结构进行相关性分析。结果显示：单一型的粮食作物或经济作物发展对农户增收的促进作用远低于复合型的粮经互补发展。在互补发展中，粮食作物和非农收入对农户增收的作用在逐步减少，经济作物和畜牧收入对农户增收的作用则在逐步增加，粮经作物对农户增收的贡献大幅度增加（表4-10）。生产多样性有助于拓宽收入渠道，从而开拓市场。因此，以粮食作物为主的村寨市场化程度低；粮经互补型和市场主导型村寨的市场化程度较高（冯璐等，2013）。

表4-10 2009年5个样本村农业生产结构与农户人均纯收入的
分类多元回归结果

收入水平*	类型	R^2	X_1	X_2	X_3	X_4	N
低收入	生存主导	0.669	0.226	0.372	0.140	0.144	523.3
低收入	互补过渡	0.957	0.330	0.169	-0.015	0.318	375.7
中低收入	互补过渡	0.303	0.168	0.094	0.191	0.050	1 145.7
中高收入	互补过渡	0.962	0.288	0.201	0.161	0.233	773.1
高收入	市场主导	0.849	0.112	0.222	0.164	0.074	2 227.9

*收入水平四分位划分，同时参考2009年云南省人均收入。

资料来源：2010年农户调查。

4.3.2.3　不同类型的农户现金收入分配不同，但整体较稳定

农业产业结构的改变将影响社会对各类生产要素的需求，从而使生产要素所有者的收入发生波动，进而造成收入分配产生变化。除此之外，需求结构也在一定程度上取决于收入分配，由此制约了产业结构的调整（罗军，2008）。因此，在农户现金收入结构分析的框架下，还需要了解收入分配在农业生产结构转型中发挥的作用。基尼系数最早由意大利学者基尼在1922年提出，基尼认为采用不平均分配收入占居民总收入这一指标能够对分配的平等性进行准确的衡量。就基尼系数的求解而言，通常采用直接计算法、城乡分解法、面积法等不同的计算方式。本书结合调查情况运用人口等分法进行计算，以澜沧县小回龙村为例，先将农户家庭按收入由低到高排队，然后考察每户人口占总人口的百分比（X），以及每户收入占总收入的百分比（Y），然后对X、Y的值进行比对，并形成相应的图表，制作散点图并添加趋势线，即洛仑兹曲线$F(x)$。但是，显然二次洛仑兹曲线外数据点较多，为了优化洛仑兹曲线的拟合度，需要不断调整拟合方程多项式的选择，最终确定四次洛仑兹曲线拟合较好（图4-6）。

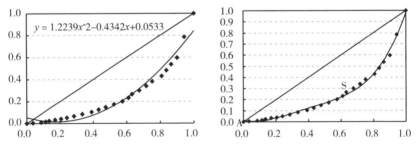

图4-6　2009年小回龙村二次及四次洛仑兹曲线对比

资料来源：2010年农户调查。

洛仑兹曲线和对角线之间的弧形区域即是贫富差距的图形表示。这块区域面积S表示实际分配和理想状况下的差异，即所谓的基尼系数：

$$G = \frac{0.5 - \int_0^1 F(x)\,\mathrm{d}x}{0.5}$$

结合基尼系数的计算方法，本书运用 Excel 软件计算并不断调整洛仑兹曲线的拟合度，将 R^2 控制在 0.95~1 之间，降低计算误差，确保基尼系数的准确性，从而研究云南南部山区经济发展转型的平稳性与和谐度（表 4-11）。参照国际上的相关约定可知：若基尼系数的值小于 0.2，那么意味着绝对的评价；若数值在 0.2~0.3 之间，意味着较为平均；若数值在 0.3~0.4 之间，表明可接受；若数值在 0.4~0.5 之间，表示差距较为明显；若数值大于 0.5，那么说明这种差距是非常巨大的。世界各国都把 0.4 的基尼系数视为一个观察社会经济能否持续稳定发展的临界点而予以特别关注。但从农村居民内部收入差距来看，全国农村基尼系数从 2000 年的 0.37 上升到 2009 年的 0.4，不过农村居民的收入不平衡感要比城市差一些（王曙光，2010）。同时，由于社会、文化、体制等的不同，基尼系数在中国运用的适用性讨论始终没有停止过。所以，本书运用农户基尼系数仅用于说明当前云南南部山区在与市场接轨的经济发展中，其个体发展的稳定性。

表 4-11 　　　　　　　2009 年 5 个样本村农户现金收入的洛仑兹曲线函数

	$F(x)$	R^2	G	类型
芒糯	$0.4265x^2 + 0.5696x + 0.0058$	0.9988	0.13	
帕杜	$0.0116x^2 + 0.8812x - 0.1235$	0.9848	0.20	
细允	$0.9416x^2 - 0.0446x + 0.0294$	0.9940	0.36	均衡
广伞	$0.8318x^2 + 0.0804x + 0.0146$	0.9509	0.34	
老缅寨	$0.7772x^2 + 0.1210x + 0.0014$	0.9904	0.36	
石盆水	$1.2799x^4 - 2.2724x^3 + 2.2900x^2 - 0.3632x + 0.0141$	0.9965	0.43	
小回龙	$2.7582x^4 - 4.2852x^3 + 2.7618x^2 - 0.3135x + 0.0167$	0.9936	0.48	
凹龙科	$3.8884x^4 - 5.8322x^3 + 3.2562x^2 - 0.3444x + 0.0132$	0.9962	0.50	非均衡
小坡	$-0.9235x^6 + 9.262x^5 - 16.803x^4 + 11.724x^3 - 2.8248x^2 + 0.5429x - 0.0061$	0.9790	0.66	

资料来源：2010 年农户调查。

此外，从时间趋势来看，云南南部山区农村居民收入分配的变化过程，总体是从分配比较平均到相对合理的一个变化过程（表 4-12）。

农村经济和农民收入分配间存在紧密的联系，这种联系主要体现在两个不同的方面：首先，在初始阶段，收入不平等促进了经济发展；其次，在后期，收入不平等制约了经济发展。因此在这一时期，我们应当尽可能地避免分配的不平等（白菊红，2003）。而就国家发展的过程而言，在经济欠发达时期分配的不平等现象将呈现加剧现象，然而由于社会经济的不断发展，生产力会得到相应的提高，此时收入的差距将得到有效的抑制（罗军，2008）。因此，农村居民收入持续增长、收入分配逐渐不均等，表明云南南部山区农村经济发展仍处于初级阶段。

表 4 – 12　　2000 ~ 2009 年 5 个样本村农户现金收入分配基尼系数变化对比

	2000 年	2002 年	2004 年	2007 年	2009 年	类型
广伞	0.27	0.18	0.11	0.35	0.34	B→C
芒糯	0.23	0.38	0.41	0.37	0.13	B→A
老缅寨	0.22	0.22	0.22	—	0.36	B→C
小回龙	0.38	0.32	0.31	0.41	0.48	C→D
细允	0.38	0.32	0.35	—	0.36	C

资料来源：2005 ~ 2010 年农户调查。

实证分析显示：根据收入水平和收入结构，云南南部山区农业生产结构转型分为生存主导型、互补过渡型和市场导向型三种类型。经过10 年的生产发展，农业生产仍然是各转型类型的支柱型收入，也是影响农村整体收入变化的因素，但是内部结构中，随着市场化程度的加深，经济作物的生产发展迅速。市场主导型经济起步水平较高，随着经济作物种植种类和比例不断增加，收入渠道较多收入水平较高，收入分配差异变化不大；互补过渡型在收入水平、作物种类、收入渠道等方面仅次于市场主导型，但收入分配差异变化较大；生存主导型则是市场化程度最低、经济发展较为落后的转型类型。

4.4　转型中的阶段划分与趋势分析

云南山区在市场经济条件下，从传统农业到现代农业的转变是广义趋势，这在第 3 章的历史回顾中已有阐述。但是，在这个大转变过程中，各个地区、各个时间段的变化趋势或者发展路径并不一致，从而呈现狭义性。因此，以下将结合转型类型分析狭义时间段（2000~2009年）云南南部山区农村的发展阶段，通过阶段发展分析转型趋势。

4.4.1　转型阶段划分

4.4.1.1　变量选取

为了更全面、准确把握云南南部山区农户收入和农业生产结构状况，评估现阶段山区农户的农业生产结构发展阶段，本章选取 2009 年 9 个样本村的农户数据，通过农民人均纯收入和农业生产结构的横向对比评估云南南部山区农业生产结构转型的整体阶段。

$$\text{农民人均}\atop\text{纯收入} = \frac{\text{农村居民家庭总收入} - \text{家庭经营费用支出} - \text{生产性固定资产折旧} - \text{调查补贴}}{\text{农村居民家庭常住人口}}$$

本研究根据国家统计局农民人均纯收入公式，细化问卷指标并较全面地收取资料。其中，对农村居民家庭总收入的范围进行了明确，即工资、经营现金等各类收入；家庭经营性费用支出主要涉及农药化肥投入；生产型固定资产折旧主要涉及拖拉机、碾米机等农机折旧[①]。同时，为了便于分析研究，此阶段划分仍然以 2009 年云南省农民人均纯收入 3 482 元为线划分为高低收入两组。

云南山区农业生产系统十分丰富，山区农户的生产生活往往不依赖于某一种资源，而取决于农户如何在时间和空间上搭配或结合利用许多资源。这种活动决定了云南南部山区农户的生产多样性，即农业生产结构的丰富，而农业生产结构与收入结构相互映衬，同时反映出收入来源的多元化（冯璐等，2013）。本书仅考察云南南部山区以粮食作物和经

---

　　①　采用折旧年数总和折旧法，即年限合计折旧法：以固定资产折旧年限的各年可使用年限相加之和为分母，以各年可使用年限为分子来计算各年折旧额。采用年数总和折旧法计算固定资产折旧时的折旧率和折旧额，按照下列公式计算：

$$\text{年限折旧率} = \frac{\text{折旧年限} - \text{已使用年限}}{\text{折旧年限} \times (\text{折旧年限} + 1) \div 2} \times 100\%（\text{本书按照 15 年年限折旧}）$$

济作物为主的种植业，其中，粮食作物主要是陆稻和玉米，经济作物则多具特色，如橡胶、咖啡、甘蔗、茶叶等。其次，由前述可知，目前山区农村经济发展整体处于初级阶段，但个体差异是显著存在的，因此，基尼系数作为农户收入分配的主要指标有利于山区发展阶段的横向区分。

表4-13   2009年9个样本村农村经济发展结构数据

州/市	县	村	农民人均纯收入*		粮经收入比例**		基尼系数	
普洱	孟连	老缅寨	3 046	低	5.61	互补	0.36	均衡
		广伞	3 937	高	2.94	互补	0.34	均衡
		帕社	4 577	高	9.80	互补	0.20	均衡
		芒糯	1 658	低	0.09	粮食	0.13	均衡
	澜沧	细允	5 092	高	1.99	互补	0.36	均衡
		小回龙	4 069	高	5.01	互补	0.48	非均衡
文山	砚山	凹龙科	1 899	低	21.3	经作	0.50	非均衡
	马关	小坡	4 145	高	6.62	互补	0.66	非均衡
	广南	石盆水	2 918	低	70.9	经作	0.43	非均衡

*以2009年云南省农民人均纯收入3 482元为线划分。

**以粮食作物收入为1；按照四分位数划分类型，其中，细允的玉米制种并不是完全意义上的粮食生产，因此还是划分为互补型。

资料来源：2010年农户调查。

4.4.1.2 阶段划分方法

经济发展的阶段划分：在分析发展中国家收入分配方面，刘易斯剩余劳动力模型指出，经济增长与收入不平等之间存在紧密的联系，这种联系主要体现在两个不同的方面：第一，经济增长造成了收入不平等；第二，收入不平等促进了经济增长。这也就意味着在进行收入分配时若偏向高收入人群能够显著地提升收入水平。库兹涅茨"倒U假说"提出，经济增长初期收入分配差距很大，后期收入分配才会改善，使人均GDP和收入差距之间的关系呈现倒"U"型，也就是说在经济增长的整个长期过程中，收入分配不均的变动趋势促使经济发展沿着一种"先上升后下降"的倒"U"型轨迹进行，即经济增长、稳定和下降阶段。

农业生产结构升级的界定划分：农业生产力的发展不断促使农业生产结构发生改变，而这种变化包括量变和质变。而量变到质变的升级即表现为农业生产结构的升级。这种升级一般由下述三个时期构成：首先是结构改革初始时期，这一时期的主要特征是现代产业结构逐渐开始取代既有的结构模式，具体表现为粮食作物种植下降，其他产业经营上升且专业化生产初显，基于市场实现农业发展。其次是发展时期，即经过一段时间的发展，农业生产结构得到了有效的调整，其基础为粮食生产，并表现出强烈的专业化特征。另外，农业生产结构随地区的不同具有显著差异，产业内部分工趋于明显化，在各产业的资源配置过程中市场发挥的主导作用越来越显著。最后是成熟时期，其主要特点是具有完善的高效益农业结构，形成了科学的农业生产架构，并且整个农业产业结构以高科技农业为主导。

因此，本书首先根据经济发展阶段的划分，再从农业生产结构的阶段发展诠释各经济阶段内部的结构变化。结合农民人均纯收入水平与农户收入分配结构，对比构建出低收入均衡、低收入非均衡、高收入非均衡与高收入均衡的布局，其发展形式近似于"倒 U 型假说"（图 4 - 7）。本书以农民人均纯收入（X）和基尼系数（Y）为坐标轴，以基尼系数最大的小坡村为顶点，拟对比划分云南南部山区农村经济的发展阶段。通过对比效果图显示：按照"倒 U 型假说"规律，云南南部山区目前有低收入均衡经济发展初期—低收入非均衡经济发展中期—高收入非均衡经济发展中后期—高收入均衡经济发展后期的四个阶段（冯璐等，2013）。

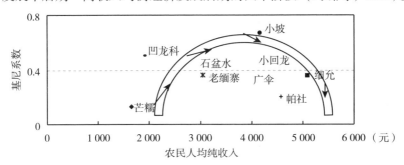

图 4 - 7　2009 年 9 个样本村农村经济发展倒"U"型轨迹

资料来源：2010 年农户调查。

从各发展阶段和农业生产结构来看，经济发展初期主要以粮食作物为主，而经济发展中期及中后期则出现以经济作物为主和粮经互补的发展模式，经济发展后期则以互补型为主。此处阶段划分主要来自静态截面数据，并通过对比描述四个发展阶段的农业生产结构发展情况。

4.4.1.3 不同阶段的对比分析结果

第一，不同发展阶段下收入分配特征与农业生产结构具有静态上的契合性。从各发展阶段和农业生产结构来看，经济发展初期主要以粮食作物为主，而经济发展中期及中后期则出现以经济作物为主和粮经互补的发展模式，经济发展后期则以互补型为主。因此，本书整理村级访谈资料，在定量分析的基础上结合农业生产结构分阶段开展案例描述（冯璐等，2013）。

经济发展初期全面发展粮食作物：自20世纪90年代早期杂交玉米推广和后期陆稻新品种推广，芒糯村的玉米和陆稻单产倍增分别达到350公斤/亩和400公斤/亩左右，种植面积达到85%以上，占总收入的92%。同样，老缅寨也主要依靠陆稻和玉米解决粮食安全问题，虽然有零星发展甘蔗种植，但种植面积仅占30%，收入占40%。

经济发展中期适量发展经济作物：凹龙科村和石盆水村以烤烟为主要收入来源，种植面积分别占6%和17%，但收入则占41.4%和39.9%，其次还有辣椒等零星种植，收入水平相对较高。虽然由于技术、干旱等原因，粮食作物产量较低且伴有季节性缺粮，但可依托市场解决。

经济发展中后期协调发展粮经作物：小回龙村在粮食安全得到保障的前提下，发展甘蔗、茶叶、咖啡等经济作物，种植面积占52%，收入占57%，还推动生猪饲养发展畜牧业。小坡村也在保障粮食安全后发展烤烟，其次种植少量三七，种植面积占20%，收入占70%。

经济发展后期多样化发展经济作物：细允村、广伞村和帕社村也依托杂交玉米、陆稻新品种等农业科技全面发展过粮食作物，在夯实经济基础后多样化发展经济作物。细允村以杂交玉米制种为主，发展甘蔗、蚕桑、桉树等，面积占39%，收入占67%；广伞村有甘蔗、橡胶、咖啡、果树等，面积占52%，收入占75%；帕社村以甘蔗和咖啡为主，面积占 63%，收入占 91%。

由此可知，不同发展阶段下收入分配特征与农业生产结构具有静态契合性：低收入均衡阶段倾向于粮食稳定种植，经济作物介入的低收入村寨收入分配开始不均衡；随着经济作物比例增大，收入水平提高，同时收入不均衡持续增长，而农业生产结构也在收入分配不平衡中逐步调整比例，最终实现结构合理、经济增收、分配均衡的可持续发展局面。

第二，不同发展阶段下收入分配特征与农业生产结构具有动态上的规律性。按照一般均衡理论，一旦经济体制处于非均衡状态，市场的力量就会自动地使经济制度调整到一个新的均衡状态。因此，收入分配的差异也在均衡与非均衡中不断变化，而农业生产结构在其中则发挥了重要的作用。经过实证分析发现，不同发展阶段下收入分配特征与农业生产结构具有动态上的关联性（冯璐等，2013）。

经济发展初期：以粮食作物为主导，农业生产结构单一，收入水平低，同时，市场化程度低，缺乏活力和竞争意识，分配比较均衡。

经济发展中期：市场准入和信息介入促使农业生产结构变化，经济发展出现分岔口。在粮食安全未保障且经济基础薄弱的前提下发展经济作物，不仅要保证粮食问题还要保障经济作物投资，使产业缺乏支撑，从而产生静态的经济发展。长此以往，在暂时的收入分配落差之后，仍有返回初期阶段的可能。

经济发展中后期：粮食安全保障经济作物发展，降低依赖市场发展经济作物的风险，拥有粮食和资金的双向支持，甚至部分农户种植高风险经济作物，实现向高收入阶层倾斜的收入分配。即在与市场接轨的过程中利用市场化的力量找到经济突破口，产生动态的经济发展形成积极有效的收入分配，否则仍有返回初期阶段的可能。

经济发展后期：粮食安全、资金积累、经济作物多样化发展促使农业生产结构比例逐步协调，凸显产业核心，市场衔接得以强化，形成稳定的整体高收入均衡态势。因此，云南南部山区农村经济发展的差异，是农业生产结构在市场经济条件下调整的结果。

由此可知，不同发展阶段下收入分配特征与农业生产结构具有动态规律性：粮食产量提升、种植面积集约、经济作物发展，不仅改变了农业生产结构，也为山区农户积累经济发展资本奠定基础，改变了山区农户的生活，云南南部山区农业发展进入转型期（冯璐等，2013）。

4.4.2　转型趋势分析

农业生产结构的转型通常内嵌于农业经济发展阶段的演变趋势之中。实证分析发现，云南南部山区农业经济发展阶段的演变趋势如图4-8所示。其中：初期阶段以粮食作物为主导，农业生产结构单一、收入水平低，同时，市场化程度低，缺乏活力和竞争意识，分配比较均衡；进入中期阶段，随着市场准入和信息介入的社会发展，农业生产结构发生变化，经济发展出现分岔口。在尚未解决粮食问题的基础上，仅依赖某种经济作物的发展，其收入不仅要满足自身粮食安全还要保障后期投资，因此个别的收入差异并不能带来全面增收。即生产缺乏核心力，产生静态的经济发展，一旦农业生产结构持续倾斜依赖，在暂时的收入分配落差之后，仍有返回初期阶段的可能；进入中后期阶段，在粮食安全自足的前提下，逐步多样化发展经济作物，降低单一经济作物依赖带来的风险，才会有粮食和资金的双向支持，甚至部分农户种植高风险经济作物，实现向高收入阶层倾斜的收入分配。即在市场接轨的发展过程中，利用市场化的力量找到经济突破口，与市场密切衔接，产生动态的经济发展，形成积极有效的收入分配体系，否则仍有返回初期阶段的可能；进入后期阶段，粮食安全资

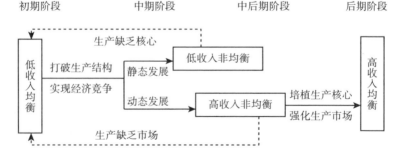

图4-8　云南南部山区农业经济发展阶段的演变趋势模拟

金积累，农业生产结构比例逐步协调，凸显生产核心，市场衔接得以强化，形成稳定的整体高收入均衡态势。因此，云南南部山区农村经济发展的差异，是农业生产结构在市场经济条件下调整的不同结果（冯璐等，2013）。

云南南部山区农业经济发展阶段的演变，伴生了农业生产结构的转型（图4-8）。从种植模式变化看：陆稻新品种、新技术的推广，提高了以陆稻为主的云南南部山区的口粮产量，改变了陆稻和玉米作为山区主要粮食作物的效用，促进了玉米从口粮效用大步向经济效用的发展，即余粮销售或饲料消费，经济效用的不断提升使得总种植规模急剧增加。与此同时，粮食作物的规模却在不断缩减，经济作物面积上升，山区农户开始积累资本发展经济，云南南部山区农村进入转型期。生产多样性有助于拓宽收入渠道，从而开拓市场。当农民收入渠道狭窄时，对粮食生产依存度就会提高，而粮食生产的弹性系数小，则市场化程度相对较低；当农民收入多样化时，对依靠粮食增收的依存度小，则市场化程度则相对较高。因此，以粮食作物为主的村寨市场化程度低，粮经互补型和以经济作物为主的村寨市场化程度相对较高（冯璐等，2013）。

从资本投入变化：在风险脆弱的云南西南山区，粮食产量增加保障了农户的粮食安全，改变了农业生产结构，同时，收入结构也发生巨大变化。但是，结合现阶段山区农户收入水平和收入分配情况，山区经济发展目前仍处于初级阶段，整体抗风险能力并不强。而要加强与市场的结合，就需要投入资本，虽然粮食作物的产量上升，但是单位面积的投入还是较高，而农业企业投入的介入在一定程度上加强了农户与市场的链接，减轻了农户的市场风险，同时，又影响了农户的生产决策，在粮食作物和经济作物收入比例交替增长的同时，促进农户的收入增长。因此，云南南部山区农业生产结构转型的趋势是：云南南部山区粮食作物产量的增长激发了内部效用变化，并在市场经济引导下追逐经济利益，而农户主动和农业企业诱导的同时作用下，经济作物种植面积上升并开始占据收入主要位置。农业生产结构转型形成以经济发展初期粮食主导型—经济发展中期及中后期过渡互补型—经济发展后期市场主导型为循环的过程转变（图4-9）。

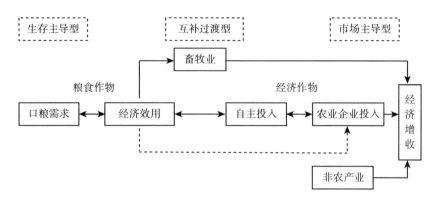

图 4 – 9　云南南部山区农业生产结构转型趋势的模拟

　　农户收入视角下农业生产结构转型的总体趋势：云南南部山区农村经济发展主要是通过粮食作物向经济作物倾斜，并在不断权衡博弈的过程中，即农业生产结构的变化中日益发展的。从宏观角度而言，云南南部山区经济发展整体处于初级阶段，农业生产结构开始向经济作物生产发展。而从农户微观角度出发，山区经济发展的个体差异与种植结构的变化显示：生存主导型发展处于经济发展初期，过渡转型是经济发展中期，市场主导型则是经济发展后期；而农业生产结构的变化也在促使农村经济的发展：经济初期，生存主导，满足粮食需求—经济中期打破生产结构，适度发展经济作物，摸索粮经作物生产结构—经济后期，市场导向，粮经比例根据需求协调发展。

4.5　本章小结

　　根据云南南部山区农业生产结构转型的规律得出：关于农业生产结构转型中最为显著的是种植业的发展，随着农业技术推广的发展，云南南部山区粮食生产力得到大幅度提升，并在市场经济引导下追逐经济利益，而政府引导农业企业发展，促使经济作物种植面积上升并占据收入主要位置。其次，根据农户收入水平和收入结构，云南南部山区农业生产结构转型分为生存主导型、互补过渡型和市场主导型三种类型。市场主导型是比较符合市场经济发展的转型类型，但目前以互补过渡型为主。市场导向发展也影响了农户对农业企业化经营的行为决策，而市场导向发展得益于政府管理机制的激励和规范，但目前云南南部山区经济发展仍处于初级阶段。具体内容如下：

第一，农业生产结构的宏微观变化分析显示：云南宏观农业生产结构转型以种植业比重的快速下降为主，云南南部山区微观农业生产结构以粮食生产变化为主，具体分析显示调查村寨随着陆稻改良技术的推广，粮食生产力全面提升，种植面积以陆稻为主大幅度下降，粮食生产利用逐步转向以饲料粮为主，粮食商品化发展较快，经济发展步入初级小康阶段。同时，技术的"溢出效应"在提高陆稻生产能力的同时也提高了非陆稻产品的生产能力，种植业的发展和粮食安全形式发生了不同的变化，以种植陆稻和玉米为主的云南南部山区农户，粮食消费组合偏好也相应改变。但是，陆稻作为口粮消费的收入效应高于替代效应，反映出与市场接轨中的政策效力不足或者发展方式滞后（冯璐等，2013）。

第二，农业生产结构转型的农户类型对比分析显示：经过 10 年的生产发展，农业生产仍然是各转型类型的支柱型收入，也是影响农村整体收入变化的因素，但是内部结构中，随着市场化程度的加深，经济作物的生产发展迅速。人均纯收入较高的村寨主要以经济作物种植为主，收入较低的村寨收入结构则以粮食作物收入为主。按照农业生产结构本书将样本村划分为生存主导、互补过渡和市场主导三种转型类型。市场主导型经济起步水平较高，随着经济作物种植种类和比例不断增加，收入渠道较多收入水平较高，收入分配差异变化不大；互补过渡型在收入水平、作物种类、收入渠道等方面仅次于市场主导型，但收入分配差异变化较大；生存主导型则是市场化程度最低、经济发展较为落后的转型类型。研究发现云南南部山区农户对互补过渡型发展类型的偏好，一方面体现了在市场经济不断渗透和发展的云南南部山区，市场化程度在逐步提高；另一方面也反映了山区农村经济在核心竞争力和与市场有效沟通双重缺乏的条件下，选取这种有进有退折中路线的被动性。同时，通过基尼系数分析，2000～2009 年农户农村居民收入分配的变化过程，总体是从分配比较平均到相对合理的一个变化过程。农村居民收入持续增长、收入分配逐渐不均等，也表明云南南部山区农村经济发展仍处于初级阶段。

第三，云南南部山区农业生产结构的转型阶段及趋势显示：粮食作物生产力的提升激发了内部效用变化，并在市场经济引导下追逐经济利益，而政府引导农业企业发展，促使经济作物种植面积上升并占据收入主要位置。山区农户的生活水平得到提高，也促进了山区余粮销售和饲料消费。农业生产结构转型，山区农户开始积累经济发展资本，收入结构也发生巨大变化，云南南部山区农村经济发展进入转型期。同时，云南南部山区农业生产结构转型趋势以经济发展初期粮食主导型—经济发展中期及中后期过渡互补型—经济发展后期市场主导型为循环的过程转变，在不同发展阶段下收入分配特征与农业生产结构具有动态规律性和静态契合性。因此，云南南部山区不仅是处于经济发展的初级阶段，也是处于农业生产结构转型的摸索阶段。

云南南部山区农村经济实力较弱，虽然经济作物的发展促进了农户增收，但目前尚不能形成经济作物的规模化倾斜式发展形态，而是基于粮食安全自给自足阶段下的经济多样化试探型发展形态，从而形成差异化的发展路径。所以，云南南部山区农业生产结构的调整要充分发挥政府管理机制的激励和规范，不仅要顺应市场经济的变化，还要了解农户农业生产及消费偏好；不仅要考虑粮食安全，更要结合经济发展的阶段性差异，通过聚类方法具体地、客观地看待农户增收问题，寻找山区经济发展各具特色的核心竞争力，有指导性、有针对性地应对市场变化。以农业科技发展推动的粮食生产内部结构变化以及市场政策的导向，促使农业生产结构向市场型转型。进一步优化农业生产结构，引导和服务农业生产结构转型，从而满足市场需求确保山区粮食安全。

云南南部山区农业生产结构转型的影响评估

影响评估在于测算某种变动、某个政策或者某类项目所带来的社会福利变化情况。影响评估的必要性在于强化资源配置的责任机制，帮助政策决策者确定项目是否正在发挥预期影响。影响评估主要关注的是监测与评估的后期阶段，从而做出进一步完善相关机制等提高决策效果。具体而言，在农业生产结构转型中，无论是阶段划分还是趋势分析，其发展程度都需要检验和评估。其中，行为决策分析农户的认知和主观心理过程，效率评估农业生产结构转型的程度和效果，利润风险评估则用于评价农业生产结构转型带来的影响或损失的可能。因此，在综合分析云南南部山区农业生产结构转型的过程上，本章依次分析云南南部山区农业生产结构转型中的农户行为模式，评估影响农户决策的主要因素，并评价转型效率以及农户的利润风险。

5.1 转型中的农户行为决策及影响机制

5.1.1 转型中不同类型农户的行为模式分析

本书在采用数据调查的同时，通过采访关键人物获取定性分析资料，如村长、村支书或了解村里发展的有威望的族人等，分析各村寨的农业生产、农户生计等发展历史。在市场经济引导下，虽然各转型类型的发展水平不一，但对增收的需求是一致的，而且越来越强烈。目前发现，经济发展较好的转型类型，多数有政府技术持续扶持，或者农业企业的长期投资，农户的行为决策十分重要，而农户行为决策的不同又导致行为模式的差异。因此，本书根据采访原文记录整理归纳各转型类型下农户的行为模式，再进一步分析农户的行为决策。

5.1.1.1　生存主导型

生存主导型农户行为模式以确保粮食生产自给自足为主，农业生产结构比较单一。经济收入水平整体较低，收入渠道较窄，生计条件相对较差。

孟连县芒信镇拉嘎村委会芒糯自然村：2015 年 8 月，村长阿迟

粮食作物发展：80 年代推广化肥，但当时不会用。2000 年开始种旱谷新品种，是县里农技站在寨子里试验后留种，最开始是小面积的试种推广，有陆引 46、47、48、49，旱谷以陆引 46 为主，从 2002 年推广到现在才第一次得病，叶子黑，可能是雨水不够，干旱。老品种有大红谷、小红谷，以前全部是老品种的时候只得 200 公斤/亩，现在一亩能打 10～12 袋，差不多 450 公斤/亩。杂交苞谷是县种子公司提供的，种子价格有 10 多元/公斤也有 5 元/公斤，玉米产量由于施肥比以前好，单产基本在 250～350 公斤/亩，也有老品种，因为老品种可以留种。旱谷和苞谷是一直都种的，2010 年至今全村苞谷 100 多亩、旱谷 200 多亩。

经济作物发展：80 年代开始种甘蔗，2003 年面积最多，有 100 多亩，2005 年甘蔗开始减少，太干旱了，种两年就死了，有时候劳动力又少，现在只有 10 多亩了。1994 年自己种了近 200 亩咖啡，1998 年下霜全部死了，2009 年私人老板资助又重新种植，老板提供苗、化肥、农药，自己出劳力和土地，还以 15 元/亩向村里承包了全部集体用地 100 多亩，私人土地的承包费只得 3 元/亩，目前只有 2 家没有种了。咖啡按照保护价 1 元/公斤收购，市场价格高的时候适当提高，如 2010 年收购价是 1.2～1.3 元/公斤。但是咖啡的市场价格最高的可以卖 2.7～

2.8元/公斤，最低的时候也卖1.2～1.3元/公斤。新鲜咖啡好的500公斤/亩，差的200公斤/亩。

经济发展：以前平均一家有一头牛，现在一半以上都没有牛了，以前荒地多有地方放牧，现在地都种完了没有地方养。每家都有猪，但是杀吃的多一些，因为养不好的话本都收不回来，饲料太贵了。现在就是卖谷子1.2～1.6元/公斤，还有卖芭谷，一般芭谷烤酒自己喝，卖的话1.4～2元/公斤。我们村土地少，全部承包地只有450亩，无开荒地，如果种其他的就不得吃，劳动力也不勤快。经济上又没有什么产业，以前没有老板支持，政府也没有什么经济项目。2014年全村经济总收入40多万元，农民人均纯收入差不多有3 000元。

5.1.1.2　互补过渡型

互补过渡型农户行为模式以经济作物发展为主，由于经济发展程度不一，经济作物种植的倾向也不同，因此农业生产结构变化幅度较大。如单一发展某种经济作物，或者同时发展多种经济作物。农户行为模式进一步与市场经济接轨，经济收入水平整体高于生存型农户，但是内部差异较大。

第一，经济作物单一。

孟连县娜允镇南雅村委会老缅寨自然村：2015年8月，村支书扎发

粮食作物发展：1999年开始不缺粮，1998年上海扶贫项目扶持养猪，农技中心籽种培训，教老百姓套种生产。旱谷、玉米改良品种培训，旱谷以前都是老品种150～200公斤/亩，现在80%是改良品种300公斤/亩。旱谷1999年开始面积下滑，从1 000多亩下降到现在的400多亩，旱谷和玉米通常是1～2年轮作。1999年开始种植双季早稻，低的有300公斤/亩，高的有450公斤/亩，全村有水田130亩左右。以前肥料用得少，现在肥料用得多，土质硬，陡坡地多，但水土流失并不严重。虽然知道农家肥好，但是运输不方便，也就不怎么用。

经济作物发展：甘蔗是80年代末90年代初糖厂建起来以后开始种植，3～4年轮作。茶叶是1998年自己开挖的，1家差不多有1亩，或者几分地，目前主要是自己喝。2007年种植咖啡，400多亩都是自己的

地，咖啡是同私人老板签合同，老板提供技术、330 棵苗/亩，复合肥 1 包/亩，尿素 1 包/亩，杀虫剂 1 瓶/亩（敌敌畏或者乐果），3 年后投产就不再提供，收购时暂按保护价 1 元/公斤，市场价高的时候再上涨。2010 年玉米 800 多亩，甘蔗 600 多亩，咖啡 400 多亩，花生 100 多亩。农产品是自己到市场上去卖，没有组织。2014 年大力巩固甘蔗产业，发展茶叶和咖啡。

收入发展：现在收入以咖啡、甘蔗为主，苞谷也可以卖点；其次是养猪可以赚几千元，所以还要找种猪改良品种，牛没有专门的青饲料，甘蔗叶喂牛，再在山上放养，如果以后要发展养牛就要解决饲料问题。2014 年全村经济总收入 289 万元，农民人均纯收入 5 700 元左右。

第二，经济作物扩大。

澜沧县东回乡东岗村委会小回龙自然村：2010 年 5 月，村长李健平、妇女主任魏秀英

粮食作物发展：主要是旱谷和苞谷，水稻很少，但是肥料跟不上，两三亩才打得 10 多袋（300~400 公斤），1985 年、1986 年，两杂上山（杂交玉米、杂交水稻），开始使用农药化肥，现在一家七八口人的只要种 2 亩旱谷就够吃了。旱谷面积下降，一方面是粮食价格太低了，另一方面是经济作物收入高，可以买粮吃，旱谷老品种更适应一些，尤其今年大旱水稻几乎全部改种旱谷了。1992 年以后，开始养猪，除了买饲料以外，还用苞谷、米糠和其他青饲料喂猪，现在 60% 多的玉米完全喂猪，其余卖掉了。2005 年有 2 家种草养肉牛。

经济作物发展：1982 年，村寨附近建了糖厂，大家开始种甘蔗，以前劳动力少，甘蔗也种不多，现在甘蔗面积大了，甘蔗有 500 多亩，糖厂收甘蔗是按等级的，今年一等 260 元/吨，二等 240 元/吨，三等 205 元/吨，现在一年每家能收入几千块钱。我们村地比较平，连片的很多，60% 都是好地。2005 年，茶叶价格比较好，大家自发种植，随便哪里都可以卖，后来老板来投入，有 300 多亩，就用自己的地、别人的苗和化肥，最后按保护价卖给老板。2007 年，普洱有个老板来投入种咖啡，350 棵苗/亩，尿素 1 包/亩（40 公斤），一年施 3~4 次肥，自己撒石灰、农家肥，还请了 2 个技术员进行指导，现在全村有 2 400 多

亩，按 1.2 元/公斤的保护价收购。

收入发展：以前没有种植咖啡和茶叶的时候，主要种旱谷、苞谷和荞麦，有些家做苞谷酒、甘蔗卖点钱。近两年金光集团给树苗种了点桉树和松树，但是还没有伐木不知道发展如何。在边疆就是收入来源少，粮食够吃了。全组有 30% 的青壮年外出打工，但这不是长远办法，农村发展要农业生产和副业一起搭配最好。

第三，经济作物多样。

孟连县芒信镇岔河村委会广伞自然村：2015 年 8 月，村长阿仁

粮食作物发展：村小组离缅甸不到 9 公里，1987 年开始用化肥、推广旱谷条播技术、坡改梯，产量比以前要高了。1990 年推广杂交苞谷、杂交稻，1996 年农业局搞良种扩大，面积更多了。1998 年搞示范点，杂交稻上山旱种、旱谷新品种推广，旱谷新品种 400 公斤/亩，老品种只有 250 公斤/亩。原来大家都不敢种，我种了以后每亩达到了 500 公斤，别人都跟着种了，现在持续在种旱谷新品种。农业局一直都有扶持，以前好几年种子、化肥、农药都不用花钱买，最近两三年自己买。粮食产量逐步提高，家家户户有粮食，1988 年以前主要吃苞谷和杂粮，现在不吃苞谷，只吃稻谷了，有的两三年都吃不完就开始卖粮了。

经济作物发展：1984 年种甘蔗是和糖厂签约，开始种植得很少，2000 年以后就有 700 亩，收的时候大家都要相互帮忙，土地好的可以收 7 吨/亩，收入上万元。1996 年政府项目开始种植咖啡，刚开始是政府提供技术和肥料，现在开始自己买，一亩咖啡一年可以收入 700 多元。2005 年政府项目开始种橡胶，一样提供苗、农药化肥、技术，还有 0.1 元/棵苗的管理费，但七八年后才有收益。芒果树是 2000 年开始种植的，现在有五六亩地。桑蚕是 2010 年开始发展的，农技站送过来政府提供的苗和肥料，今年已经养了两批了，一张可以赚 800~1 070元，蚕茧卖给老板 19.5 元/公斤，现在由于种植管理不好没有了。村里还有部分古树茶，收入也还可以。

收入发展：70 年代、80 年代种玉米、旱谷、少数水稻，肚子都吃不饱也养不起猪。1988 年旱谷产量提高就解决温饱问题，1996 年以后项目引进很多了，按照科学技术来搞，玉米、甘蔗、养殖业发展，生活

一年比一年要好了。现在粮食吃不完就卖，玉米差不多都喂猪了，我家一年可以卖20头猪，毛收入一万二，玉米烤酒也可以卖六七元/公斤。茅草房都换砖房了，以后准备发展养殖业，甘蔗价格高，橡胶价格也不错，其他就是想发展点果树。2012~2014年，获得上海扶贫项目，以及省上和县上的经费，建设广伞风情园，除了盖房子、文化展示室等以外，种植高产甘蔗700多亩和养殖小耳朵猪600多头，2014年全村经济总收入约115万元，农民人均纯收入5 500元左右，是远近闻名的特色农业示范村。

5.1.1.3 市场主导型

市场主导型农户行为模式以结合市场发展商品性农作物为主，粮食生产大幅度下滑，农业生产结构多样。除传统作物以外，进一步结合实际经济水平开发新型作物，经济收入渠道多样。农户行为模式与市场经济接触紧密，经济收入水平整体较高，发展速度较快。

澜沧县东回乡东岗村委会细允自然村：2010年5月，村支书魏岩栽

粮食作物发展：80年代的时候家家不够吃，当时还是刀耕火种，农药化肥认不得用，以前没有农药就是拿个小锄头锄地，草比谷子厉害，粮食一年有半年不够吃。后来农业局下来推广陆稻良种、搞新农药，新品种、新农药从我家开始做起，聘请为"粮食辅导员"，第二年粮食大增产，300公斤/亩，农科所的人来测的。临沧地区来我家买粮食，温饱问题逐步解决。旱谷最多的时候有1 200亩，最少的时候500~600亩，现在多数种玉米以及玉米制种。近3年来，全组70%~80%家庭买米吃。

杂交玉米的项目，当时别人（外地）种了，一亩地产800公斤。我们看看报纸，就是科技报，到澜沧县城种子公司买的，我是第一家种的，他们不敢做，我们种了他们看着好。玉米制种基地还是我领他们种的，我去参加种的另一个寨子，第1年100亩，第2年就到了800亩。但是，合同承包的玉米制种价格提也提不起，而且只能是种子公司收购4.5元/公斤，所以主要卖点苞谷，谷子现在也可以卖点，千来块钱。

2007年以后机械化逐步上升，不仅帮别人到孟连去犁地，还把玉米种子送到缅甸。2010年玉米种1 000亩，杂交玉米制种500亩。肥田肥地都来种粮食，如果够吃就不变（面积），不够吃就增加（面积），逐年调整，除非有天大的自然灾害。

经济作物发展：90年代初粮食够吃就改种甘蔗了，没有制种以前，甘蔗面积甚至达到1 000亩，制种以后最多700~800亩，2010年仅500亩。甘蔗用工太多，除叶子10个工/亩，砍甘蔗请工25元/吨；其他施肥、除草还自己做；租拖拉机打沟40元/亩。1997年、1998年糖厂打白条，就不种甘蔗种苞谷。2000年茶叶公司提供250棵苗/亩、钙镁磷肥1包/亩、糖泥1包/亩（糖厂甘蔗发酵后的残渣），都是租农户的地种，今年收购5元/公斤，鲜叶一般150公斤/亩，最好的200公斤/亩。蚕桑是近2年蚕桑公司支助，200株苗/亩，尿素1包/亩养桑树，蚕蛹20~30元/公斤。养殖规模最大的一次养2张床，一年最多养5张床，一等蚕丝19元/公斤，二等14元/公斤，一张床最高可以卖900元，最差500~600元。一张床200公斤叶子，请工摘蚕叶，从养到卖一共20天。刚开始养的时候没什么病还是赚钱，但是现在蚕得病基本没有养了。2007年种咖啡还没投产，也是私人老板提供360棵苗/亩，复合肥1包/亩，原本计划200亩，但是现在因病只剩40亩了。

收入发展：以前甘蔗和养猪是主要来源，后来是制种和养猪，现在制种、甘蔗、副业。以前省上派专家叫我们去乡上培训养猪，半年就可以卖了，但是现在猪肉价格低（市场价8元/公斤），1头猪要1袋精饲料280元/公斤和300公斤玉米（市场价2元/公斤），还不算人工，1头猪年底才卖800~900元，再买小猪160元/头，买卖很不划算，所以基本上是自己吃。而且现在猪价上涨，买鸡、鱼的比较多，饲料价格也涨得快。2007年后养牛的少了，现在只有2家做牛生意在种牛草，养牛不贴钱只是费劳力，而且种草也没有种玉米麻烦。现在每家一年毛收入万把块钱是有的，以后想种核桃，在景东县看到林业局推广核桃的效益，其次还想种果树，如李子、橘子、油桃、芒果，但是菠萝蜜因为地域气候不适合所以不能种。

调查村寨的经济作物种植多数是依靠农业企业投入进行种植，经济作物面积不断攀升，但是由于农业企业投入的属多年生作物，因此，经济作物收入在历年总收入中的比例有所下滑，但是并没有影响经济作物的整体比重，经济作物仍然是农户经济收入的主要来源，并处于稳定状态，而且农户收入也不断上升。同时，农户对经济作物的选择或者接受度是根据自身的发展程度，从较单一的甘蔗＋咖啡，扩大到甘蔗＋咖啡＋茶叶，再到甘蔗＋咖啡＋橡胶＋果树的不断丰富发展的选择过程，即农业企业持续扩大投入、粮经作物稳定交替发展。虽然云南西南山区经济作物的种植面积不断增长，但是在农业企业的介入下，农户增收重心不断变化，并影响了农户的生产行为模式。

5.1.2 农业企业化经营的农户行为决策实证分析

以市场经济为前提，农业企业化经营被称作是一种很好的农业经营模式，它可以适应多方面的产业发展需求，如农业市场化、现代化以及产业化。从根本上突破了家庭经营的局限性，成为一种最有效及合理的制度模式。同时，中国农业最基本的经营形式是农户经营，这在云南山区尤为突出，那么，农业企业化经营就必然会以农业家庭经营为基础，但是，现行的小规模兼业化农户经营是远不能支撑农业企业化运作的，也就影响农业经济由家庭联产承包制向农业产业化经营的转型。农业企业优化资源配置，组合经营分散的生产资源，并将现代企业制度运用到现实的生产中，全面提升农业生产综合实力，在面临国内外两个市场的机遇和挑战时，足以灵活应对市场化经济大市场的需要。通过农业企业化实现农业生产专业化、规模化经营，最终实现农业现代化。

生产者也称农业企业或企业，指能做出统一生产决定的单个经济单位。农业企业包括个人、合伙、公司制三种形式，它是市场经济中生产组织的基本单位。随着市场经济的逐步渗透，云南农业以"公司＋农户"或"公司＋基地＋农户"的产业化市场经济发展方式，带动了农户种植与初加工企业的发展。2009年，云南省农业产业化经营组织总数达到4 557家，其中龙头企业2 012户，带动种植基地3 804万亩，农户1 115万户次。云南南部山区是典型的资源脆弱贫困地区，加之特殊的历史条件和较低的文化教育程度，农户农业投资不仅严重不足，还面临着严峻的社会、市场和自然风险。但是，由于地理气候十分适宜特色经济作物的生长，该地区成为农业企业投资的重点区域。在云南南部山区农业生产中，农业企业主要指糖厂、茶厂等农业企业，也包括少量的个人经营业主。在企业的介入下，山区传统农业正在向现代农业转变，农户身份也开始从纯农户向雇用农户发展，农户增收重心不断变化，并影响了农户的生产决策。

云南南部山区农业企业化经营推动了农产品市场准入制度的逐步建立，以及农产品市场的逐步开放。目前，云南南部山区基本解决温饱问题，虽然农户经济的发展并不发达，但是经济收入得到大幅度提高，尤其是在近 10 年的跟踪访谈中，农业企业得到迅速发展，推进了山区农户的农产品市场准入，提高了农产品的专业化和社会化程度。因此，云南南部山区农业生产结构转型不仅是市场需求的动力推动，也是山区农产品供给的一个转型过程。下面以 2009 年 9 个样本村农户与农业企业合作为例展开分析。

5.1.2.1 评价方法选择

投资是农业增长的重要动力，农户是农业投资的重要主体，但是，由于农业属于弱质产业而且投资收益很低，导致农户农业投资不足（Misha and Morehart，2001；刘承芳，2001；陈立双等，2004）。目前，随着农业企业投资大幅度增长，以农户和企业投资主体为核心的新型农业投资将是中国未来农业投资的主体格局（韩东林，2007）。而农户的生产行为决策对格局变化的影响至关重要。在农户生产行为决策研究中，大多数农户都是风险规避型，而贫困小农户更是如此，农户只有在投资回报率大于时间偏好率时，才愿意进行生产投资。由于对利润回报水平、风险承受能力、生产集约化认同不一，各农户在面对农业企业投资时的生产行为决策不同，并构成了不同局部市场的行为基础（陈春生，2010）。农户收入、农地规模、农业贷款、农业生产投入、基础设施条件、农业生产结构等都是影响农户生产行为决策的主要因素（郭敏等，2002；刘莹等，2010）。

云南南部山区以普洱市管辖面积最大，2008 年普洱市贫困人口占全省 8.9%，贫困发生率 24.6%。其中，澜沧县和孟连县是普洱市农业大县，农业 GDP 比重超过全省平均水平一倍以上，同时也是边疆贫困县，农民人均纯收入仅为全省平均水平的一半左右。澜沧县和孟连县的热带亚热带气候，甘蔗、咖啡、茶叶等特色经济作物生长良好，"公司 + 农户"的农业企业投资方式带动了农户种植与初加工企业的发展（冯璐等，2015）。在农业企业的介入下，部分农户从纯农户向雇用农户发展，并影响了农户的生产行为决策。通过案例描述得知，虽然所有样本村在经济作物生产上都有农业企业提供种苗、农药化肥等资本发展生产，农户身份发生从纯农户到雇用农户的变化，但并不是所有的农户都接受农业企业的资助进而改变种植模式。因此，此文以云南省普洱市澜沧县和孟连县为主要研究区域，调查选取研究样本。根据实地调查获取的 2009 年农户数据，并选择有农业企业投资但经济水平各异的样本村，收集农户生计资料。每村随机抽取 30户，5 个村寨 150 户共涉及 609 人。为了更好地定量解释农户在什么因素的影响下接受农业企业投资，通过农业企业这一市场媒介改变种植模式，从而影响农户在一段时期内的行为模式，本书引入逻辑随机变量累计分布函数 Probit 模型。Probit 模型用于分析在两种可能性之间进行选择的定性数据，是特别为二元因变量设计的非线性回归模型，主要提供了解释变量与被解释变量之间的一种定量的解释方法。Probit 模型主要采用以下函数形式：

$$\Pr(Y = 1 \mid X) = \Phi(\beta_0 + \beta_1 X_t)$$

在上述方程中，Φ 表示标准累积正态分布函数，$\Phi(X)$ 为标准正态分布函数小于 X 的概率。分析含有二元因变量 Y 的分类可知：采用迫使预测值在 0 和 1 之间的非线性表达式是有意义的。在山区转型的类型区分中，将因变量 Y 设为"农户是否选择农业企业投入"，若采用表示值为 1，否则为 0。由于本书仅采用 2009 年的截面数据，表示在当前经济作物收入比例变化条件下，各因素对农户选择倾向的影响，因此可知 Probit 具有非线性函数的特征，并满足下述方程式：

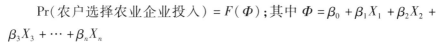

Pr(农户选择农业企业投入) $= F(\Phi)$;其中 $\Phi = \beta_0 + \beta_1 X_1 + \beta_2 X_2 + \beta_3 X_3 + \cdots + \beta_n X_n$

Pr 是农户选择投入咖啡的概率,$F(\Phi)$ 表示累积正态分布,Φ 为线性函数,用于描述各影响农户选择投入经济作物增收的因素,并运用 SPSS 统计软件进行实证分析(冯璐等,2015)。

5.1.2.2　评价指标选取

农业可持续发展的运行过程,是按生态经济规律的要求,在将各种自然、经济、技术因素组成一定的系统结构上,使之完成并达到特定的目的及功能,实现一定的效益。所以,要全面完整地反映农业可持续发展的运行过程,就必须将其看作一个整体,进行全面综合的评价。而在农业可持续发展中,人类的干预方式和程度直接影响着目标的实现程度,而人类所进行的社会经济活动,特别是在农业技术含量越来越高的情况下,农业系统的影响因素越来越复杂。同时,由于生态、经济以及资源在不同区域,在种类、数量、分布等方面的差异,必然会产生出不同水平的效益。因此,为了提高该系统的整体水平功能,减少无效损耗,就必须运用相应的指标对其进行评估,而在效益评估中,生态、经济和社会效益是三个主要方面,其中,生态效益是社会经济效益的基础和前提,而在维持生态经济农业平衡的同时,必须提高外界的适应性,使之在更高层次上的运行取得一致和统一,保证自身发展和壮大(冯璐等,2009)。

因此,综合农户生产行为决策影响因素相关研究(李杏园,2004;张改清,2005;辛翔飞等,2005;陈春生,2010;刘莹等,2010),以及实际调查情况选取组内变化或者时间变化较大的八项指标。根据可持续发展的理念,结合农户生计资本分析,本书将自然资本作为生态指标、物质资本和金融资本作为经济指标、人力资本和社会资本作为社会指标,从生态、经济和社会三个方面分别选取组内变化或者时间变化较大的有效影响因素。同时,本书通过前述实证分析已删除影响不显著的因素,因此,对于所选取的指标变量基本是独立的,没有较强的自相关(表 5 –1)。

表 5-1　　　　农户选择农业企业投资的行为决策 Probit 模型
指标体系及变量说明

类型	指标名称	变量	意义
二分类虚拟变量*	土地复种指数（X_1）	0	≤1
		1	>1
	人均耕地占有量（X_2）	0	≤0.55ha
		1	>0.55ha
	人均口粮拥有量（X_3）	0	≤370kg
		1	>370kg
	农户人均收入（X_4）	0	≤4600
		1	>4600
	农户教育倾向（X_5）	0	≤2
		1	>2
	陆稻单位产量（X_6）	0	≤3t/ha
		1	>3t/ha
连续变量	粮食能量产投率（X_7）	化肥投入总量/粮食总产量	
	农业机械化率（X_8）	农户拥有农机总数/农户家庭总人口	

注：*人均耕地、人均收入、陆稻单位产量按照中位数分界；
农户教育：1. 文盲；2. 小学；3. 初中；4. 高中及以上。

生态效益指标：土地复种指数（X_1）：种植业总面积/耕地总面积。反映一定区域内种植业的集约化经营水平。人均耕地占有量（X_2）：耕地总面积/农户人口总数。反映村民人均耕地占有水平。粮食能量产投率（X_7）：化肥投入总量/粮食总产量。由于目前仍然存在着工农业产品价格剪刀差，农产品售价远低于其价值，若仅用价格来计算投入产出，可能会造成产出价格越高，效益越显著的虚假结果，故采用粮食能量产投率来间接反映单位粮食的成本投入水平。

经济效益指标：农业机械化率（X_8）：小农机拥有量/农户人口总数。由于调查农户脱粒机、碾米机占到90%以上，因此用小农机拥有量反映调查户的农机化率差异不大，仅反映小农机释放劳动力和提高生产效率所带来的潜在经济效应。人均口粮拥有量（X_3）：稻作总产量/总人口数。

调查发现山区口粮以陆稻为主，辅以少量水稻，因此农户生计条件主要体现在人均陆稻拥有量上。农户人均收入（X_4）：农户家庭现金收入/家庭总人口。反映收入水平对农户生产行为决策的影响，在此未计算家庭经营的投入成本。

社会效益指标：农户教育倾向（X_5）：农户教育水平的整体接近值。可以据此反映农户教育水平对生产行为决策的影响。陆稻单位产量（X_6）：陆稻总产量/粮食种植总面积。反映科技进步对陆稻生产的贡献率（冯璐等，2015）。

5.1.2.3 实证结果分析

各村寨间农业企业投入的经济作物并不完全相同，主要类别为：广伞的橡胶和咖啡、芒糯的咖啡、老缅寨的咖啡、小回龙的咖啡和茶叶、细允的茶叶。因此，根据样本主体接受农业企业投入的状况，将样本划分为接受和不接受两组，分析农户在经济作物收入比例变化的条件下，选择农业企业投入的影响因素。抽取5个村寨农户样本共150份，剔除相关数据缺失和异常的样本，共采用143份有效样本用于实证研究，其中，接受农业企业投入的83户，不接受的60户。本书在制定显著性水平时，认为显著要求比较高时可能会使输入模型的数量变少，对模型预测的精准度有着很大的影响，所以在保障模型预测精准的前提下，制定显著性水平为0.1，并运用SPSS17.0统计分析软件完成（表5-2）。｜Z0.01｜=2.33，各变量的Z检验值均在此范围内，表示各变量的研究假设是可以成立的。土地复种指数、人均口粮占有量、人均耕地占有量、陆稻单位产量四个变量系数估计值显示为负，根据排序并解释其意义为（冯璐等，2015）：

第一，土地复种指数较高的农户比复种指数低的农户，其选择农业企业投资的概率小。土地利用率与作物耕作方式十分相关，调查村寨的玉米、陆稻通常采用轮作或者间作的方式集约用地，而农业企业投资的作物通常是连作。因此，土地复种指数高的农户，多倾向于种植短期作物，即一年生作物，所以选择农业企业投资的可能性小，对农户选择农业企业投资的影响显著也就高。

第二，人均口粮占有量在安全保障线下的农户，其选择农业企业投资的概率小。目前山区农户口粮基本得到保障，不仅出现卖粮的情况，部分收入较高的农户甚至不种粮。人均口粮占有量状况显示，多数农户还是在粮食作物自给自足的基础上发展经济，在口粮得到保障的条件下选择农业企业投资。同时，人均口粮占有量对农户选择农业企业投资的影响较大，即在基本口粮有保障的前提下，农户对农业企业投资的选择偏好才会增强。说明调查村寨的农户生计条件已改善到一定程度，对经济发展的限制开始减弱，并有利于促进山区农户选择从纯农户向雇用农户的转变。

第三，人均耕地占有量在中值以下的农户，其选择农业企业投资的概率小。说明人均耕地少的农户选择农业企业投资的概率小，土地作为农户最主要的生计资本，不仅对农户生产也对农业企业的投资行为形成约束。但土地资源只是限制了农户对农业企业投资面积数量的选择，并没有限制农户的选择权。

第四，陆稻单位产量低于改良品种平均单位产量的农户，其选择农业企业投资的概率小。3～4.5t/ha 是陆稻改良品种的平均单位产量，陆稻传统品种单位产量在 1.5t/ha 左右，48% 农户的陆稻单产已经达到改良品种的单产水平，还有 23% 的农户由于轮作、买粮等原因没有种植陆稻（这部分不具备可比性）。由于多种原因所致，陆稻单位产量影响的显著性不强，但仍反映出科技进步对农业企业投资发展的支持。

表 5－2　　　　农户选择农业企业投资的 Probit 模型分析结果

	农户经济作物收入比例	系数	标准差	Z
生态指标	土地复种指数	－ 0.143	0.123	－ 1.157
	人均耕地占有量	－ 0.044	0.132	－ 0.336
	粮食能量产投率	0.090	0.276	0.327
经济指标	农业机械化率	0.625	0.304	2.055
	人均口粮占有量	－ 0.068	0.139	－ 0.488
	农户人均收入	0.062	0.146	0.423

	农户经济作物收入比例	系数	标准差	Z
社会指标	农户教育倾向	0.065	0.132	0.494
	陆稻单位产量	−0.005	0.119	−0.038
截距项		−2.137	0.154	−13.920
Chi-square		199.242		
样本数		132		

资料来源：2010 年农户调查。

土地利用和粮食安全影响显著说明：农业企业高投入多年生经济作物，虽然表面上规避了农户生产的风险，但是，如果农户在选择多年生经济作物的过程中，山区耕地和粮食产量的诸多限制导致农户偏好改变，那么农业企业解决的就不仅是资金问题，还要担负多年生经济作物在生长过程中，因占用土地所造成的农户生计问题。表明山区在固定耕地的条件下，土地利用率的进一步提高和自身粮食安全的进一步保障，给农户和农业企业提供了合作空间，即山区耕地利用和粮食安全是市场导向型发展的限制因素。另外，农业机械化率、粮食能量产投率、农户教育倾向、农户人均收入四个变量系数估计值显示为正，根据排序并解释其意义为（冯璐等，2015）：

第一，小农机拥有数量越多，其选择农业企业投资的概率越高。山区的地理特殊性，并不适合大型机械设备的规模化运作，此文调查的小农机主要是碾米机、粉碎机等常规型设备，作为农户生计的物质资本，此类小农机设备的发展十分迅速，在一定程度上解放了生产力，因此影响系数很高，提高了农户选择的机会成本。

第二，粮食能量产投率越高，其选择农业企业投资的概率越高。粮食能量产投率高，说明农户存在产品结构调整的概率越高。因此，粮食能量产投率高则表明农户投入粮食作物的成本太大，也就会影响自身对高投入经济作物的种植选择，这时农户选择农业企业投资就可以相应减少成本，提高增收概率。

第三，农户教育倾向在初中以上的农户，其选择农业企业投资的概率高。目前山区农户户主仍然是 45 岁左右、小学文化的男性，户主教育水平的提高，会提高农户生产行为决策的理性水平。不过需要说明的是，这种影响是间接和潜移默化的。

第四，农户人均收入在中值以上的农户，其选择农业企业投资的概率高。虽然人均收入影响系数接近农户教育倾向，但由于农户人均收入未计算成本，即购买小农机用于提高小农机数量、购买化肥用于提高粮食能量产投率等所做出的间接贡献，因此影响系数较小，但仍然反映出收入水平对农户生产行为决策的引导作用。收入较高的农户相比收入较低的农户，对选择农业企业投资所带来的风险具有一定的抵抗能力。

表 5 - 3　　　　　云南南部山区农户农业耕作方式定义与解释

方式	解　释
间作	两种或两种以上生育季节相近（或相同）的作物在同一块田地上同时或同季成行间隔种植；若两作物呈多行一组带状间隔种植，称带状间作。带状间作有利于田间作业和分带轮作
套作	在前作物的生育后期，在其行间播种（或移栽）后作物的种植方式
轮作	在同一块土地上前后种植的两季作物各不相同。如中国华北地区每年采取的是小麦和水稻轮作制
连作	在同一块土地上连续两季以上种植同一种作物。如中国南方在粮食作物种植上采取的是连作制，每年种完早稻种晚稻
轮歇	同一块土地上种植的作物收获以后，土地完全休闲恢复肥力一段时间以后，再种植其他作物
混作	两种（或以上）生育季节相容的作物，按一定比例混合播种在同一块田地上。生产有时将间作和混作结合起来形成间混作，如玉米间作大豆，在玉米株间又混种小豆

土地利用率低、土地资源和生计条件差的农户对农业企业投资的选择率较低；小农机推广率高、科技扶持力强的农户对农业企业投资的选择率较高；成本投入和文化教育的影响因子相对较低，说明农户的生产行为决策受到生计条件、资本投资等多种因素的影响。在作为第三方的农业企业投资条件下，农业机械化水平高、农户理性决策程度高、粮食能量产投率高、农户收入高农户的生产行为决策，开始由生存导向向市

场导向转型,这种转型有利于提高生产收益、生产集约化程度和规避小农生产风险;而采用非连作耕作方式、生计条件差、规模化程度低和陆稻生产技术含量低的农户多不接受农业企业投资,依然保留传统的生存逻辑。目前,土地利用和粮食安全是山区经济发展的主要限制因素,而农户对作物种植的选择,也就是对经济投入的选择才是增收的决定因素。在耕地固定的前提下,云南西南山区提高土地利用率,确保粮食安全,为市场导向发展创造了良好的氛围,也为农业企业作为第三方介入奠定了一定的经济基础。因此,农户才会在一定时期内经济作物收入下降的前提下,选择出租土地,甚至改变种植模式支持农业企业对高投入经济作物的投资。

5.1.3 转型中农户行为模式演进的影响机制

无论哪种系统,机制都具有根本性、基础性的特点,并起到关键的作用。在一个具有良好机制的系统中,可使社会系统与自适应系统更加接近,即在外部环境变化不可预测时,可根据变化随时进行调整与改变,及时调整原计划,并做出相应解决方法,实现最优化的系统目标。激励、制约和保障是机制的三种功能。制约机制主要是对管理活动的规范性与有序性进行保障;激励机制主要是通过调节管理活动为主要手段,不断提升主体的积极性;保障机制主要是对管理活动提供精神与物质基础。目前,云南南部山区农业生产结构转型的诱导机制主要是市场运行机制和政府管理机制,而根据机制功能的作用,云南南部山区农业生产结构转型的诱导机制中,政府的管理机制要略高于市场机制的发挥。

5.1.3.1 市场的调节与引导

市场运行机制作为经济增长的重要推动因子,是经济社会化发展极为关键的驱动因素。市场运行机制由价格、竞争、风险、供求四个机制构成,其中,价格是核心,竞争是关键,风险是基础,供求是保证。市场运行机制主要通过农产品商品化、农产品流通和农业企业经营达成市场价格、竞争、风险和供求机制的实现。云南南部山区市场运行机制的发展也是通过价格、竞争、风险和供求来实现市场的调节引导，但是，由于山区市场发展起步晚速度慢，而且小农经济本身就是具有高风险且不可抗的，所以就目前来说，云南南部山区市场运行机制所体现的首先是实现农产品商品化，这样才能保证与市场价格的对接，并加速农产品流通产生市场竞争，继而利用农业企业化经营脱离小农经营实现市场供求的需求。

第一，农产品商品化的发展。云南南部山区在政府的政策和科技推动下，粮食产量稳步上升，农户不仅有了供应商品性农产品的能力，也有了出售农产品的愿望，从而形成发展市场农业经济的基础。伴随着市场的发展，农业中商品经济的发展成为必然，但是，农业虽说有了自己的市场，却不代表这就是市场农业。所谓市场农业是以市场经济体系为前提，通过市场对农业资源以及相关经济活动进行合理配置与调整。若农业中出现了商品性农业与市场，这也只是市场农业发展的基础，总的而言，只有商品性农业的不断发展与进步，使得市场不得不为农业资源进行合理配置，并成为主要调节手段，商品性农业才开始具备市场农业的特征，才真正成为市场经济的重要组成部分（李俊利，2011）。因此，云南南部山区农业生产结构转型趋势并不是在粮食需求得到满足后一蹴而就的，转型类型也不是直接从生存主导型一跃到市场主导型。

农业产品在商品化以后，市场作为商品交换的总和还要通过市场供求关系、市场价格、市场竞争、经营利润等要素进行调节。同时，农业部门又不同于国民经济的其他部门，其特殊性又使农业市场调节机制具有特殊性。首先，市场调节是一种事后调节，即当一个经济过程发生作用以后，通过对这一过程的市场状况的观察与分析，做出下一个经济过程生产经营活动的决策，这就使市场调节具有滞后性。而农业生产周期长、季节性强，特别是在云南南部山区，农业生产具有分散性，市场化程度也比较低，信息传递也比较滞后，严重阻碍了市场的调节能力，农产品商品化也就较低。其次，市场机制不是对所有的农产品生产进行调节，而是仅对市场上用于交换的那部分商品性农产品的生产具有调节作用，因为市场机制是依靠商品价格涨落来调节的。所以，云南南部山区农业生产结构转型类型中，虽然生存主导型的粮食产品最为充足，但是相比较而言，生存主导型的农产品商品率最低，市场调节的作用范围最小，价格机制的作用就较弱，从而经济发展的力度也就最弱。

第二，农产品流通的提升。农产品流通是当农产品作为商品时通过货币进行交换的过程，它连接农产品的生产和消费，实现农产品价值，加速农业产业的内部分工，促进农产品在生产。农产品流通的全面提升更能发挥区域优势，促进生产者改善经营，采用新技术提升农业生产力，加强市场竞争以获取更多的经济效益。

农产品集市贸易是农产品流通的初级市场，是长期的、定期的或临时的进行以零售为主的农产品买卖市场，这种传统的农产品流通渠道也是目前社会主义市场体系的重要组成部分。滇南山区的农产品流通即是依靠此类市场进行农产品流通，而且一般是指村所在的乡镇集贸市场，市场规模和条件都非常有限。另外，位置理论表述主要是生产者依据原材料与市场的地理环境来进行建设工厂，这样可使得工厂与原料市场之间的总运输成本降为最小①。那么，运用到农产品市场中则说明市场条件对于农户种植模式的影响，农户根据市场距离获得不同的外界信息，距离市场越近信息量越大（严立冬等，2013），从而选择种植适应市场的农作物，选取最佳临界点获取运输成本最低和销售收入最高。

但是，调查村寨的市场距离显示大部分调查村寨远离市场，最近的细允村离最近市场的距离超过 3 公里，最远的老缅寨村离市场的距离达到 16 公里。一般情况下，市场距离并不能作为衡量市场条件的指标，因为市场条件还和市场发育程度以及市场道路交通状况密切关联。云南南部山区由于地形复杂，道路建设所需花费较大，村级以及乡镇级公路建设相对滞后，绝大部分调查村寨的道路都是弹石路或者土路，交通状况相对较差。而且，调查村寨的市场发育程度与道路情况都具有相似性，因此，采用市场距离考察山区市场条件具有一定合理性，但不完

---

① 根据物质在生产过程中增加或减少重量，决定工厂的地理位置，以减轻运输成本：1. 物质在处理过程中会增加重量，则生产工厂宜设在靠近市场的地方；2. 物质在处理过程中会减少重量，生产工厂宜设在靠近原料的地方。

全。这也说明山区市场信息的不对称，农户较难获得及时准确的市场信息，导致农产品流通渠道不仅狭窄而且速率较慢，市场化的推进带动农户向市场经济积极发展，但竞争力度还是比较弱。

第三，农户收入的限制与调节。农户收入对农业生产结构转型的限制作用：农业生产结构转型并不是单纯的作物种植结构调整，而是农户应对市场需求所做出的改变。但是，市场对各方面调整的诱导力度是不同的，农户面对市场的反映不同，而且市场的地区性差异不同，因此作用也不一样。例如，在沿海较发达地区，市场信号显示农户应该减少资源密集型农产品，增加劳动密集型农产品，提高产品产量的同时改善产品的品质，甚至增加附加值。但是，在滇南山区，经济发展较落后、农民收入较低的前提下，市场信号显示的首先是要提高农户的收入，即增加市场投资的资本后才能得到进一步的诱导发展。

首先，在相同条件下，产量对农户增收基本呈显著的正影响。即同一市场环境下各农户之间的产量不同，而非总产量的年度变化，因为总产量超过总需求则增产不增收。所以，即使市场价格有所下降但只要没有亏本，产量较多的农户都会有一定程度的增收。这时，农户收入对农业生产结构调整的限制，仅局限在对作物生产所需的农药化肥、耕地水源等投资量的变化上。但是，当市场波动发生变化，市场对不同产品表现出不同的诱导作用，即宏观市场条件下各个农产品的价格差异，那么，此时农业生产结构调整就要归结于品质或品种之间的差异。而山区市场环境并不完全，品质并不是山区农户主要关心的问题，因此，品种改良或替换农作物种植种类成为山区农户改变生产结构提高收入的主要选择。此时，农户收入作为投资资本对农业生产结构转型的限制，不仅表现在作物生产投资，更体现在农户的生计决策，以及市场环境的氛围，甚至政府的宏观调控。所以，滇南山区农业生产结构转型的基础首先是农户增收，只有突破农户收入的"瓶颈"才能解除农业生产结构转型的限制。

农业生产结构优化对农户收入的调节作用：农业生产结构的优化调整，要根据区域优势以及农户行为特点建设具有层次性的农业生产结构，去除或者调整无特点与雷同的农业生产结构。从宏观上看，农业结构趋同与农业结构调整是紧密相随的，由于市场导向作用，部分农户一直努力在进行新的调整，而诸多实证表明最先根据市场需求进行结构调整的那部分农户，增收速度要高于其他未调整生产结构的农户，从而在一个时间截面上产生收入差异，也凸显出生产竞争并不断调节农户的收入速率。

农业生产结构调整的最终目的是通过生产资料的最优配置，发挥最佳的效应从而获得最大化收益，调整方式主要包括两种：一是生产结构调整，如调整不同作物的种植面积；二是调整同一作物不同品质的产量或价格（王萍萍，2001）。因此，农业生产结构优化对农民收入的调节分解为产品结构、产品产量和产品价格。实际上，地理气候、基础设施、市场环境等又通过上述三个调节层面影响着农户收入，所以很难直接单独区分出农业生产结构调整对收入的影响，只有当市场对此三个因素的诱导符合农业生产结构调整的影响，那么，农户增收才能获得正效应。

5.1.3.2 政府管理机制的激励与规范

第一，政府管理机制的激励。政府管理机制高于市场机制，说明云南南部山区的市场化程度仍然较弱，农户在生产发展中的限制因素，即粮食安全、土地保障和收入保障多数倾向于依靠政府的宏观调控解决。而市场机制的发挥主要是与山区经济发展程度对接，山区经济实力较弱，市场机制发挥也受到限制。农业生产结构调整要满足农户增收的需求，不能单纯依靠市场机制，更需要政府管理机制的激励和保障。第一，山区农业科技发展不仅确保粮食安全，也加速了农业生产结构的转型，但需求度和覆盖面还需推进和完善；第二，加强山区公共服务建设，目前山区公共服务建设还不够健全，但是也为农业生产结构转型提供了保障；第三，政府引导发展农业企业，山区农户的农产品流通渠道比较狭窄单一，信息不对称，即使市场化程度逐步提高，但市场竞争力还是很弱，发展道路比较曲折。而山区农业企业的发展则是顺应市场机制积极运作的产物，衔接并缩短了农户和市场的距离，在一定程度上规避了农户的风险，更能迎合市场供求的变化，从而得到粮食安全和土地保障的农户都倾向于与农业企业合作。因此，通过政府管理机制的激励，加深市场连接、扩大市场准入，强化企业化、专业化、组织化生产。

第二，政府管理机制的规范。在农业生产结构转型初始条件的分析中，政府管理机制主要通过稳定市场价格、产业调整升级和土地利用机制培育山区市场机制，以及通过基础设施建设和农业科技研发提供山区农业生产公共服务来诱导农业生产结构转型。首先，政府管理机制的规范对稳定山区市场农产品价格有积极的作用，保证了山区市场大环境的安定；其次，市场结构宏观调整比较及时，但由于时滞性不能时刻保证与个体需求的一致，因此在诱导过程中出现阶段性差异和偏差；再次，土地作为山区经济发展的主要限制因素，政府的诱导机制还不完善，但总体发展呈规范性；最后，目前云南南部山区农产品产量得到大幅提升，但产量的增加并不代表商品化程度的增加，山区农户的农产品生产主要基于自身需求的满足，商品化程度还处于初级阶段。因此在政府的管理机制中，机制的规范性以及制约和保障功能要略高于激励机制。

5.2 转型中的农业生产效率评估

同样的，农业生产结构的调整也需要理论结合实际，不仅要充分考虑当地的地理生态、社会经济、人文历史等具体情况，还要在商品经济条件下，考虑市场的供需状况。所以，在某个区域或某个时段是合理的农业生产结构，在另一个区域或另一个时段则不一定合理（闵墨，2010）。因此，就需要从不同时期、不同地域分析农业生产结构转型的合理性，即农业生产结构的效率及风险评估。

5.2.1 农业生产效率评估方法

在分析的过程中引入数据包络分析模式，这种分析方法又被称作DEA（Data Envelopment Analysis），属于运筹学、管理学和数量经济学交叉研究的一个新领域，由著名运筹学家 A. Charnes 最早在 1978 年给出，其主要特点是在相对效率定义的前提下，参照输入量与输出量的多少，科学地评估决策单元 DMU 的有效性。由于引入了线性规划技术，因此 DEA 能够对生产系统的前沿面进行明确，从而准确地获知决策单元的各项指标，包括规模效益、相对效益等。

1978 年，A. Charnes 在假定报酬固定、投入面规模稳定的基础上引入了 DEA 模型——C^2R 模型，开启了同步评价技术以及规模效率的先河；1985 年，A. Charnes 与 W. W. Cooper 合作，就 C^2R 模型进行了进一步完善，并在此基础上推出了 DEA 模型——C^2GS^2 模型，专门用于评价技术效率指标；1986 年，Sexton 等人又提出交叉效率评价法，以此实现所有单元的有效评价。综上所述，论文在研究的过程中基于以上不同的模型分析云南南部山区农业生产的综合效率、交叉效率排序和效率分解与调整。

假定存在 n 个不同的决策单元 $DMU_i(i=1,\cdots,n)$，所有的 DMU_i 均对应于 m 项输出 $x_{1i}, x_{2i}, \cdots, x_{mi}$ 以及 s 项输出 $y_{1i}, y_{2i}, \cdots, y_{si}$（其中 x_{mi}，$y_{si} > 0$），则有以下输入和输出矩阵：

	DMU_1	$\cdots$	DMU_i	$\cdots$	DMU_n
输入 1	x_{11}	$\cdots$	x_{1i}	$\cdots$	x_{1n}
输入 2	x_{21}	$\cdots$	x_{2i}	$\cdots$	x_{2n}
……		$\cdots$		$\cdots$	$\cdots$
输入 m	x_{m1}	$\cdots$	x_{mi}	$\cdots$	x_{mn}
输出 1	y_{11}	$\cdots$	y_{1i}	$\cdots$	y_{1n}
输出 2	y_{21}	$\cdots$	y_{2i}	$\cdots$	y_{2n}
……		$\cdots$		$\cdots$	$\cdots$
输出 s	y_{s1}	$\cdots$	y_{si}	$\cdots$	y_{sn}

5.2.1.1　DEA 综合效率分析

第一步：利用（模型 1）评估综合效率，采用 C^2R 模型判断 DMU_i

是否有效。记 DMU_i 向量形式 $X = [x_{1i}, x_{2i}, \cdots, x_{mi}]^T$，$Y = [y_{1i}, y_{2i}, \cdots, y_{si}]^T$，分别以 X、Y 作为输出、输入矩阵。假定 V、U 依次是输入、输出的权向量，即 $V = [v_1, v_2, \cdots, v_m]^T$，$U = [u_1, u_2, \cdots, u_s]^T$，那么总输入以及总输出满足方程式：

$$I_i = x_{1i} v_1 + x_{2i} v_2 + \cdots + x_{mi} v_m = V^T X_i \text{ 和}$$

$$Q_i = y_{1i} u_1 + y_{2i} u_2 + \cdots + y_{mi} u_m = U^T Y_i$$

因此，总输出 Q_i 以及 DMU 效率都与总输入 I_i 之间存在明显的负相关关系。DEA 要求对输入与输出的比值进行求解，即有 $E_{ii} = Q_i / I_i$，并将其作为评价 DMU_i 有效性的重要指标。一般情况下我们称 E_{ii} 为效率评价指数，最大效率值为 1。因此，根据（模型 1）判断 DMU_i 的有效性，其最优解 θ^* 为 DMU_i 的综合效率有效情况。

$$\begin{cases} \max \dfrac{U^T Y_i}{V^T X_i} = E_{ii} \\ \text{s. t. } \dfrac{U^T Y_i}{V^T X_i} \leqslant 1 \, (1 \leqslant i \leqslant n), u \geqslant 0, v \geqslant 0 \end{cases} \quad \text{（模型 1）}$$

5.2.1.2 DEA 交叉效率排序

第二步：根据（模型 2）完成排序。然而值得注意的是，在实践过程中多数决策单元的效率值均可以取 1。由此可知，只参照 E_{ii} 是难以对不同决策单元的优劣性进行准确判定的。不仅如此，在（模型 1）中，允许各 DMU_i 对权重值进行任意的选择，极易导致输入、输出的不均衡，并不能完全反映出 DMU_i 的优劣。因此，交叉效率矩阵用每一个 DMU_i 的最佳权重计算其他 DMU_i 的效率值，得到交叉评价值。利用（模型 1）对 DMU_i 的 $E_{ii}(1 \leqslant i \leqslant n)$ 进行求解，假定有 $i \in \{1, 2, \cdots, n\}$，$k \in \{1, 2, \cdots, n\}$，那么求解交叉评价模型，即（模型 2）的线性规划：

$$\begin{cases} \min E_{ik} = U^T Y_k \quad k \in \{1, 2, \cdots, n\} \\ \text{s. t. } U^T Y_i \leqslant V^T X_i \, (1 \leqslant i \leqslant n), U^T Y_i = E_{ii} V^T X_i, V^T X_i = 1, u \geqslant 0, v \geqslant 0 \quad i \in \{1, 2, \cdots, n\} \end{cases}$$

$$\text{（模型 2）}$$

再次，利用上述模型的最优解 u_{ik}^* 和 v_{ik}^* 对交叉评价值进行求解：$E_{ik} = \dfrac{Y_k^T u_{ik}^*}{X_k^T v_{ik}^*}$。最后，构建相应的矩阵：

$$E = \begin{bmatrix} E_{11} & E_{12} & \cdots & E_{1n} \\ E_{21} & E_{22} & \cdots & E_{2n} \\ \cdots & \cdots & \cdots & \cdots \\ E_{n1} & E_{n2} & \cdots & E_{nn} \end{bmatrix}$$

在矩阵中，分别以主对角线、非主对角线元素 E_{ii} 表示自我评价值以及交叉评价值。其中，第 i 行表示 DMU_i 对其他单元的评价值，DMU_i 与数值的大小之间呈现显著的负相关关系；第 i 列代表各单元对 DMU_i 的评价值，DMU_i 与数值的大小之间呈现显著的正相关关系。在评价 DMU_i 的过程中，通常会参照第 i 列的均值大小：$e = \dfrac{1}{n}\sum\limits_{k=1}^{n} E_{ik}$ 一般情况下我们以 e_i 作为决策单元对 DMU_i 的总评价，两者之间具有正相关关系。

5.2.1.3　DEA 效率分解与调整

第三步：利用（模型3）分解与调整效率，评价第 j 个决策单元相对有效性的 C^2GS^2 模型。出于更为准确地对其有效性进行验证考虑，通常参照（模型1）的对偶模型的等式。此外就无效 DMU_i 模型而言（（模型1）的结果 <1），往往借助于（模型2）对相应的松弛变量进行求解。其中，s^- 是输入的松弛变量；s^+ 是输出的松弛变量；$\lambda = (\lambda_1, \lambda_2, \cdots, \lambda_n)$ 是 n 个 DMU_i 的组合系数；$e_1^T = (1,1,\cdots,1)_{1*m}$，$e_2^T = (1,1,\cdots,1)_{1*s}$。（模型2）的解为 λ^*，s^{-*}，s^{+*}，δ^*，其最优解 δ^* 为 DMU_i 的技术效率有效情况。

$$\begin{cases} \min(\theta - \varepsilon(e_1^T s^- + e_2^T s^+)) \\ \text{s.t.} \ \sum\limits_{i=1}^{n} \lambda_i x_i + s^- = \theta x_i, \ \sum\limits_{i=1}^{n} \lambda_i y_i - s^+ = y_i \\ \lambda_j \geqslant 0, 1 \leqslant i \leqslant n, s^- \geqslant 0, s^+ \geqslant 0 \end{cases} \quad \text{（模型3）}$$

根据 DEA 分解原理，综合效率（θ^*）可以分解为技术效率（δ^*）和规模效率（S^*），$\theta^* = \delta^* \times S^*$。则有如下结论：

① 若 $\theta^* = 1$ 且 $s^{*-} = 0$，$s^{*+} = 0$，则 DMU_i 为 DEA 有效；若 $\theta^* = 1$ 且 $s^{*-} + s^{*+} > 0$，则 DMU_i 为弱 DEA 有效，存在超量投入或亏量产出；若 $\theta^* < 1$，则 DMU_i 为 DEA 无效。

② 若 $S^* = 1$，DMU_i 规模有效，即规模收益不变；若 $S^* < 1$ 且 $\sum_{j=1}^{n} \lambda_j < 1$ 时，DMU_i 规模收益递增；若 $S^* < 1$ 且 $\sum_{j=1}^{n} \lambda_j > 1$ 时，DMU_i 规模收益递减。

同时，在决策单元为非 DEA 有效时，基于下述方程式对投入以及产出的数据进行修正：

$$\begin{cases} x_0' = \theta^* x_0 - s^{*-} \\ y_0' = y_0 + s^{*+} \end{cases} \qquad （公式 1）$$

在（公式 1）中，依次以 x_0'、y_0' 作为投入与产出的数据，即与 DMU_i 相对的（x_0，y_0）。在此基础上进行投影，Δx、Δy 分别为投入和产出调整量，达到最佳效率的投入产出调整为：

$$\begin{cases} \Delta x = x_0 - x_0' \\ \Delta y = y_0 - y_0' \end{cases} \qquad （公式 2）$$

5.2.2 转型中的农业生产效率评估指标选择

DEA 方法可采用数据输入与输出的直接方法，通过建设非参数模型对其效率进行评价，然而关于指标选择需设一定要求。第一，指标可客观性地反映出评价对象的综合实力；第二，为了实现输入、输出指标之间相关线性问题，必须严格把控指标的获取性；第三，DEA 方法规定决策单元的个数一定要高于输出与输入这两个指标的个数总和。由于微观数据只要采用 2009 年分析样本，因此本书在宏观层面的实证研究中，选取 1993～2008 年云南南部五地州（市）为研究对象，对投入以及产出数据进行汇总分析，形成 16 个不同的决策单元 DMU，结合 DEA

模型的相关理论以此构建相应的分析模型。同时，依据 DEA 模型对指标的要求，以及相关参考文献中对于中国农业生产效率、西部农业经济效率以及海南、河南、重庆、辽宁、新疆、四川等省区的农业经济效率评价指标（黄卫国等，2009；陈洪跃等，2010；廖功磊，2010；负鸿琬等，2010；周腰华等，2010；王继祥等，2012），本书结合农业生产结构选用了 6 个投入指标和 3 个产出指标：

投入指标：x_1 化肥施用量（t）；x_2 有效灌溉面积（ha）；x_3 农业劳动力（人）；x_4 乡村办电站装机容量（万 W）；x_5 粮食作物播种面积（ha）；x_6 经济作物播种面积（ha）。

产出指标：y_1 粮食总产量（t）；y_2 农业总产值（万元）；y_3 农民人均纯收入（元/人）。

表 5－4　　　　1993～2008 年云南南部五地州（市）农业经济
投入和主要指标

年份	投入指标						产出指标		
	X_1	X_2	X_3	X_4	X_5	X_6	Y_1	Y_2	Y_3
	化肥施用量 /(t)	有效灌溉面积 /(ha)	农业劳动力人口 /(人)	乡村办电站装机容量/(万 W)	粮食作物播种面积/(ha)	经济作物播种面积/(ha)	粮食总产量 /(t)	农业总产值 (万元)	农民人均纯收入 (元/人)
1993	221 402	398 620	5 178 563	10 467	1 139 328	600 237	3 673 334	907 079	621
1994	223 952	417 010	5 219 965	10 243	1 395 188	379 317	3 800 123	1 220 893	695
1995	258 378	441 740	5 288 029	9 554	1 396 143	425 215	3 978 295	1 564 435	833
1996	283 280	453 590	5 320 101	9 596.1	1 430 003	484 264	4 162 011	1 806 663	954
1997	321 510	466 100	5 374 521	8 722	1 437 719	548 592	4 292 291	1 920 708	1 072
1998	333 226	478 360	5 434 400	8 291	1 483 992	540 743	4 379 963	1 990 994	1 115
1999	336 243	488 140	5 423 238	8 642	1 487 673	567 453	4 494 321	2 042 319	1 182
2000	342 388	499 210	5 501 305	7 732	1 483 192	562 705	4 619 472	2 089 018	1 229
2001	358 124	509 620	5 535 015	6 707	1 464 056	584 630	4 534 224	2 132 385	1 274
2002	377 649	520 550	5 564 566	5 458	1 423 591	630 554	4 445 841	2 239 010	1 335
2003	399 180	513 940	5 524 739	4 633	1 380 274	646 360	4 384 763	2 476 399	1 415
2004	430 666	539 060	5 536 435	4 455	1 383 868	674 539	4 462 531	2 895 680	1 541
2005	460 980	515 230	5 550 130	3 777	1 415 506	686 070	4 623 554	3 266 928	1 685
2006	470 000	520 880	5 550 200	3 500	1 421 303	736 085	4 715 730	3 716 993	1 870
2007	531 085	566 530	5 550 300	2 960	1 418 645	775 785	4 754 163	4 456 672	2 223
2008	564 211	574 110	5 551 000	2 868	1 463 420	811 984	4 891 858	5 332 828	2 632

资料来源：《云南省统计年鉴（1994～2009）》。

5.2.3 转型中的农业生产效率实证结果分析

利用 Matlab 软件对数据进行 DEA 模型分析测算，可以得出云南南部山区农业生产具有如下特点（冯璐等，2014）：

第一，农业生产效率非有效年份农业生产资源配置不合理。根据 DEA 模型，计算出 1993～2008 年各决策单元的综合效率值 θ^* 以及松弛变量值 s^{*+}、s^{*-}。假定 θ^* 的大小为 1，通过计算可知，弱 DEA 有效；假定 θ^* 的大小为 1，同时满足 s^{*+}、s^{*-} 的值均为 0，那么 DEA 有效。由此可知，决策单元 1997 年、1998 年、1999 年、2003 年和 2004 年 5 个年份的 $\theta^* < 1$，占总年份的 31.2%，其他年份均为有效（表 5-5），说明云南南部山区农业生产的总体效率表现较积极。DEA 有效决策单元均分布在一个生产前沿面上，将一个非有效的决策单元在生产前沿面上进行投影，可以测算出两者的差距。因此，结合松弛变量和规模收益，可以调整出决策单元能够节约或者没有达到的产出量，进而反映云南南部山区在长期的农业生产活动以及经济发展中，农业资源以及结构变动所付出的代价及合理性。

表 5-5 云南南部山区农业生产效率非有效年份综合效率和松弛变量

年份	θ^*	松弛变量 s^{*-} （1.0E+5）						松弛变量 s^{*+}（1.0E+5）		
1997	0.995	0.0182	0	2.3694	0.0150	0.5264	0.2310	0	0.2035	0.0007
1998	0.990	0.0435	0	1.6241	0.0090	0.6292	0.0056	0	0	0.0005
1999	0.995	0.0074	0	0.4490	0.0110	0.3798	0.1621	0	0	0.0002
2003	0.994	0	0.1147	1.5204	0.0000	0.0098	0	0	2.3595	0.0007
2004	0.985	0.0338	0.4039	1.8920	0.0021	0	0	0	3.0794	0.0011

资料来源：《云南省统计年鉴（1994～2009）》。

研究发现，采用松弛变量 s^{*+} 以及 s^{*-} 能够对非有效决策单元农业生产效率不高的本质进行很好的解释，并对发展农业生产时暴露出来的输入过剩以及输出不足现象进行有效的阐述。以 2004 年为例，当年的农业生产综合效率值是 0.985，那么如下数据能够很好地反映出投入以及产出量：能够减少使用 3 380 t 化肥、4.04 万 ha 有效灌溉面积、18.92 万个农业劳动力和 210 万瓦特乡村电站装机容量，同时维持既有的产出水平。这就要求对农业生产的投入量进行缩减，使其保持为原来的 0.985，再减少松弛变量所显示的投入量，才能将它投影到其他 DEA 有效年份的生产前沿面上。那么，可以节约 2.26% 的化肥施用量、8.97% 的水资源消耗、4.90% 的农业劳动力、6.19% 的乡村电站装机容量、1.48% 的粮食作物播种面积、1.48% 的经济作物播种面积，且产出量保持不变（表 5－6）。

表 5－6　　　　云南南部山区农业生产效率非有效年份投入调整比例

指标	化肥施用量（t）	有效灌溉面积（ha）	农业劳动力（人）	乡村电站装机容量（万瓦）	粮食作物播种面积（ha）	经济作物播种面积（ha）
1997	1.05	0.48	4.89	17.68	4.14	4.69
1998	2.75	1.44	4.43	12.30	5.68	1.54
1999	0.71	0.49	1.32	13.22	3.04	3.35
2003	0.61	2.84	3.36	0.61	0.68	0.61
2004	2.26	8.97	4.90	6.19	1.48	1.48
合计	7.38	14.22	18.9	50	15.02	11.67

资料来源：《云南省统计年鉴（1994～2009）》。

　　根据调整比例值排序，在农业生产综合效率失效的年份，农业生产资源配置投入冗余，农业生产资源配置不合理。乡村机电设备投入和农业生产结构（粮经作物种植面积调整之和）调整比例分别达到 50% 和 27%，其次是农村剩余劳动力、水利和化肥资源投入。就农业生产结构来说，1997～1999 年的农业生产结构变动幅度较大，说明粮经作物种植面积需要不断调整以促进农业生产发展，虽然粮食生产的必要性仍然是不可忽视的，但根据市场经济的推进全面发展经济作物也是需要的。

　　第二，农业生产规模效率及技术效率影响农业生产要素配置。在 DEA 模型中，综合效率可以分解为技术效率与规模效率的乘积。技术效率主要以规模报酬可进行变化的前提下，除去规模效率对其影响的范围，使得生产技术水平与技术效率水平持平，侧面也反映出了投入与产出这二者间的联系，就是在特定的投入规模内使得产出具有最大化，也可以说在生产过程中用特定的产出实现投入的最低化。若技术效率比 1 大，则反映了决策单元的生产与前沿面更加相近，与技术效率相比较是提升的，主要原因是系统的创新、制度的变革以及内部体系的变化。若技术效率小于 1，表明决策单元需要提升调整投入与产出的比例。

规模效率主要是基于特定投入与技术之上，没有浪费经济资源的前提下，通过对经济资源最大限度的利用，同时最大限度地提高满足程度，也被称作是配置效率。当规模效率值近于 1 时，此时被称作是最适规模，若规模效率低则反映了基于特定技术水平之上，农业资源的投入比例未实现最好的规模。另外，在 DEA 中，$k = \dfrac{1}{\theta} \sum \lambda_j$ 称为决策单元的规模收益值，该值主要是指全部投入要素比例会随着使用量的增加而进行调整，这种增加会对总产量或总产出的影响。当 $k = 1$ 时为规模有效；$k < 1$ 时为规模收益递增，说明在现有的投入基础上，适当增加投入量则产出将有更大比例的增加；$k > 1$ 时为规模收益递减，说明在现有的投入基础上，即使增加投入量也不能带来更大比例的产出。

云南南部山区农业生产非有效年份中，1997 年、1999 年和 2003 年的技术效率为 1，规模效率小于 1，规模报酬递增，说明就技术效率来说投入无须减少、产出无须提升，主要是由于规模与投入产出不协调，才导致综合效率没有达到有效，需要增加规模。而 1998 年和 2004 年的技术效率和规模效率均小于 1，且规模报酬递增，表明投入比例需要调整，同时规模也需要适应增加。同时，各年份的规模效率均在 98% 以上处于较高的位置，说明云南南部山区农业资源投入利用的整体规模差距并不大。从区域农业生产结构出发，云南南部山区农业生产效率分解显示：云南南部山区的投入配置规模效率偏低，限制了技术效率的发挥，农业生产结构问题影响较大，但短期内的调整有利于达到最有效率和最有规模（表 5 - 7）。

表5-7　　　　　　1993~2008年云南南部山区农业生产分解效率

年份	综合效率	技术效率	规模效率	规模报酬	年份	综合效率	技术效率	规模效率	规模报酬
1993	1	1	1	不变	2001	1	1	1	不变
1994	1	1	1	不变	2002	1	1	1	不变
1995	1	1	1	不变	2003	0.994	1	0.994	递增
1996	1	1	1	不变	2004	0.985	0.999	0.986	递增
1997	0.995	1	0.995	递增	2005	1	1	1	不变
1998	0.990	0.996	0.994	递增	2006	1	1	1	不变
1999	0.995	1	0.995	递增	2007	1	1	1	不变
2000	1	1	1	不变	2008	1	1	1	不变

资料来源：《云南省统计年鉴（1994~2009）》。

第三，农业生产效率交叉评价的顺序变现稳定。根据DEA模型表明，在16个年份中，综合效率取最大值为1的年份最多，根本没有办法来具体划分这16个年份的效率高低问题，所以按照平均交叉评价值（e_i）的大小，对云南南部山区1993~2008年各年份的农业生产效率水平由高到低进行交叉排序可知（表5-8）：仅1993年的交叉评价值为0.7236最低，可能存在其他未知或不确定的影响因素，而其余年份交叉评价值均在0.8~0.9，差距不是很大，发展比较平稳。

表5-8　　　　　　　云南南部山区农业生产效率交叉评价

年份	1993	1994	1995	1996	1997	1998	1999	2000
排序值	16	15	13	12	14	11	10	4
e_i	0.7236	0.8151	0.8261	0.8271	0.8205	0.8328	0.8347	0.871
年份	2001	2002	2003	2004	2005	2006	2007	2008
排序值	6	8	7	9	2	1	5	3
e_i	0.8598	0.8504	0.8529	0.8434	0.8842	0.8985	0.8693	0.8766

资料来源：《云南省统计年鉴（1994~2009）》。

第四，农业生产效率综合评价为良性发展。通过对云南南部山区1993~2008年间农业生产综合效率、技术效率和规模效率的测算，可知云南南部山区农业生产效率有效年份占 68.7%，主要有两个波动区间：一是 1997~1999 年；二是 2003~2004 年，这与交叉评价结果基本一致，农业生产规模经济发挥较好。其次，非 DEA 有效年份综合效率介于 0.8~1 属于次优类，即处于边缘非效率阶段，短期内稍作调整即很容易达到最优效率和规模。同时，根据分解效率可知非 DEA 有效年份又可具体分为两类：一是农业生产规模偏低，投入指标未有冗余；二是不仅农业生产规模偏低，各项投入指标也均有冗余。应根据松弛变量分析得出的调整方向改进：结合市场调整农业生产结构，主要是粮经作物的合理区划，提高农业规模效益；节约利用水利资源、更新改造老化机电设备、完善排灌系统；合理施用化肥，建立环保型农业；积极稳妥转移农村剩余劳动力、提高劳动生产率等。如果将适量的耕地转移种植经济作物，节约的农业灌溉用水投入到工业部门，多余的农业劳动力转移到非农部门，不仅将促进农民增收，减轻生态压力，还能促进工业经济增长。由于 DEA 决策单元为时间序列数据，农业生产效率分析是纵向对比的自测，因此，规模效率和技术效率的调整都是以相对最优的农业生产效率为参考，但仍可以看出云南南部山区农业生产呈增长的良性发展态势。

5.3 转型中的农户利润风险评估

5.3.1 农户利润风险评估方法

风险分类可以划分很多类别，基本包括经济风险、自然风险、政治风险和技术风险（谭文飞，2008）。其中，经济风险主要指一个企业在生产与销售的经营过程中受到外部条件因素的影响，如市场供求关系、经济发展条件限制等，导致企业的管理者决策失误，偏离了设定的计划轨道，出现了企业破产或者经营失败的风险。农户不仅是生产者也是消费者，面临自然和市场的双重风险（丁士军等，2001），而本书研究的农业生产结构的利润风险主要从市场出发，不仅受到农户生产行为决策的影响，更受到市场价格波动以及预期效益不确定性等的影响，因此，本研究属于经济风险的范畴。相关研究认为，利润风险是制造商与代理商之间通过利润函数识别商品在回收过程中的市场定价风险（陈坚志，2012），抑或是供应商和制造商所承担的利润波动所带来的风险（慕银平等，2015）。在农户生产行为决策研究中，大多数农户都是风险规避型，而贫困小农户更是如此，农户只有在投资回报率大于时间偏好率时，才愿意进行生产投资。由于对利润回报水平、风险承受能力、生产集约化认同不一，各农户在面对农业生产投资时的生产行为决策不同，并构成了不同局部市场的行为基础（陈春生，2010），尤其是当生产中主要面临价格风险时，农户会对农业生产结构进行调整（朱宁等，2013）。同时，农产品产值或收益即是农业生产中利润风险的直接体现，单项农业生产经营风险由单项作物的市场条件决定，而多项农业生产经营风险则由所有经营项目风险及其之间的相关程度决定。因此，本书研究的农业生产结构利润风险是指农户在同一市场条件下种植的同一农作物，由于种植结构差异所产生的不同利润，从而形成的不同经济风险，或是农作物由于种植结构差异形成利润波动带来的风险差异。风险和收益成正比，冒进型的投资者偏向于高风险从而能获取高额利润，稳健型的投资者则偏向于安全性的低风险以获取稳定的收益。只有风险和效益相统一，投资行为才能得到有效的调节。相关调查发现，我国欠发达地区处于风险环境中的农户，冒险性心理较强但应急措施不足（吴娜琳等，2012），因此，研究云南南部边境山区农户如何进行农业生产经营多元化的选择，特别是与其利益密切相关的种植结构选择与调整，从而评估其利润风险差异，对于农户农业生产发展、农业企业经营以及政府宏观调控都有非常重要的现实意义。

　　风险量化是指通过估算风险的相互作用评价经营是否可行或者能承担的损失范围。农业生产经营即农业生产结构的经营首先考虑的是利润，而利润越大则风险也越大。但不同农业生产结构的生产经营，即农业生产结构差异对利润的影响不同则风险也不同。首先，本书先确定各种作物的利润，并将其定义为作物总产值扣除生产投入。同时，为了便于对比将投入单位统一，本书均以亩均量化处理。假设一共有 i 种投入品，则 $x_i(i = 1, 2, \cdots, n)$ 表示作物 j 的亩均投入量，y_i 表示作物单产，p_{y_i} 表示作物 j 的市场销售价格，px_i 表示投入品的市场购买价格，则作物 j 的亩均利润为：$B = y_i p_{y_i} - \sum_{i=1}^{n} x_i p_{x_i}$ 目前，国内相关学者对农业生产结构及风险量化研究主要运用如下方法，运用效用理论的均值—方差分析和均值—标准差分析方法（刘莹，2010）、风险状态下的 MOTAD 模型（杨俊等，2011）、因子分析法（孙才志等，2014）、作物模型法（赵思健等，2015）、运用 Lyaponof 稳定性定理的比较静态农业生产利润函数分析（赵亮等，2015）、利用参数或非参数方法拟合单产波动序列的概率分布进行农业生产风险评估等（王克等，2013）。利用标准差计算实际与预期损失（收益）的偏差来表示农业经营的风险，是经济学中普遍采用的方法。用标准差作为风险评估指标，是以风险事件服从正态分布为前提，且农户对生产经营的追求目标是稳定的，因此标准差方法有助于反映云南南部山区农户单项农作物种植利润风险。然而，随着市场经济的发展，云南南部山区农户的风险承担和生产投入的关联日益紧密，尤其以多项农作物种植的结构变化幅度较大，标准差方法不足以反映多项农作物种植的利润风险。因子分析方法是利用每个指标计算共性因子的累积贡献率来定权，累积贡献率越大说明该指标对共性因子的作用越大，所定权数也越大。因子分析方法是根据现象来探讨其内在相互联系，有助于深入分析各因子之间的相互影响和相对重要性。因此，本书利用标准差分析方法量化单项农作物种植的利润风险，再结合因子分析法计算多项农作物种植的利润加权风险值，以综合评定目前云南南部山区以多项农作物种植为主的农业种植结构的利润风险。

本书主要研究不同农业生产结构条件下的农户利润风险，因此，我们设定以下前提假设建立相应的数据模型：假设一，农户是市场价格的接受者，价格是外生给定的；假设二，农户的土地规模报酬不变，云南南部山区基本以小农生产为主，人均耕地数量差异较小。

第一，单项农作物种植利润风险值标准差分析。

单项农作物生产经营利润风险量化。利润风险值（标准差）的单位同于损失单位，主要是利于风险可量化，同时可与利润比较其大小。

计算公式如下：

$$R = \sqrt{\frac{1}{n} \sum_{j=0}^{n} (r_j - r_b)^2}$$

R 为利润风险值（标准差），r_j 为农作物 j 的实际利润观察值，r_b 为农作物 j 的预期利润，n 为观测值。但是，在农业生产经营中，预期收益往往未知，各种农作物的实际利润发生的概率也不尽相同，因此，对上述公式进行修正来计算无偏估计量：

$$R' = \sqrt{\frac{n}{n-1}R} = \sqrt{\frac{1}{n-1} \sum_{j=0}^{n} p_j (r_j - r')^2}$$

R' 为无偏估计风险值（总体标准差），r_j 为农作物 j 的实际利润观察值，r' 为农作物 j 的期望值，p_j 为农作物 j 实际利润发生的概率，n 为观测值。

第二，多项农作物种植投资权重分析。

因子分析主要是依据相关性大小对变量进行划分，相同层级的因子变量相关性会不断提高，且每层级的变量都表示一个基本结构，称作公共因子，主要原因是想用最少的相互独立因子变量代替原来变量的大部分信息。本研究是对农户原始数据确定权重，因此采用因子载荷矩阵/特征值的方式计算，具体运用以下模型：

$$\begin{cases} x_1 = a_{11}F_1 + a_{12}F_2 + \cdots + a_{1m}F_m \\ x_2 = a_{21}F_1 + a_{22}F_2 + \cdots + a_{2m}F_m \\ \cdots\cdots \\ x_n = a_{n1}F_1 + a_{n2}F_2 + \cdots + a_{nm}F_m \end{cases}$$

x_1、x_2、$\cdots$、x_n 是 n 个原有变量且均值为 0、标准差为 1 的标准化变量，F_1、F_2、$\cdots$、F_m 是 m 个因子变量，m 小于 n 表示成矩阵形式：$X = AF + a\varepsilon$，F 为因子变量或公共因子；A 为因子载荷矩阵；a 相当于多元回归中的标准回归系数；ε 为特殊因子，表示原有变量不能被因子变量解释的部分，相当于多元回归中的残差。因子载荷矩阵是通过建立变量的相关系数矩阵 R，求 R 的特征根及相应的单位特征向量，根据累积贡献率的要求，取前 m 个特征根及相应的单位特征向量，写出因子载荷矩阵 A。

第三，多项农作物种植利润加权风险值。

多项农作物生产经营利润风险量化。R'' 为多项农作物种植利润加权风险值，z_i 为农作物 i 的利润风险在风险组合中的比例，ω_i 为农作物 i 在利润风险组合中的权重。

$$R'' = \sum_{i=0}^{n} z_i \omega_i$$

5.3.2 农户利润风险评估数据

从宏观统计数据分析可知目前云南南部山区农业生产效率良好，那么，农业生产结构多样化的云南南部边境山区，在经历了长期的政策调整和生计选择之后，目前的种植结构利润风险差异如何，本研究就此结合 2015 年的最新调查数据进行进一步分析并评估适应云南农业农村经济发展的种植类型。本研究选择与越南毗邻的文山壮族苗族自治州（简称文山州）和红河哈尼族彝族自治州（简称红河州），以及与老挝、越南和缅甸接壤的普洱市抽样农户截面数据进行分析，为了保证调查样本的针对性和代表性，通过与相关农业技术专家咨询选择以甘蔗、香蕉为主要经济作物，玉米、稻为主要粮食作物且生产较为集中的自然村作为样本县和样本村，并选择 3 地州 4 县 13 个村 379 户农户关于农业生产结构的数据，有效问卷 366 份，有效率 97%。

结合前期工作基础，农户调查均采用结构式的问卷形式进行。调查主要内容包括：（1）农户家庭结构，包括人口数量、教育程度和社会关系等；（2）农户土地类型和面积，包括水田、旱地、林地和轮歇地，以及土地流转情况；（3）农作物种植情况，包括主要作物的种类、面积及投入等；（4）农户的粮食安全保障；（5）农户的收入和固定资产情况；（6）农户参与农业企业情况及其对农业技术等的需求。为了估计代表性农户的目标权重，需要的数据包括以下两部分：

一是农户农业生产结构的主要形式及现金收入。样本区主要经济作物有香蕉、甘蔗、茶叶、咖啡，分别占种植面积的 21.3%、13.9%、10.2% 和 5.1%；主要粮食作物有玉米、水稻、陆稻，分别占种植面积的 31%、9.8% 和 5.3%，此外，还有少部分蔬菜、水果和豆类共占种植面积的 3.5%。因此，根据 2014 年农户农业生产结构，我们进一步把农户划分为两组农户。组别 1：以经济作物种植面积占比大于等于 50% 以上为主，共 185 户；组别 0：以粮食作物种植面积占比大于 50% 以上为主，共 181 户（表 5 - 9）。

表 5 - 9　　2014 年 13 个样本村农业生产结构及户均现金收入

	组别 0		组别 1	
	种植结构（%）	现金收入*（万元/户）	种植结构（%）	现金收入*（万元/户）
香蕉（净作）	0	0	15.6	5.3
玉米（净作）	9.8	0.8	0	0
玉米 + 香蕉	0	0	7.7	8.8
玉米 + 陆稻	6.3	1.4	0	0
玉米 + 水稻	21.9	0.3	0	0
水稻 + 玉米 + 甘蔗	4.4	1.3	7.4	0.8
水稻 + 玉米 + 茶叶	2.7	1.4	0	0
水稻 + 玉米 + 甘蔗 + 咖啡	3.3	2.9	10.4	1.8
陆稻 + 玉米 + 甘蔗 + 茶叶	0	0	5.2	3.5
陆稻 + 玉米 + 甘蔗 + 咖啡	1.1	2.6	4.4	6.0
合计	49.5	1.5	50.5	4.4

*现金收入是市场销售农作物获得的实际现金，未考虑生产投入和产值换算，区别于本研究定义的利润含义。

资料来源：2015 年农户调查。

分组农户各种作物种植面积如表 5 - 9 所示，组别 0 和组别 1 分别占种植结构的 49.5% 和 50.5%，因此，分析数据具有横向和纵向的可比性。从实际种植结构来看，除香蕉和玉米的净作以外，组别 0 中"玉米 + 水稻"种植结构和组别 1 中"水稻 + 玉米 + 甘蔗 + 咖啡"种植结构是农户最主要的生产选择形式。从户均现金收入来看，组别 0 中

"水稻 + 玉米 + 甘蔗 + 咖啡" 种植结构和组别 1 中 "香蕉 + 玉米" 种植结构收入最高。组别 0 中种植作物越多的现金收入越高，而组别 1 中种植作物越多的现金收入反而较低，说明以经济作物种植为主的农户收益最大化体现在规模化种植上，而以粮食作物种植为主的农户收益最大化体现在经营的多样化上。但总体来说，农户更倾向于种植经济作物，而且经济作物占种植面积比重高的收入水平普遍较高。

二是农户主要种植作物的投入产出情况。云南南部山区农业机械化程度较低，农作物主要投入品包括种子、农药、化肥，仅香蕉种植雇用少部分劳动力。其次，投入方式中粮食作物是以农户自给耕种为主，经济作物则以公司 + 农户的方式种植。香蕉、咖啡、甘蔗和茶叶是样本村农业企业投资的主要经济作物，但由于发展程度不一，投资方式也有差别。其中，香蕉生产多数是与熟识的经销商联系以市场价收购，农户自主经营；甘蔗是云南传统产业，经营模式逐步发展成熟并形成产业化种植，目前基本是由农业企业提供种苗、花费、农药，并以保护价收购；茶叶也是云南传统产业有上千年的栽培历史，除部分地区由茶厂进行规模化种植外，农户多以自主经营为主；咖啡是近年来大范围种植的新兴经济作物，兴起之初即为订单生产方式，由农业企业提供一切生产管理费用，并以统一的保护价收购（冯璐等，2015）。

表 5 - 10　　　　　　2014 年 13 个样本村主要农作物亩均投入产出情况

	农业企业（元/亩）	农户（元/亩）	单产（公斤/亩）	市场价格（元/公斤）	保护价格（元/公斤）	利润（元/亩）
香蕉	0	1 771	1 413	2.5	0	1 762
甘蔗	250	294	3 850	0	0.45	1 439
咖啡	190	0	520	0	2.2	1 144
茶叶	0	80	136	5.2	0	627
玉米	0	213	597	2.2	0	1 100
水稻	0	240	500	2.5	0	1 010
陆稻	0	132	320	2.3	0	604

资料来源：2015 年农户调查。

　　由于各种作物的投入方式、市场价格、投入内容不一，因此，农户种植作物利润计算方式也不同。若以保护价收购，则种植利润为收购价格×收购数量；若以市场价格销售，则种植利润为市场价格×销售数量 – 市场价格×投入品数量。同时，由于常年生作物和每年生作物的投入水平不一，因此，本书以种植生产期主要投入为准进行分析。总体而言，云南南部边境山区的农作物种植仍然以农户自主经营为主，作物单产普遍较低且价格也不高。同时，经济作物利润高于粮食作物，但投入也高于粮食作物。利润越高则风险也越高，那么，农业生产结构多样化是否也因利润的增加而增加，或者说种植作物越多则风险越大呢？不同种植结构形成不同的农业生产结构形式，而差异化的种植则会进一步体现农户种植组合利润风险的差异。因此，本书将进一步按照农户分组信息结合相关数据进行计量分析。

5.3.3　农户利润风险评估结果

　　第一，农户种植单项农作物的利润风险评估结果。根据 SPSS19.0 分析软件，运用标准差分析方法对不同类型农户的风险值进行评估。结果显示：（1）各农作物在不同分组中的风险值存在差异，且各农作物在组别 0 中的风险值要小于在组别 1 中的风险值。在以经济作物种植为主的组别 1 中，农业生产与市场联系的紧密度要高于以粮食作物种植为主的组别 0，这也充分反映了市场对风险的影响。（2）组别 0 中玉米的生产风险最高，而组别 1 中香蕉的生产风险最高（表 5 – 11）。在表 5 – 8 统计描述中香蕉利润最高，这与组别 1 的风险值一致，表示在以经济作物种植为主的生产经营中，作物利润越高风险越大。但是，在组别 0 中，香蕉的风险值并未处于风险值顶端。说明在以粮食作物种植为主的生产经营中，面积比重影响农作物种植的利润风险。

　　第二，农户种植多项农作物的利润风险评估结果。由表 5 – 11 可知组别 0 和组别 1 的 KMO 值均接近 1，即通过 KMO 检验，数据可以用于因子分析。不同类型农户的风险权重估计结果显示：（1）组别 0 中粮食作物相较经济作物来说权重值较高，但差距仅为 0.55。组别 1 中经济作物相较粮食作物来说权重值较高，差距则高于组别 0 达到 0.77。
（2）组别 0 中农作物权重排序不同于单项农作物种植风险值排序，香蕉、玉米和陆稻权重较高且差距较小，而组别 1 中农作物权重排序与单项农作物种植风险值排序基本一致，香蕉权重远高于其他作物。总体而言，说明种植风险权重随着农户生计所依赖程度的增加而增加，也可以说是种植面积比重影响不同作物在不同类型中的权重大小，虽然经济作物的权重仍然较大。因此，这与在经济作物净作时，利润风险值和权重大小发展方向一致的结论不完全符合。

表 5－11　　　　2014 年 13 个样本村不同农作物种植风险值和
风险权重评估结果

	单项农作物种植				在多项农作物种植中的权重	
	组别 0		组别 1		组别 0	组别 1
	标准差	风险值	标准差	风险值	风险权重	风险权重
香蕉	414.60	20.42	2 010.06	44.95	0.898	0.680
甘蔗	758.28	27.61	941.78	30.77	0.199	0.278
咖啡	397.08	19.98	517.85	22.82	0.190	0.173
茶叶	312.63	17.73	381.53	19.58	0.106	0.167
玉米	875.51	29.67	1 016.58	31.97	0.896	0.082
水稻	879.18	29.74	419.11	20.53	0.159	0.191
陆稻	174.54	13.25	231.96	15.27	0.885	0.254
KMO 检验值	—	0.748	0.634			

资料来源：2015 年农户调查。

本书根据权重和农作物主要种植结构类型，计算出云南南部边境山区不同农业生产结构的加权利润风险值（表 5－12）。按照加权利润风险值排序，对于农户来说，无论是经济作物还是粮食作物，净作即只种植一种作物的风险是最高的。此外，组别 0 和组别 1 均显示，农业生产结构中农作物类型较多则风险值较小。说明以种植粮食作物为主要生计的农户，需要适当发展经济作物增加收入降低风险，而以种植经济作物为主要生计的农户，目前的生产水平还达不到大范围发展经济作物的专业化规模化种植，仍然需要发展粮食作物保障生计降低风险。同时，组别 0 的利润风险值明显大于组别 1，说明以粮食为主的种植类型风险高于以经济作物为主的种植类型，反映出以经济作物为主的农业生产结构顺应云南南部边境山区市场经济的发展方向，而且经济作物的发展趋于良性。

表 5 - 12　　2014 年农户种植多项农作物的利润加权风险值和排序评估结果

	组别 0		组别 1	
	风险值	排序	风险值	排序
香蕉（净作）	0	—	0.680	1
玉米（净作）	0.896	1	0	—
玉米 + 香蕉	0	—	0.432	2
玉米 + 陆稻	0.893	2	0	—
玉米 + 水稻	0.528	3		
水稻 + 玉米 + 甘蔗	0.423	8	0.182	6
水稻 + 玉米 + 茶叶	0.431	5	0	
水稻 + 玉米 + 甘蔗 + 咖啡	0.380	7	0.221	3
陆稻 + 玉米 + 甘蔗 + 茶叶	0	—	0.188	5
陆稻 + 玉米 + 甘蔗 + 咖啡	0.518	4	0.189	4

资料来源：2015 年农户调查。

进一步来说，从加权利润风险值来说，组别 0 的玉米净作最大为 0.896，组别 1 的"水稻 + 玉米 + 甘蔗"种植结构最低为 0.182；从现金收入来说，组别 1 的"玉米 + 香蕉"最高达到 8.8 万元，组别 0 的"玉米 + 水稻"最低 0.3 达到万元。因此，相对来说，农户集中发展某一种经济作物且种植面积占 50% 以上，同时保障粮食生产的结构方式利润风险较低，经济效益较高。但是从目前的种植结构比重来说，目前仅 7.4% 的农户选择这种方式，而 15.6% 的农户选择单纯种植经济作物，38% 的农户选择单纯种植粮食作物，39% 的农户选择种植面积低于 50% 发展经济作物。说明目前云南南部边境山区农户的农业生产结构调整或者发展还比较滞后，经济基础发展仍然薄弱所以积极进取的生产者较少，而是以较为保守的决策应对市场经济的发展。

第三，农户种植不同农作物的利润风险差异原因分析。目前，一方面，云南南部山区农业经济水平较低发展相对缓慢，农户的生产投资能力也相对薄弱，从而使得云南南部山区农户在市场经济发展进程中，选择以粮食作物种植面积占比超过50%的稳健投资形式。虽然这是规避市场风险促进农业经济发展的一种方式，但同样也对农业种植结构的变化产生较大影响，并形成同一农作物在不同农作物的种植结构中的种植面积差异。另一方面，在处理市场机制在社会中的关系和平衡时，政府的管理机制要及时掌握山区农业生产的相关信息，并依托农业企业引导并带动农户与市场衔接，不断培育和发展市场机制。但是，云南南部山区农户在权衡利润风险决策种植结构时，大多数未采用利润风险最低的经济作物种植面积占比超过50%的种植结构，体现出市场信息不对称的问题。只有风险和效益相统一，投资行为才能得到有效的调节，因此，政府管理机制的滞后导致市场信息不对称，造成农户对同一农作物在不同农作物种植结构中的投资行为差异。而同一农作物在不同农业种植结构中的利润风险权重不同，从而形成不同的利润风险。云南南部山区农户在经济基础薄弱、市场机制发育缓慢、政府管理机制相对滞后的情况下，通过不同农业种植结构决策反映出的利润风险显示：云南南部山区农户仍然是风险规避型，但农业种植结构的调整方向是良性的，只是调整速度比较缓慢。

综上所述，云南南部山区农业生产结构呈现如下特征：第一，不同农业生产结构的利润风险不同，则转型中的利润风险也不同。通常认为种植粮食作物的农户多以自给自足的生计方式远离市场风险的干扰，而种植经济作物的农户受到市场价格的影响，由于与市场紧密联系因而风险程度要远高于种粮户。但在农业生产结构分组分析中，无论是只选择单一种植粮食作物还是经济作物，其利润风险都远高于多项农作物的农业生产结构。第二，在种植多项农作物的农业生产结构中，以经济作物为主的种植结构符合目前云南南部边境山区市场经济的发展，因此，虽然经济作物与市场联系紧密度高，但利润风险值仍普遍低于以粮食作物为主的种植结构。第三，农业生产结构滞后于市场经济发展。本研究结果仅考虑利润和面积两个因素，种植单项农作物的农户主要受到利润的影响，而种植多项农作物的农户利润风险不仅受到利润的影响，更受到农业生产结构即种植积比重的影响。本研究分析认为以种植面积达到50%以上集中发展经济作物，再配合粮食作物生产的农业生产结构较为符合目前云南的市场经济发展。

5.4　本章小结

云南南部山区农户受到市场经济发展的推动、农业科技的推广发展以及政府导向的支持，倾向发展经济作物种植，与市场联系日益紧密，经济收入不断提高。另外，农业生产结构波动幅度较大，但综合效率偏弱，整体发展与个体需求出现偏差，而且目前的利润风险较大。具体表现如下：

第一，农业生产结构转型的农户行为模式决策及影响机制分析显示：不同转型类型农户的行为模式不同，市场化程度由生存主导型向市场主导型逐渐加深，而农业企业化经营的决策差异尤为突出。Porbit 模型分析显示市场导向的作用不仅仅是增加了农户对经济收入的渴求，还提高了农户对收入支配的决定权，当农业企业介入影响了农户的决定权，农户从纯农户转为合同农户，在一定比例上形成农户与市场的结合，而农户的决定权也在生存与市场的决策碰撞中不断发生偏差，因此，山区农户在粮食安全和经济增收的选择过程中，通过对土地的有效利用，不断满足不同发展时期的需求，并产生不同的行为差异，进而促进山区经济发展。

第二，结构转型中的农业生产综合效率显示：云南南部山区农业生产综合效率偏弱，农业生产技术效率影响偏大。从区域农业生产结构出发，云南南部山区的投入配置规模效率偏低，限制了技术效率的发挥，农业生产结构问题影响较大，但短期内的调整有利于达到最有效率和最有规模。根据投入调节量，资源合理利用和剩余劳动力转移都是农业生产共同面对的问题，而农业生产结构调整才是区域发展的首要问题，更是农户生计策略的第一要素。就目前的粮食生产来说，1/4 的考察年份投入大于产出，但是出于粮食安全的考虑，宏观调整力度仍然比较拘谨。

第三，结构转型中的农业生产结构利润风险分析显示：在目前云南的市场经济和农户生计条件下，云南南部山区农户要降低利润风险，尽量不要单纯依靠种植一种作物维持生计，权重越高则风险越大。而采用多项作物的种植结构不仅需要结合市场考虑农作物利润，更需要统筹安排各种作物的种植面积，农户应结合自身的生计条件，采用经济作物种植面积占 50% 以上的农业生产结构形式。但是，云南南部山区农业经济水平较低发展相对缓慢，农户的生产投资能力相对薄弱，市场机制发育也尚不健全，因此，目前以粮食作物种植面积占比超过 50% 的稳健投资形式为主。说明目前云南南部跨境地区的农业生产结构调整或者发展还比较滞后，以市场经济发展为前提的决策还比较保守。

农户在以市场为导向进行资源配置时，从自给自足的生产者转换为商品生产者时，他所面临的第一个也是最重要的问题是种什么、种多少、土地怎么安排？此时，农业生产开始成为产业行为，而农业生产结构也成为农业资源配置的一个基本问题，也即是农业生产力诸要素如何结合的问题。滇南山区经济条件、生活条件都具有显著差异，农业的外部性、弱质性更强烈，山区农户对政策引导的反馈速率较慢，从而导致农户在以转型类型的阶段发展中出现反复过程。同时，滇南山区农业生产结构的转型效率偏弱，整体发展与个体需求有偏差，因此，随着市场经济的逐步发展、延伸，虽然政府宏观调控带动农业生产结构升级，但目前农业市场机制的培育并不完善和稳定，即使山区经济在一定程度上得到促进，但在不断与现实磨合、碰撞的过程中，政府还缺乏有效的稳定机制，仍需要根据实际情况制定有利于其培育的举措，从宏观调控的角度规避农户经济决策中的"触电行为"。同时，顺应目前云南市场经济发展的方向调整农业生产结构，在保障粮食生产的基础上依托农业企业，引导结合当地实际大力发展经济作物生产。

研究结论、对策建议与研究局限

6.1 主要研究结论

6.1.1 农业生产结构转型以种植业调整为主且增收速度较快

云南南部山区农业生产结构转型以种植业较快调整为主。由于自然条件复杂，地区间社会经济文化发展的不平衡，形成云南南部山区农业生产的许多特点：资源多而分散；生产水平悬殊；作物品种齐全；农户文化素质较低；农业经济基础薄弱。虽然云南南部山区目前农业生产的发展速度令人欣喜，但是，山区与坝区之间、滇中发达地区与边疆民族地区之间、城郊与远郊之间的经济水平程度发展不均衡，尤其在社会经济形态与自然气候方面具有较大差异。尤其是在山区，由于受到立体气候和多民族生产习惯和传统文化的影响，新技术、新成果推广和传播比较缓慢，而传统农业落后的生产方式和技术又长期地影响着山区的资源环境，限制农业的生产发展，且山区内部也在差异化的生产发展过程中出现不平衡。农业收入是云南南部山区家庭经营性收入的主要来源，占 50% 以上，而种植业和畜牧业又是家庭经营性收入的支柱，但近 20 年来，种植业的比重下降了 10 个百分点，畜牧业则仅下降了 5 个百分点。

云南南部山区农民收入增幅发展速度较快。云南省作为农业大省，在经历过了农业制度改革、农业优惠政策倾斜等曲折的摸索发展过程后，农业取得了很大的成绩。2013年，全年粮食产量达到1 897万吨，全年实现农业生产总值1 895亿元，对GDP的贡献为56.2%。农业是国民经济的基础，粮食是基础的基础，粮食减产，经济作物和多种经营以及其他行业都要受到制约；而单抓粮食，忽视经济作物和多种经营，既不能保证市场多方面的需求，也缺乏再生产的资金，而粮食发展也慢。因此，云南农业的生产结构调整趋势经历了由计划粮食生产到开放多种经营的历程，云南农业发展有了结构框架的支撑，继而有目的地增加投入、出台政策、发展科技。云南南部山区拥有29%的全省国家贫困扶持县，农民人均纯收入仅为全省的55%左右，但是差距已从1992年的6.8%缩小为2012年的2.2%，2013年更超出全省平均水平的0.5%，云南南部地区农民总体收入水平得到了大幅度增长。

6.1.2 农户生计差异发展是农业生产结构转型的初始条件

6.1.2.1 农户生计资本不同导致市场化发展基础差异

云南南部山区人力、自然、物质、社会和金融五大生计资本显示，云南南部山区的人力资本随着外出务工流动增强，农村劳动力缺乏，目前农村家庭的主要劳动力和决策者是45岁左右小学文化的男性人口；自然资本中旱作耕地面积是影响山区农业生产的基础性资本，也是限制农业生产发展的重要资本，目前随着人口的增长有耕地人均面积下降趋势；近年来山区农村经济的发展，私人品型物资资本即农户家庭固定资产有了显著提升，政府的生活型基础设施也同步增加，但生产性公共服务依旧缺乏；而对于社会资本来说，比较复杂难评估，仅通过雇工经营反映出云南南部山区农业生产发展向市场经济的转型，同时，反映出农村社会资本的工具性衍生，而工具性倾向或状态反映在科技与社会关系中就是人们更多关注科技、依赖科技，但目前山区科技推广还没有满足农户生产多样性的需求；金融资本显示山区农户的整体现金收入水平基本是逐年稳步上升，但在收入结构中，作为支柱的第一产业收入比重占到90%左右，因此，其内部比重变化的影响远远高出第二、第三产业的收入比重变化。另外，随着增收幅度的不断加大，农户的收入分配也出现差异，这是经济发展所不可避免的"双刃剑"，在一定程度上可以刺激经济转型，但又过犹不及，目前山区农户的收入分配不均问题总体上是处于良性状态，整个南部山区的农村经济发展处于初级阶段，市场化发展基础差异显著。

6.1.2.2 农业企业经营规避市场风险导致转型加速

云南南部山区农户农业生产的行为模式，主要源自对山区村寨关键人物的访谈，以时间为线叙述全村的农业生产发展过程。此后，根据原稿本书又将谈话内容分为粮食作物生产、经济作物生产和经济发展三条路线，较清晰地描述各类型村寨农户的生产和生活行为。本书认为虽然多年生经济作物的种植会对农户当年的经济收入产生影响，但从长远来看经济作物增收及其比重增加是不断稳定发展的，而且过程是从单一的经济作物逐步到多样化的一个丰富过程，但形成专业化的条件还远不成熟。同时，在此过程中，农业企业作为市场和农户之间的嫁接桥梁，在经济作物的诱导种植中起到关键性的作用。农户种植与农业企业投资是一个双向选择的问题，但农户接受农业企业投资的前提是有共性因素可循的。通过 Probit 模型分析认为土地利用率的提高和粮食安全的进一步保障，为农户和农业企业提供了合作保障，而农户对于收入的支配即农户收入水平的提高才是影响农户接受农业企业投资改变种植模式行为的决定因素。即是说，云南南部山区固定耕地，推广科技提高土地利用率，保障粮食生产，为市场发展做好铺垫，即奠定农业企业投资基础，并在不断提高农户收入的基础上，潜移默化地影响农户的种植行为并进一步推动农业生产结构转型。农业企业经营规避市场风险，促使农户根据自身条件在生存与市场的决策不断碰撞中发生变化，产生不同的生计决策形成不同的发展类型，并最终导致转型加速。

6.1.3 农业生产结构转型尚处于市场化初级阶段

6.1.3.1 农业生产结构转型方式具有初级市场化特征

根据农业生产结构是由量变引发质变的一般原理,农业生产结构调整通常会经历结构改革初步阶段、发展阶段和高级阶段的产业结构升级。同时,根据收入分配,经济发展又可以呈现倒"U"型的规律变化。在农户收入视角下的农业生产结构转型类型划分中,经济发展和生产结构变化是相辅相成的,转型趋势也是互相推进的。目前,云南南部山区的农业生产结构呈现的是以量变为主的一种形态,其主体上并未完全跨越第一阶段进入结构改革发展阶段。因此,为了便于区别分析,本书以基尼系数和人均收入按照规律假说,描述经济发展各阶段的农业生产结构形式,并对比模拟云南南部山区农业生产结构转型趋势。

经济发展初期收入低但分配均衡,以粮食种植为主,以农业企业经营为诱导有少量的经济作物种植;经济发展中期收入低且分配不均衡,主要是以市场为引导有经济作物种植的倾向;经济发展中后期收入高但分配不均衡,出现以粮食生产为基础的农业专业化生产雏形,主要以农业企业经营为引导;经济发展后期收入高且分配均衡,农业科技的投入成果显著,粮食生产基础稳定,农业企业进行帮扶但主要由市场引导资源配置,农户的生产主导权较明显。可以看出,从初期到后期,农业生产结构的转型就是一个市场化的过程,而在这个市场化过程中,更需要切合实际寻找各阶段的生产核心,才能在种植模式和资金投入变化的相互权衡中,通过一定程度上分配差异的刺激,形成动态发展强化生产市场。即依托科技发展生产力,提高粮食产量保障粮食安全,打破消费"瓶颈"积累发展资本,加强与市场的结合不断调整生产结构,促进农户增收,实现由生存主导型向互补过渡型再到市场主导型的转变。因此,目前云南南部山区的农业生产结构转型方式仍然是以初级市场化为主。

6.1.3.2 农业生产结构转型效率偏弱、风险较高但发展良好

通过 DEA 模型分析,处于初级阶段的云南南部山区农业生产综合

效率较弱，主要体现在投入配置规模限制了技术效率的发挥，即投入大于产出。而在投入量调节问题上，农业生产结构的调整问题突出，通过市场合理配置资源能力较弱。农业生产效率显示出区域稳粮政策和农户增收需求，在速率要求上的差异，一方面反映出政府农业生产结构调整以及科技研发推广的时滞性；另一方面反映出市场化发展对山区农户生计决策影响上的速度与深度。

通过标准差和因子分析，在目前市场经济发展条件下，单项农作物种植的利润风险普遍高于多项农作物种植，而在多项农作物种植的利润风险和收益对比中，经济作物种植面积占比高于 50% 的农户，其收益普遍高于经济作物种植面积占比低于 50% 的农户，而利润风险则恰恰相反。本研究结果仅考虑利润和面积两个因素，种植单项农作物的农户主要受到利润的影响，而种植多项农作物的农户利润风险不仅受到利润的影响，更受到农业生产结构即种植面积比重的影响。但是，目前农户多以发展粮食作物或少量种植经济作物为主，农业种植结构调整滞后于市场经济发展，农业生产风险较高但调整方向良好。

6.1.4 科技推广和政策引导推动农业生产结构转型

6.1.4.1 科技推广改变粮食消费结构并推动农业生产结构变化

根据云南南部五地州的农业生产结构数据，本研究利用回归分析得出种植业对云南南部农户的收入影响最大，从而通过计量进一步验证了农业生产结构转型与经济增长的关系。另外，结合调查村寨的微观数据诠释样本村农户生产结构与收入水平的关系，并认为单一发展类型目前对山区农户增收的促进作用远低于复合发展类型，云南南部山区正在经历农业生产结构转型的重要时期。综合各分析因素，认为目前山区农户收入对农业生产结构转型的限制作用主要体现在对作物的投资即生计选择上，而山区农业生产结构优化转型对农户收入的调节作用主要体现在市场调节上，而科技推广才是改变粮食消费结构并推动农业生产结构变化的主要因素。

云南南部山区 10 年的农业生产变化显示，获益于农业科技的发展与推广，山区粮食产量大幅度提升，粮经作物的面积比例和效用水平都发生了巨大的变化。从整体来看，粮食作物比重大面积下降，粮食作物的经济效用正在逐步抬头，并慢慢改变了农村的消费模式。因此，在种植业发展和粮食安全变化类型的一次划分基础上，本书再以农户收入比例表示农业生产结构变化，结合农户收入水平二次划分了山区农业生产结构转型的类型，即以粮食作物生产为主的生存主导型、粮食作物和经济作物共同发展的互补过渡型和以经济作物生产为主的市场主导型。其目的是通过类型的划分更好地描述云南南部山区农业生产结构的转型过程，而农户对于互补型种植模式的偏好也显示出山区农业生产结构转型的试探性。

6.1.4.2　政府管理机制的规范和激励助推发展环境优化

云南南部山区农业生产落后、生产者素质较低、经济基础薄弱、市场发育缓慢等一系列问题都需要相应的机制进行指导和解决。就当前来说，政府的管理机制更广泛地运用在山区农村经济发展中，而市场机制也在政府管理的规范中不断培育和发展。各调查村寨在政府管理机制方面有许多共性因素但程度各异，如改良陆稻技术的受益者、政府基础设施建设的获得者、政府保护农业政策的受益者等。这些机制都无一例外地保证了山区农业稳定的大环境，并逐步培育市场体系，但是各村寨的发展起点较低，农户的依赖性较强，抗风险能力较弱，而管理机制具有时滞性，其管理成效的发挥较慢，在制约和保障机制的长期保护下，并不利于农业生产的自主发展。

另外，与所有市场运行机制一样，云南南部山区农业市场也需要价格、竞争、风险和供求的调节和引导，但目前来说，云南南部山区农业生产商品化程度较低，尚缺乏竞争力，而且市场风险较大，再加上市场信息不对称，不能及时把握市场供求脉搏，农产品流通速率比较慢。市场机制发挥并不理想，但随着云南大力发展农业企业经营，在间接降低农户生产风险的同时，也推动了农产品市场的逐步开放，并及时针对山区农产品由生存向过渡的需求转变调整投资及经营策略，在一定程度上推动了云南南部山区农业生产结构的转型。因此,在云南南部山区农业生产结构转型过程中,政府机制的长效发挥起到了积极的推动作用,但是随着市场机制的建立健全,与市场接轨、确保市场准入等都是南部山区农业生产即将面临的问题,而政府管理机制更应该大力发挥激励机制,积极发挥市场机制,促进农业生产结构持续的良性转型,以政府管理机制的规范和激励助推发展环境优化。

6.2 对策建议

本书根据云南南部山区的农户调查,结合云南南部宏观农业生产背景,分析了农业生产结构的转型过程,评估了转型影响。总体来说,云南南部山区还是处于农业生产结构的初级阶段,农业生产力、土地资源、基础设施、政府宏观调控和市场机制建设,都是促进山区农业生产结构转型的主要因素。因此,本书提出以下四点建议。

6.2.1 提高农业生产力以夯实转型基础,保障农业生产结构转型平稳发展

农业科技的推广运用作用于农产品增产十分显著,极大地提升并促进了云南南部山区的农业生产结构良性转型,尤其是陆稻生产力的显著提升夯实了山区粮食基础。科技力量解放了生产力,提高了粮食产量,保障了粮食安全,但从长期来看,粮食作物种植面积下降并不有利于农业生产结构的良性转型,因为云南南部山区的自然条件决定了粮食作物,尤其是陆稻作为口粮的重要生计甚至是战略作用,而升级农业生产结构是以粮食为基础的,但目前粮食作物的生产潜力并没有完全被挖掘出来,如果在结构转型初期就因为短期利益削弱粮食基础的保障,将粮食安全仅保障在自给自足或转价市场转移风险,从长远来说是不利于农业经济发展的。因此,更应该在农业科学技术提升农业生产力的同时,继续发展科技研发夯实粮食基础。一旦产量上升

收入稍有增加，山区农户就倾向减少种植弹性系数小的粮食作物，那么，首先考虑的是不能将山区粮食安全的压力转嫁到仅有 4% 的坝区，即使坝区的农业生产率远高于山区，也不能完全由市场进行配置，政府管理机制应继续加强粮食作物生产科研能力、提供优良适应性品种、降低生产投入等，在增产的基础上提高质量，提高市场准入，通过保障机制顺应市场，发挥激励机制调动农户种粮积极性，继而夯实粮食基础，平衡农业生产结构转型。

6.2.2 鼓励土地集约化和农业生产多样化发展，推进转型阶段升级

保障土地资源合理利用，确保农业生产结构转型的基础。土地利用不仅是制约山区经济发展的关键因素，也是影响农户行为模式的决定因素。目前，山区农户的土地过于分散，主要以承包或承租的方式经营土地，农户对土地缺乏长远规划，没有长期打算，也就没有规模效应。因此，首先，需要强化耕地保护，划定耕地保护区，依靠政府的制约机制保护耕地资源，依靠制度手段确保土地资源的合理利用，建立良好的土地利用结构和布局。其次，在保持生态平衡和持续利用的前提下，依靠科学技术解决土壤质量以及土地生产力的问题，通过提升土地资源的质量和利用率，挖掘土地资源的生产潜能，保障农业生产结构市场化转型的基础。同时，调查发现农业企业在一定程度上将山区农户的土地集中进行专业化经营，有助于降低农户农业生产的利润风险。而且能提高土地利用效益，有助于农业生产多样化，并提升小农生产效率。因此，依托农业企业并顺应市场发展调整农业生产结构，集约利用土地和多样化农业生产不仅可以发挥生产潜力，还可以提升转型效率，降低利润风险，推进转型阶段升级。

6.2.3 强化农业基础设施建设，提高农业生产结构转型能力

农业生产最根本的保障在于建设基础设施，深刻影响着经济社会的

发展，与生态环境系统的改善有着密切的关系，其特点具有战略性、公益性与基础性，必须建立以国家投入为主体的多元化投入体系。云南南部山区缺乏有效的农田水利基础设施，即使产量较高地区也还有相当的增产潜力。尤其是 2010 年云南全省遭遇百年一遇的干旱，山区农作物更是遭受了巨大的打击，生产型基础设施建设问题更加突出。山区是大中型水利工程难以覆盖的地方，因此要引导农户因地制宜兴建一批水窖、集雨池等积水灌溉工程。同时，从耕地利用状况看，山区坡耕地占耕地总面积的 81%，水土保持较差，目前中低产田建设和台地建设的覆盖面还比较狭窄，同时，在目前以家庭经营承包为主的生产经营模式下，依靠乡村集体和农民群众来管好、用好农田水利设施，难度很大。因此，政府不仅要提高农田水利基础设施建设的政策投资，更要制定监管措施，将责任落到实处，避免公共服务的悲剧。

6.2.4　优化政府管理机制，提升农业生产结构转型效率

云南南部山区建设社会主义市场经济体制：第一，应以政府宏观调控为主，根据市场需求调整农业生产结构。除了提高山区农业生产总量，进一步促进农产品商品率以外，还需要改进山区农产品的市场流通，提高农产品的加工。第二，加快建设农产品市场体系，加强山区农产品的初级市场，并不断建设中心集散市场，使农村市场更配套、更协调。第三，通过提升山区农户消费提高恩格尔系数，使农户的市场依赖度不仅反映在农业商品化程度上，更要反映在农民的生活质量上。第四，要处理好市场机制在社会中的关系和平衡，及时掌握山区农业生产的相关信息，有效调控经济运行，实现资源合理配置，促进社会生产力发展，满足社会生产和消费需求。第五，目前，云南南部山区整体农业生产结构转型处于初级阶段，因此要迈向发展阶段，要在保障粮食安全的基础上，实现经济作物生产的专业化，提高农产品品质。因此，云南南部山区农业生产结构转型需要充分发挥政府对市场的管理，依托农业企业运作，引导并带动农户与市场衔接，从宏观方面规范提升农业生产结构转型的效率。

6.3 研究局限

调查样本的局限：本研究结合历年的农户实地调查，主要针对的是以陆稻生产为基础且受到陆稻改良技术影响的山区农户，且调查样本主要集中在云南南部山区，尤其是普洱市以陆稻生产为代表的孟连县和澜沧县。由于云南省从 20 世纪 80 年代起就开展陆稻研究，并于 90 年代后期广泛推广比较成熟的陆稻改良技术，因此，本研究主要分析技术受益后农业生产结构的转型，并未涉及或对比更边远、更闭塞的贫困村寨。目前，调查村寨已基本解决温饱问题，并曾经或正在接受政府部门各种项目的支持和资助，甚至个别村寨还曾获得政府荣誉，因此，虽然对此类村寨的农业生产结构转型描述有利于产生借鉴效应，但也有可能在一定程度上高估了云南南部山区农户粮食安全、农民经济收入状况等生计水平，尤其是在诱导机制总结中，对政府机制的效应起到进一步的强化作用。

研究方法的局限：云南南部山区地形特殊、民族众多，尤其还存在从原始社会到社会主义社会的"直过区"，现代化农业和传统农业并存，而且农业生产行为差异大。目前尚缺乏对此类地区的农户经济研究资料，因此，本书多以统计描述为主。在定性研究中，调查资料主要来源于各类文献资料以及访谈记录，由于个人收集资料的路径和方式等的差异，文献资料可能不够全面。而访谈记录虽然主张忠实记录被访谈人员的原始语言，但是也可能存在个人偏见和理解的差异。另外，在方法论和框架构建上，融合了多种理论及框架的影响，因此，在寻找各要素的关联方面，也无法完全避免个人主观方面的判断和偏见。在定量分析方面，并没有完整的农业生产结构转型影响因素指标，主要是依据前人研究成果或比较成熟的研究指标，如可持续发展指标和生计指标。同时，在效率评估的计量分析中，本书所采用的 DEA 评价方法，主要是用线性规划来判断决策单元对应的点是否位于有效生产前沿面上，并获得更多有用的管理信息，DEA 方法是纯技术性的，与市场（价格）可以无关，更倾向于做政策评价。

数据资料的影响：首先，由于实地调查也是人为调查，因此在调查过程中存在不可控制的客观因素，虽然调查人员逐一进行核查，但数据分析仍存在一定的局限，如理解差异、语言障碍等。本书的结论主要来自对调查数据的分析，同时，分析观点还受到数据质量的影响，所以可能会对云南南部山区农业生产结构转型的评估造成影响。其次，山区的农户作业缺乏测量工具，尤其对产量的评估、农业生产投入等信息很多依靠当地技术人员的协助，所以，部分调查数据可能会掺杂部分农技人员的判断，并遗漏部分真实信息。

附录 1　云南南部山区农户生计与保护性农业推广调查问卷（2010）

农户编码＿＿＿＿＿＿

州/市＿＿＿＿＿　县＿＿＿＿＿　乡/镇＿＿＿＿＿　村＿＿＿＿＿　村小组＿＿＿＿＿

户主姓名＿＿＿＿＿　被采访者姓名＿＿＿＿＿　调查人员＿＿＿＿＿　问卷核对者＿＿＿＿＿

年/月/日＿＿＿＿＿

A　农户基本信息

A1　农户人口统计信息（2010）

家庭人口（指目前居住生活在一起的家庭成员）	1	2	3	4	5	6	7	8
A1	性别（1. 男；2. 女）							
A2	与户主关系：1. 户主；2. 配偶；3. 父亲；4. 母亲；5. 儿子；6. 儿媳；7. 女儿；8. 女婿；9. 孙子；10. 孙女；11. 其他（请注明）							
A3	年龄							
A4	民族:1. 汉;2. 苗;3. 彝;4. 傣;5. 哈尼;6. 拉祜;7. 佤;8. 其他(请注明)							
A5	婚姻状况：1. 未婚；2. 已婚；3. 离婚；4. 寡居							
A6	政治面貌：1. 共产党员；2. 群众；3. 民族党派							
A7	教育程度：1. 文盲；2. 小学；3. 初中；4. 高中；5. 大专及以上；6. 辍学							
A8	生产活动（多选）：1. 务农；2. 家附近农业短工；3. 家附近非农业短工；4. 外出打工；5. 学生；6. 干部；7. 经商；8. 失业；9. 其他（注明）							

B　土地资源

B1　地块信息

地块特征[1] 编码	地形地貌		面积（亩）	土地拥有情况[3]	主要特征			作物种植方式（请填写作物名称，间作和套作请在作物名称前标明具体面积，仅轮歇填月数）						种植方式理由
	地势起伏[2]	从家步行？分钟			土壤质量[4]	土壤状况[5]	作物生长[6]	间作	套作	轮作	连作	混作	轮歇（月数）	
1														
2														
3														
4														
5														
6														

Q1　如果你是租用别人的土地种植，你也会像自家的那样种植管理吗？

注：[1] 1. 旱地；2. 园地（果树/茶树/橡胶园属于园地）；3. 林地（林地仅包括薪材林、乔木、竹类和灌木）；4. 荒地；5. 水田；6. 其他。

[2] 1. 山与山之间的平地；2. 平缓的坡地；3. 陡坡地；4. 台地。

[3] 1. 私有；2. 租出给别人；3. 租别人的土地；4. 开荒地。

[4] 1. 农户自己判断 1. 好；2. 中；3. 差。

[5] 1. 水土流失问题；2. 春季过后土壤是否缺水；3. 作物生长速度快；4. 土地干旱缺水；5. 土壤紧实承载力差；6. 盐化问题。

[6] 1. 适合作物种植；2. 作物生长速度快；3. 作物生长速度慢；4. 土地干旱缺水；5. 土地表层固化问题；6. 杂草问题。

C 耕种作物

C1 种植结构与产出

作物[1]	面积（亩）			单产（公斤/亩）			价格（元/公斤）[2]			主要用途[3]	根据用途划分总产量（公斤）[4]			销售价格（元/公斤）[2]		
	2005年	2007年	2009年	平时	最好年份	最差年份	平时	最好年份	最差年份		2005年	2007年	2009年	2005年	2007年	2009年
例陆稻	3	4	4	230	450	440	3	5	2	1/2/3	50/56/500	0/60/540	35/50/600	4	3	5

注：[1] 请注明是新鲜的还是干货，如三七价格就分为干价和湿价。

[2] 如果农户有作物销售则填写相关价格一栏。

[3] 1. 卖；2. 饲养牲畜；3. 口粮；4. 烤酒；5. 其他（请注明）。

[4] 根据所选择的用途按顺序填写产量：例如，2005年的50/56/500 表示卖了50公斤，饲养牲畜用了56公斤，作为口粮消费500公斤。

C2－1 陆稻投入

陆稻（面积：亩；产量：公斤）

		2005 年		2007 年		2009 年	
		数量	单价	数量	单价	数量	单价
台地	主要品种						
	面积						
	产量						
	购买种子情况						
	化肥（公斤） 1：						
	2：						
	3：						
	除草剂（毫升） 1：						
	2：						
	3：						
	杀虫剂（毫升） 1：						
	2：						
	3：						

续表

陆稻（面积：亩；产量：公斤）		2005 年		2007 年		2009 年	
		数量	单价	数量	单价	数量	单价
主要品种							
面积							
产量							
购买种子情况							
坡地	化肥（公斤） 1：						
	2：						
	3：						
	除草剂（毫升） 1：						
	2：						
	3：						
	杀虫剂（毫升） 1：						
	2：						
	3：						

Q2. 您目前手上还有哪些陆稻品种？您什么时候开始更换种植品种？为什么？

注：如果农户是提供种苗等，请填写相应数量并注明每包公斤数、克数和价格等。瓶数等单位，

— 188 —

C2-2 其他主要作物投入

投入	玉米		甘蔗		水稻		茶叶	烟草	其他1 ( )	其他2 ( )	其他3 ( )
	名称	总金额	名称	总金额	名称	总金额	总金额	总金额	总金额	总金额	总金额
化肥											
除草剂											
杀虫剂											
购买种子金额											

注：如果农户是提供包数、瓶数等单位，请填写相应数量并注明每包每公斤数、克数和价格等（以2009年为主）。

C3 作物种植管理（2009）

田间管理：1. 耕地；2. 播种；3. 人工除草；4. 化学除草；5. 绿肥；6. 化肥；7. 杀虫剂；8. 收获；9. 收获后处理。

主要作物	种植方式	1月	2月	3月	4月	5月	6月	7月	8月	9月	10月	11月	12月
	雇用劳动力[1]												
	家庭劳动力[2]												
	帮工[1]												
	请选择种植方式[3]												
	雇用劳动力[1]												
	家庭劳动力[2]												
	帮工[1]												
	请选择种植方式[3]												
	雇用劳动力[1]												
	家庭劳动力[2]												
	帮工[1]												
	请选择种植方式[3]												
	雇用劳动力[1]												
	家庭劳动力[2]												
	帮工[1]												
	请选择种植方式[3]												

注：[1] 请根据田间管理活动编号填写相应的家庭劳动力情况，包括相同月份每种活动所需人数和劳动天数，例如：
1/3/2 1 表示耕地；3 表示 3 人/天；2 表示劳动 2 天（即除草需要 3 个家庭劳动力一共劳动 2 天）；
[2] 请根据田间管理活动编号填写相应的雇用劳动力情况，包括相同月份每种活动所需人数、劳动天数和雇用金额，例如：
1/6/7/15 1 表示耕地；6 表示 6 人/天；7 表示一共劳动 7 天/天；15 表示 15 元/天（即除草需要 6 个雇用劳动 7 天，每个雇用劳动力一共劳动 7 天，每个雇用劳动力 15 元/天）；
[3] 请选该栏作物选择种植方式：1. 净作；2. 同作；3. 套作；4. 混作。

D　牲畜（2009）

	总数	养殖趋势[1]	产仔量	购买：牲畜				放养地点	育肥天数	购买：饲料			出售			
				幼仔 价格（元/头）	价格趋势[1]	成年 价格（元/头）	价格趋势[1]			饲料主要种类	饲料数量（请注明单位）	购买价格（请注明单位）	产品[2]	出售总数	总金额	价格趋势[1]
例：猪	4	1	0	300	2	0	0	0	300	超猪 玉米面/玉米叶	3包 3公斤/头/日	40/包 0	4	3	1 100	3
黄牛																
水牛																
猪																
鸡																
鸭																
其他1（　）																

注：[1] 趋势：1. ＋；2. －；3. ＝。 [2] 1. 肉；2. 蛋；3. 幼仔；4. 成年牲畜。

E 粮食安全

年份	缺粮月数	原因（多选）：1. 土地减少用于种植非粮食作物；2. 粮食产量下降；3. 家庭人口增加；4. 劳动力短缺；5. 没有高产新品种；6. 没有好技术；7. 干旱；8. 病害；9. 虫害；10. 土壤贫瘠；11. 其他（注明）	解决办法（多选）：1. 买粮；2. 借粮；3. 扩大种植面积；4. 政府救济；5. 采用高产新品种；6. 采用新技术；7. 其他（请注明）	若买粮要买多少公斤
2005				
2007				
2009				

F 家庭收入及固定资产

F1 非农收入

单位：元

年份	自己经营买卖	外出打工贴补家用	固定工资	其他[1]	补助补贴	原因[2]	借款 总金额	贷款			
								金额	来源	年限	利率	原因
2005											
2007											
2009											

注：[1] 1. 打鱼；2. 采摘；3. 打猎；4. 其他（请注明）。
[2] 如良种补贴、化肥农药补贴、退耕还林补助等等。

F2　固定资产（2009）

耐用消费品	数量	购买年份	价格	生产性资产	数量	购买年份	价格	维修费用	耗油费用	房屋	m²	年份
洗衣机				农用车						混凝土		
电冰箱				轿车						砖木		
电视机				拖拉机						土木		
电话				脱粒机						茅草		
自行车				摩托车						牲畜厩栏		

Q3：农户家庭是否有其他资产设备？仅写名称和金额：

Q4：农户生产的其他工具还有什么？（如锄头、犁等）：

G　DMC 调查

G1　土壤质量

Q5. 请问与过去 20 年相比，你的土壤质量是提高了还是降低了？为什么？

Q6. 请问你种植作物比以前多了还是少了？为什么？

G2 水资源管理

	水源距离（千米）	灌溉费用（元/年）	主要灌溉作物	农业用水量（吨/年）	水资源问题[1]
以前					
现在					

注：[1] 1. 干旱缺水；2. 水质污染；3. 洪涝灾害；4. 其他（请注明）。

G3 残茬处理

作物	残茬部位：1.根；2.茎；3.叶；4.其他（请注明）	残茬部位使用描述：前述使用部位的 1.新鲜的；2.干燥的；3.燃烧的灰烬；4.其他（请注明）	前述使用方式及部位在残茬总数中的比例（%）	主要用途：1.残茬原地翻耕，并植入土壤底部掩埋；2.残茬暴露在土壤表面；3.残茬翻耕后转移，仍暴露在其他地块土壤表面；4.残茬翻耕后掩埋；5.残茬翻耕后转移，再植入其他地块土壤底部掩埋；6.能源利用；7.制作手工艺品；8.出售量和出售价格；9.如有其他用途或废弃，请注明；10.其他（请注明）	前述使用方式在残茬总用途中的比例（%）	前述茬利用方式的原因
玉米	2	3	10	1	100	
玉米	2	1	90	5/6	80/20	

G4 农户对 DMC 的了解（调查人员必须记录原话，即使源语言缺乏逻辑也不能随意修改，省略）

Q7. 在残茬处理表格的主要用途中，1～4 栏您分别是什么时候进行残茬处理的（某项田间管理前或后）？

Q8. 你知道什么是免耕吗？如果免耕您觉得会发生什么情况？如果出现这些问题您会怎么办？

Q9. 如果您已经把作物残茬留在原地以防止土壤侵蚀或其他问题，那么您觉得有什么效果吗？

Q10. 您认为间作或套作有什么好处？又有什么坏处？为什么？

Q11. 当地农技部门推广过什么技术？而您最想学什么技术？您以后想种什么作物？为什么？为什么现在不种植？

Q12. 您家什么时候开始有人出去打工？几个人？金额？目前在农业生产和生活上有什么困难？对以后的生产和生活有什么打算？

附录2　云南南部跨境山区农户多目标决策行为调查问卷（2015）

问卷自编码＿＿＿＿＿＿＿＿　　　　　　年/月/日＿＿＿＿＿＿＿＿

尊敬的受访者：

您好！我们是来自云南省农业科学院农业经济与信息研究所的科研人员，为了进一步了解目前云南南部跨境山区的农业生产结构，以及农户的生计风险和生产决策，从而促进山区农业经济发展，我们组织了这次专题调研。衷心感谢您的参与和支持！

州/市＿＿＿＿＿＿　县＿＿＿＿＿＿　乡/镇＿＿＿＿＿＿　村委会＿＿＿＿

＿＿＿村小组＿＿＿＿＿＿

户主姓名＿＿＿＿＿＿　调查人员＿＿＿＿＿＿　问卷核对者＿＿＿＿＿＿

表1　　　　　　　　　　　农户家庭结构（2014）

☆请注意：此问卷仅调查2010年初以后家庭人口固定的农户。若家庭成员长期外出务工且不补贴家用，即已脱离和家人的生产生活则不计算在内。

序号	与户主关系 1：户主 2：配偶 3：父母 4：儿女 5：兄妹 6：孙辈 7：其他	性别 1：男 2：女	年龄 （年底 周岁）	健康状况 1：健康 2：一般 3：较差 4：很差	实际 接受 教育 年数 （年）	职业[1] 1：纯农业 2：农兼非 3：非兼农 4：非农 5：赋闲	决定生产权 1：是（√） 2：否（×）
1							
2							
3							
4							
5							
6							
7							
8							

注：[1] 农兼非——长期以农业生产为主，短期或间歇性外出务工或从事商业活动；
　　非兼农——长期从事非农经营，短期或间歇性从事农业生产。

表2　　　　　　　　　　土地资源（亩；元/亩）

年份	土地类型						土地性质				
	水田	旱地			林地	其他	转入土地	转入价	转出土地	转出价	流转方式[1]
		常耕	休耕	抛荒							
2014											
2013											
2012											

注：1. 转包（原土地承包关系不变，集体行为）；2. 出租（原土地承包关系不变，个人行为）；3. 转让（原土地承包关系终止）；4. 互换（原土地承包关系不变，个人行为）；5. 抵押。

表3　　　　　　　　　耕种作物（只调查主要作物种类）

作物	面积（亩）			单产（公斤/亩）			消费形式[1]	消费数量（公斤）			销售价格（元/公斤）			销售渠道[2]
	2014年	2013年	2012年	2014年	2013年	2012年		2014年	2013年	2012年	2014年	2013年	2012年	
陆稻	3	4	4	230	450	440	1/2/3	50/140/500	800/460/540	660/500/600	4	3	5	1

注：[1] 1. 出售；2. 饲养牲畜；3. 口粮；4. 其他（如果消费数量较大，请注明）。

根据所选择的用途按顺序填写：例如：2014年 50/140/500 表示出售50公斤，饲养牲畜消费140公斤，口粮消费500公斤。

调查人员也可根据农户提供的消费比例（%）估算数量。

[2] 1. 自己到市场零售；2. 卖给零售商贩；3. 委托合作社等出售；4. 按合同交货；5. 其他。

表4　　　　　　　　　作物投入（根据表3作物种类填写）

作物	化肥（元）			农药（元）			其他（元）			遇到生产难题： 1. 当地农技人员 2. 自己摸索 3. 请教有经验农民 4. 听天由命
	2014年	2013年	2012年	2014年	2013年	2012年	2014年	2013年	2012年	
例：陆稻	100	200	80	70	90	50	40	70	30	1、3

表5　　　　　　　　　　　　　　粮食保障

年份	大米购买		玉米购买		其他粮食作物	
	数量	渠道[1]	数量	渠道	数量	渠道
2014						
2013						
2012						

注：[1] A. 农贸市场；B. 超市；C. 其他（如果购买数量较大，请注明渠道来源）。

问题1　如果您选择了"卖给零售商贩"或"委托合作社等出售"的经营方式，那么农业企业或者专业合作社是_____（年）开始向您提供资金（万元）_____、实物（数量）_____或者其他，例如：_____的支持。

问题2　与您合作生产的农业企业或者专业合作社是_____（如果不清楚可以提供企业名称）

A. 国营企业　　　　B. 个体企业　　　　C. 外企

问题3　您选择农业企业或者专业合作社的原因是_____（可多选）

A. 减少个人零售风险　B. 企业规模大实力强　C. 个人资金短缺

D. 村里签约人数多随大流　E. 其他（请注明）_____

问题 4　您在安排当年种植生产结构时，下列哪些因素是最重要的决策依据_____（可多选，并按照重要程度排序）

A. 实际生活需要或种植习惯　　B. 集体安排

C. 随大流和别家一样　　D. 劳动力情况

E. 市场实际行情及预测　　F. 国家政策和信息

G. 合同订单　　H. 其他（请注明）_____

问题 5　您家的口粮种植面积 5 年以来是_____

A. 增加　　　　　B. 减少　　　　　C. 持平

问题 6　种粮面积减少的原因是_____（可多选，并按照重要程度排序）

A. 耕地减少　　　B. 种粮收入低　　　C. 种粮出售难

D. 种粮费事，收入提高买粮　　E. 其他（请注明）_____

问题 7　如果粮食作物种植面积减少，那么腾出来的地最先选择下列哪种情况_____

A. 改种饲料作物喂牲畜　　B. 改种经济作物　　C. 抛荒

D. 租给他人或企业　　E. 其他（请注明）_____

问题 8　今后对土地经营的打算是_____

A. 完全经营自家承包地　　B. 小部分转包出承包地

C. 大部分转包出承包地

D. 承包或租用其他承包地　　E. 其他（请注明）_____

问题 9　如果您选择了转包出承租地，那么原因是（多选）_____

A. 转包后收益大　　B. 转包后收益稳定　　C. 随大流

D. 节省劳动力　　E. 其他（请注明）_____

问题 10　您是如何了解农产品价格和销售信息的_____

A. 报纸杂志　　　B. 电视网络　　　C. 企业公告

D. 县乡干部宣传　　E. 市场摊贩　　　F. 其他（请注明）_____

问题 11　您目前在生产经营中最担心的问题是_____（可多选，并按照重要程度排序）

A. 资金　　　　　B. 耕地　　　　　C. 技术

D. 销售渠道　　　E. 劳动力

F. 其他不可预测的风险

问题 12 如果科技人员向您推荐新品种/新作物，有很好的市场前景也有一定风险，你的选择_____

A. 愿意尽快种植　　　B. 随大流　　　　　　C. 不想试种

表 6　　　　　　　　　　　　　　作物管理

主要作物[1] 田间管理		粮食作物				经济作物			
		1. _____		2. _____		1. _____		2. _____	
		帮工	家庭用工	帮工	家庭用工	帮工	家庭用工	帮工	家庭用工
耕地	人数								
	天数								
	月份								
播种	人数								
	天数								
	月份								
施肥	人数								
	天数								
	月份								
除草	人数								
	天数								
	月份								
打虫	人数								
	天数								
	月份								
收割	人数								
	天数								
	月份								

注：[1] 只调查 2014 年粮食作物和经济作物种植面积排序前两位的作物。

表7 　　　　　　　　　　　家庭非农收入　　　　　　　　　　单位：元

年份	经营小生意	外出打工贴补家用	固定工资	畜牧业收入	其他[1]	补助补贴		借款金额
						原因[2]	总金额	
2014								
2013								
2012								

注：[1] 如果收入金额较大，请注明来源。

[2] 1. 良种补贴；2. 化肥农药补贴；3. 其他（如果收入金额较大，请注明来源）。

表8 　　　　　　　　　　　固定资产（2014）

耐用消费品	数量	生产性资产	数量	房屋	是（√）
洗衣机		农用车		钢筋混凝土	
电冰箱		拖拉机		砖混	
电视机		脱粒机		砖木	
手机		收割机		土木	
摩托车		其他_____		茅草	

问题13　如果您与国外农户或商贩从事过农产品销售或经营，主要形式是_____，大概有____（年）。

A. 到边贸市场上销售自家的农产品

B. 向国外农户提供种子、化肥等生产资料

C. 从事边贸农产品小生意

D. 其他（请注明）_____

问题14　在开展边贸生产经营的过程中，对生活的影响主要是_____

　A. 销售渠道扩大　　　　　　B. 占收入来源50%以上

　C. 占收入来源50%以下　　　D. 学会新技术

　E. 其他（请注明）_____

问题15　如果您有在国外生活的亲属，那么他/她还是主要从事农业生产吗？

　A. 是　　　　　　　　　　　B. 不是

问题 16　目前您在农业生产和生活上最主要的困难是_____

A. 获取市场信息难　　　　　　B. 农业生产资金短缺

C. 土地规模太小　　　　　　　D. 粮食产量太低

E. 缺少生产技术指导　　　　　F. 离市场太远生活不方便

G. 子女上学困难　　　　　　　H. 其他（请注明）_____

问题 17　您对以后的生产和生活有什么打算_____

（可多选，并按照重要程度排序）

A. 增加种植经济作物　　B. 增加粮食产量　　C. 外出务工

D. 学习种植技术　　E. 完全改行到其他行业　　F. 靠租地生活

G. 农业企业或合作组织帮助　　H. 其他（请注明）_____

问题 18　您作为长期生活在云南边境山区的农户，在生活生产方面还有什么想对调查人员说的吗?

参 考 文 献

[1] 白菊红. 农民收入分配对农村经济增长作用分析 [J]. 经济经纬, 2003 (5): 93 - 94.

[2] 保健云. 经济转型、制度变迁与转型经济学研究范式及内容拓展 [J]. 教学与研究, 2007 (8): 32 - 39.

[3] 陈传波, 丁士军. 中国小农户的风险及风险管理研究 [M]. 北京: 中国财政经济出版社, 2005.

[4] 陈长江, 高彦彦. 农村社会的转型困境与基于正式制度的破解 [J]. 农村经济, 2010 (3): 82 - 85.

[5] 陈春生. 论农户行为模式转型与中国粮食安全问题 [J]. 陕西师范大学学报 (哲学社会科学版), 2010 (1): 147 - 152.

[6] 陈国阶. 中国山区发展面临的问题与挑战 [J]. 科技导报, 2004 (6): 55 - 58.

[7] 陈洪跃, 肖洪安. 基于 DEA 的重庆市农业生产效率分析 [J]. 安徽农业科学, 2010, 38 (14): 7595 - 7596.

[8] 陈立双, 张谛. 对中国改革开放以来农业投资的实证分析 [J]. 中国农村经济, 2004 (4): 40 - 46.

[9] 陈全功, 程蹊. 生命历程视角下的贫困代际传递及阻断对策分析 [J]. 中南民族大学学报 (人文社会科学版), 2015 (4): 101 - 106.

[10] 陈前恒, 李军培. 贫困地区农民粮食安全状况与政策选择——基于西北 A 省、B 自治区两个贫困县农户调查问卷的分析 [J]. 中国农村经济, 2006 (12): 20 - 24.

[11] 陈清泰. 经济转型与产业升级的几个问题 [J]. 中国软科学, 2014 (1): 24 - 28.

[12] 陈珏. 农业可持续发展与生态经济系统构建研究 [D]. 新

疆：新疆大学，2009.

[13] 陈玉萍，吴海涛，陶大云，Pandey S.，徐鹏，胡凤益，丁士军，王怀豫，冯璐．基于倾向得分匹配法分析农业技术采用对农户收入的影响——以滇西南农户改良陆稻技术采用为例 [J]．中国农业科学，2010，43（17）：3667 – 3676.

[14] 崔玉亭．化肥与生态环境保护 [M]．北京：化学工业出版社，2000.

[15] 崔悦怡．中国西部地区农村发展的综合评价 [J]．生产力研究，2014（2）：80 – 83.

[16] 德怀特·H·波金斯等．发展经济学（第五版）[M]．北京：中国人民大学出版社，2005：93 – 120.

[17] 邓大才．社会化小农：动机与行为 [J]．华中师范大学学报（人文社会科学版），2006（3）：9 – 16.

[18] 邓琨．我国油料作物生产成本收益分析 [J]．农村经济与科技，2012，23（2）：62 – 65.

[19] 邓维斌，唐兴艳，胡大权，周玉敏．SPSS19.0 统计分析使用教程 [M]．北京：电子工业出版社，2013：242 – 247.

[20] 丁声俊．粮食科学消费与保障粮食安全 [J]．中国粮食经济，2011（11）：11 – 13.

[21] 丁士军，陈传波．农户风险处理策略分析 [J]．农业现代化研究，2001（11）：346 – 349.

[22] 丁士军，陈传波，陈玉萍．南方水稻生产的干旱风险和农户的处理策略 [M]．北京：中国农业出版社，2007.

[23] 杜志雄，詹琳．实施精准扶贫新战略的难题和破解之道 [J]．中国发展观察，2015（8）：23 – 26.

[24] 范红忠，周启良．农户土地种植面积与土地生产率的关系——基于中西部七县（市）农户的调查数据 [J]．中国人口·资源与环境，2014，24（12）：38 – 45.

[25] 番兴明．云南省农业科技体制改革及相关政策分析 [J]．云南农业科技，2006（5）：5 – 8.

［26］冯璐，徐鹏，胡凤益，周家武，高燕梅，陶大云．滇西南山区农业可持续发展综合效益评估——基于对陆稻技术应用的调查［J］．生态经济，2009（1）：11－14．

［27］冯璐．陆稻改良技术对山区农业可持续发展的影响［D］．武汉：华中农业大学，2009．

［28］冯璐，林维胜，张建梅．云南省陆稻生产改良技术对山区土地可持续利用的影响［J］．安徽农学通报，2013，19（3）：34－37．

［29］冯璐，吴春梅，李学林．云南南部山区农业生产结构与农户增收的关系探讨［J］．云南社会科学，2013（5）：96－99．

［30］冯璐，吴春梅，李新建，李露．云南南部山区农业生产效率分析［J］．热带农业科学，2014（9）：102－108．

［31］冯璐，武功文，张焱，吴春梅．粮食作物生产结构与农户粮食消费的演变［J］．华南农业大学学报（社会科学版），2015（1）：115－122．

［32］冯璐，张焱，吴春梅．农业企业投资条件下农户生产行为决策的影响因素——基于云南西南山区农户调查的实证分析［J］．江苏农业科学，2015（11）：576－580．

［33］高峰，公茂刚，王学真．微观粮食安全研究及启示［J］．经济问题探索，2006（1）：18－23．

［34］龚秀萍，孙海清．云南元阳梯田农耕文化的发展及对建设现代农业的启示［J］．中国城市经济，2010（9X）：272－273．

［35］管彦波．稻作农耕技术的演进——以云南稻作为例［J］．古今农业，2004（3）：37．

［36］郭敏，屈艳芳．农户投资行为实证研究［J］．经济研究，2002（6）：86－92．

［37］郭云周，刘建香，贾秋鸿，涂仕华．不同农艺措施组合对云南红壤坡耕地氮素平衡和流失的影响［J］．农业环境科学学报，2009，28（4）：723－728．

［38］韩东林．转型时期中国农业投资主体的投资行为研究［M］．北京：经济科学出版社，2007：37－67．

[39] 韩俊. 多少粮食才安全 [J]. 瞭望新闻周刊, 2005 (27): 56.

[40] 韩明谟. 农村社会学 [M]. 北京: 北京大学出版社, 2001.

[41] 韩晓燕, 翟印礼. 中国农业生产率的地区差异与收敛性研究 [J]. 农业技术经济, 2005 (6): 52-57.

[42] 何立华, 王祖山. 中国山区贫困及其可持续发展研究 [J]. 改革与战略, 2013 (9): 42-46.

[43] 黄卫国. 基于 DEA 模型的中国农业生产效益评估 [J]. 西南农业大学学报, 2009, 17 (3): 70-73.

[44] IRRI (International Rice Research Institute) 和中国农业部. 大湄公河次区域山区可持续农业生产系统发展战略国际研讨会议报告 [R]. 云南昆明, 2003.9.

[45] 江枫. 云南粮食持续增产 11 年但产消缺口逐渐扩大 [N]. 云南信息报, 2014-07-27.

[46] 李斌, 李小云, 左停. 农村发展中的生计途径研究与实践 [J]. 农业技术经济, 2004 (4): 10-16.

[47] 李后建. 农户对循环农业技术采纳意愿的影响因素实证分析 [J]. 中国农村观察, 2012 (2): 28-36.

[48] 李俊利. 我国资源节约型农业技术扩散的问题与对策研究 [J]. 生态经济, 2011 (1): 96-98.

[49] 李伟. 乡土社会变革与农村伦理变迁——论 1990 年代以来西部乡土小说中的人际关系 [J]. 理论月刊, 2013 (9): 67-70.

[50] 李祥. 如何加强落后山区农业科技创新与推广 [J]. 北京农业, 2014 (9): 259.

[51] 李小云, 林志斌, 叶敬忠. 论反贫困战略的实施与资源的可持续性管理——对云南红河流域反贫困现状的初步观察 [J]. 农业技术经济, 1997 (4): 1-5.

[52] 李学术, 徐天祥. 云南省少数民族贫困地区农户生态经济行为研究: 现状与构想 [J]. 云南财经大学学报, 2006 (10): 62-67.

[53] 李杏园. 风险条件下浙江农户生产行为决策行为分析: 基于 MOTAD 模型 [D]. 杭州: 浙江大学, 2004: 87-89.

[54] 李杏园, 陆文聪. 农业风险决策量化分析方法 [J]. 技术经济与管理研究, 2005 (1): 49-50.

[55] 李永东. 关于煤炭老企业转型发展的研究与思考 [J]. 经济研究导刊, 2011 (25): 23-24.

[56] 廖功磊. 基于 DEA 法的四川农业生产效率综合分析 [J]. 产业观察, 2010 (21): 121-123.

[57] 林毅夫, 陈斌开. 发展战略、产业结构与收入分配 [J]. 经济学 (季刊), 2013 (4): 1109-1140.

[58] 林毅夫. 制度技术与中国农业发展 [M]. 上海: 上海三联书店, 上海人民出版社, 2005.

[59] 林玉锁. 农药与生态环境保护 [M]. 北京: 化学工业出版社, 2000.

[60] 刘承芳. 农户农业生产性投资行为研究——江苏省的实证研究 [D]. 北京: 中国农业科学院, 2001.

[61] 刘东, 封志明, 杨艳昭, 游珍. 中国粮食生产发展特征及土地资源承载力空间格局现状 [J]. 农业工程学报, 2011 (7): 1-6.

[62] 刘灵芝, 王雅鹏, 潘瑶. 农村居民直接和间接粮食消费对比分析与预测 [J]. 江西财经大学学报, 2011 (5): 72-77.

[63] 刘奇. 乡村转型与政策取向 [J]. 中国发展观察, 2007 (6): 25-31.

[64] 刘绍民. 持续高效农业示范区综合评价指标体系研究 [J]. 农业系统科学与综合研究, 2001 (2): 99-102.

[65] 刘莹, 黄季焜. 农户多目标种植决策模型与目标权重的估计 [J]. 经济研究, 2010 (1): 148-157.

[66] 刘应元, 冯中朝, 李鹏, 丁玉梅. 中国生态农业绩效评价与区域差异 [J]. 经济地理, 2014 (3): 24-29.

[67] 刘志彪. 提升生产率: 新常态下经济转型升级的目标与关键措施 [J]. 审计与经济研究, 2015 (4): 77-84.

[68] 龙冬平, 李同昇, 于正松. 农业技术扩散中的农户采用行为研究: 国外进展与国内趋势 [J]. 地域研究与开发, 2015 (5): 132-139.

[69] 陆洲, 许妙苗, 朱喜钢. 乡村转型的国际经验及其启示 [J]. 国际城市规划, 2010 (25): 80 - 84.

[70] 罗军. 产业结构与收入分配关系研究综述 [J]. 郑州大学学报 (哲学社会科学版), 2008 (5): 72 - 74.

[71] 罗蓉婵. 桥头堡借 "脑" 图发展 [N]. 人民日报 (海外版), 2013 - 04 - 23 (2).

[72] 马晓河. 土地利用制度改革与农民权益保障 [J]. 人民论坛, 2011 (24): 6 - 7.

[73] 毛丹. 村庄的大转型 [J]. 浙江社会科学, 2008 (10): 2 - 13.

[74] 孟广芹, 赵萱. 中国林权改革政策分析——基于林业经济与生态二维功能的视角 [J]. 林业经济问题, 2013, 33 (2): 147 - 153.

[75] 苗长虹. 中国乡村可持续发展——理论分析与制度选择 [M]. 北京: 中国环境科学出版社, 1999.

[76] 闵墨. 我国农业发展方式的转变研究 [D]. 厦门: 集美大学, 2010.

[77] 牟子平, 雷红梅, 李新. 中国区域农业可持续发展研究述评 [J]. 生态经济, 2005 (10): 141 - 144.

[78] 卜范达, 韩喜平. "农户经营" 内涵的探析 [J]. 当代经济研究, 2003 (9): 37 - 41.

[79] 乔舒亚·库珀·雷默. 从 "华盛顿共识" 到 "北京共识" [J]. 国外社会科学文摘, 2004 (7): 3 - 7.

[80] 冉杰, 王新宇. 基于 DEA 的西部农业经济效率与技术进步率评价 [J]. 统计与决策, 2007, 231 (2): 102 - 103.

[81] 热若尔·罗兰. 转型与经济学 [M]. 北京: 北京大学出版社, 2002.

[82] 史清华, 张改清. 农户家庭决策模式与经济增长的关系——来自浙江 5 村的调查 [J]. 农业现代化研究, 2003 (2): 86 - 90.

[83] 孙才志, 董璐, 郑德凤. 中国农村水贫困风险评价、障碍因子及阻力类型分析 [J]. 资源科学, 2014, 36 (5): 895 - 905.

[84] 谭文飞. 农户农业经营风险量化途径初探 [J]. 合作经济与

科技，2008（10）：6 - 8.

[85] 唐忠. 中国山区发展研究的一个综述. 中国人民大学农业与农村发展学院，2007，http：//creativecommons. org/licenses/by - nd/2. 0/fr/deed. fr.

[86] 田千禧. 山区农业经济发展的内在动力及对策探讨 [J]. 农业技术经济，1999（5）：49 - 52.

[87] 童玉英. 浅析转型期农民的需要与动机 [J]. 社会心理科学，2009（6）：3 - 7.

[88] 托马斯·库恩（Thomas S. Kuhn）. 科学革命的结构 [M]. 北京：北京大学出版社，2003.

[89] 汪宁生. 文化人类学调查：正确认识社会的方法 [M]. 北京：文物出版社，1996.

[90] 王道龙，羊文超. 可持续农业和农村发展的定义域内涵 [J]. 农业经济问题，1997（7）：14 - 17.

[91] 王怀豫. 云南南部山区农户陆稻技术采用与粮食保障的经济分析 [D]. 武汉：华中农业大学，2006.

[92] 王继祥，韦开蕾，张文静. 海南农业经济增长影响因素的实证分析 [J]. 热带农业科学，2012（1）：74 - 79.

[93] 王金承，宋智勇. 转型经济学研究的主题、范式与前景 [J]. 当代财经，2009（2）：125 - 127.

[94] 王景新. 村域经济转型研究反思 [J]. 广西民族大学学报（哲学社会科学版），2008，30（3）：2 - 6.

[95] 王克，张峭. 农业生产风险评估方法评述及展望 [J]. 农业展望，2013，9（2）：38 - 43.

[96] 王岚. 中国收入分配对消费需求影响的分析 [J]. 现代商业，2010（8）：265 - 266.

[97] 王玲玲，何丙辉等. 三峡库区砾石坡耕地农林复合经营效益研究 [J]. 水土保持学报，2002（2）：84 - 97.

[98] 王萍萍. 农民收入与农业生产结构调整 [J]. 战略与管理，2001（1）：85 - 94.

[99] 王淑霞，唐爱华. 新农村建设时期农村社区文化的构建——基于社会资本理论下的研究 [J]. 学术论坛，2010，33 (12)：217 – 220.

[100] 王学真，公茂刚，高峰. 微观粮食安全理论分析 [J]. 山东社会科学，2006 (10)：98 – 102.

[101] 王雅鹏. 对中国粮食安全路径选择的思考——基于农民增收的分析 [J]. 中国农村经济，2005 (3)：4 – 7.

[102] 王永兴. 转型经济学研究范式评述 [J]. 江苏社会科学，2007 (5)：77 – 80.

[103] 王小华，温涛，王定祥. 县域农村金融抑制与农民收入内部不平等 [J]. 经济科学，2014 (2)：44 – 54.

[104] 魏权龄. 数据包络分析 [M]. 北京：科学出版社，2004.

[105] 文琦. 能源富集贫困区农村转型发展态势与优化战略 [D]. 西安：陕西师范大学，2009.

[106] 文琦. 中国农村转型发展研究的进展与趋势 [J]. 中国人口·资源与环境，2009 (19)：20 – 24.

[107] 翁贞林. 农户理论与应用研究进展与述评 [J]. 农业经济问题，2008 (8)：93 – 101.

[108] 吴海涛，陈玉萍. 云南山区贫困缓解及其政策回顾 [J]. 现代商业，2009 (8)：60 – 62.

[109] 吴娜琳，李小建，乔家君. 欠发达农区农户农业生产风险决策的行为分析——以金融危机影响下柘城县三樱椒种植户为例 [J]. 河南社会科学，2012 (12)：59 – 62.

[110] 武友德. 云南高原特色农业发展战略的整体性与区域性 [J]. 学术探索，2016 (1)：59 – 63.

[111] 辛翔飞，秦富. 影响农户投资行为因素的实证分析 [J]. 农业经济问题，2005 (10)：34 – 37.

[112] 徐海亚，朱会义. 基于自然地理分区的 1990 ~ 2010 年中国粮食生产格局变化 [J]. 地理学报，2015 (4)：582 – 590.

[113] 徐勇，王雅鹏. 城市化加速期粮食安全要素的研究 [J]. 中国农学通报，2006，22 (5)：465 – 467.

[114] 严立冬，麦瑜翔，潘志翔，李立．农地整治项目农户满意度及影响因素分析 [J]．资源科学，2013，35 (6)：1143 - 1151.

[115] 杨俊，杨钢桥．风险状态下不同类型农户农业生产组合优化：基于 target MOTAD 模型的分析 [J]．中国农村观察，2011 (1)：49 - 59.

[116] 杨涛．经济转型期农业资源环境与经济协调发展研究 [D]．武汉：华中农业大学，2003.

[117] 杨云彦．人口、资源与环境经济学 [M]．北京：中国经济出版社，1999.

[118] 叶菁菁，王文烂．福建省"造福工程"成效探讨——基于搬迁农户生计资本的视角 [J]．发展研究，2016 (2)：79 - 84.

[119] 尹绍亭．人与森林——资源人类学视野中的刀耕火种 [M]．云南：云南教育出版社，2000.

[120] 应瑞瑶，郑旭媛．资源禀赋、要素替代与农业生产经营方式转型——以苏、浙粮食生产为例 [J]．农业经济问题，2013 (12)：15 - 26.

[121] 游祥彬，彭磊．改革开放以来中国农村社会的结构转型及其意涵 [J]．中国行政管理，2008 (12)：87 - 91.

[122] 余东华．"华盛顿共识"、"北京共识"与经济转型 [J]．山东社会科学，2007 (11)：92 - 96.

[123] 余建斌，李大胜．中国农业生产的技术效率及其影响因素分析 [J]．统计与决策，2008，266 (14)：83 - 86.

[124] 余建斌．不了解山地就等于不了解国土 [N]．人民日报，2008 - 01 - 31.

[125] 贠鸿琬，胡文联，池鸣．河南省农业生产效率的 DEA 分析 [J]．陕西农业科学，2010 (4)：165 - 167.

[126] 张崇安．村域经济转型与制度约束条件 [J]．企业家天地，2009 (1)：251 - 252.

[127] 张改清．农户投资与农户经济收入增长的关系研究 [M]．北京：中国农业出版社，2005.

[128] 张建红，余国新．新疆农业生产效率动态变化研究：1998 ~

2007 [J]. 新疆农垦经济, 2009 (6): 7-13.

[129] 张建君. 经济转型与中国的转型经济学 [J]. 甘肃理论学刊, 2008 (9): 101-105.

[130] 张明杨, 陈超, 谭涛, 李寅秋. 中国农户玉米播种面积决策的影响因素分析 [J]. 南京农业大学学报 (社会科学版), 2014 (3): 37-43.

[131] 张占斌. 习近平同志扶贫开发思想探析 [J]. 国家治理周刊, 2015 (36): 1.

[132] 赵亮, 张宁宁, 张峭. 风险预期的农业投入—产出均衡及对收入稳定性的影响——基于 Lyaponof 稳定性定理 [J]. 中国农业大学学报, 2015, 20 (1): 213-220.

[133] 赵建军. 科学发展观视野下滇西地区旅游产业区域合作模式研究 [D]. 大理: 大理学院, 2012.

[134] 赵思健, 张峭, 王克. 农业生产风险评估方法评述与比较 [J]. 灾害学, 2015 (7): 131-139.

[135] 赵靖伟. 贫困地区农户生计安全研究 [J]. 西北农林科技大学学报 (社会科学版), 2014 (5): 109-114.

[136] 赵晓芬. 批判性思维是思维范式 [J]. 中共贵州省委党校学报, 2012 (4): 16-18.

[137] 周冰. 基于中国实践的转型经济学理论构建 [J]. 学术研究, 2008 (3): 53-60.

[138] 周家武, 陶大云, 胡凤益, 李静, 徐鹏, 邓先能. 关于加强云南稻作育种技术创新的思考 [J]. 西南农业学报, 2004, 17 (S1): 317-321.

[139] 周腰华, 张广胜. 辽宁省农业生产效率的 DEA 分析 [J]. 农业经济, 2010 (2): 12-13.

[140] 朱晶. 贫困缺粮地区的粮食消费和食品安全 [J]. 经济学 (季刊), 2003 (4): 701-710.

[141] 邹利林, 王建英. 中国农村居民点布局优化研究综述 [J]. 中国人口·资源与环境, 2015, 25 (4): 59-68.

[142] 朱宁, 马骥. 风险条件下农户种植制度选择与调整——以北京市蔬菜种植户为例 [J]. 中国农业大学学报, 2013, 18 (4): 216 - 222.

[143] 宗兆礼. 转型经济增长方式及影响因素的实证研究 [D]. 济南: 山东大学, 2006.

[144] 邹海贵. 代际正义与关注社会弱势群体利益——基于现代社会救助 (保障) 制度道德正当性的分析 [J]. 中南林业科技大学学报 (社会科学版), 2012, 6 (1): 43 - 46.

[145] Abebe G. K., Bijman J., Kemp R., Omta O., Tsegaye A. (2013), "Contract farming configuration: smallholders' preferences for contract design attributes", *Food Policy*, Vol. 40, pp. 14 - 24.

[146] Almeida F. F. Coping with rural transition in northern Thailand: an analysis of rural economic diversification and social movements' response, University of Jyväskylä, May, 2006.

[147] Aronsson T., Daunfeldt S. O., Wikstrom M. (2001), "Estimating Intra household Allocation in a Collective Model with Household Production", *Journal of Population Economics*.

[148] Aubertin C. and Ginzburg O. A Very Brief Introduction to Mountains. EC Workshop on Sustainable Rural Development in the Southeast Asian Mountainous Region, 2000 Hanoi.

[149] Balisacan A., Chakravorty U., Ravago M. Sustainable Economic Development: Resources, Environment and Institutions. New York: Academic Press, 2015, 161 - 187.

[150] Barrett C. B., Bachke M. E., Bellemare M. F., Michelson H. C., Narayanan S., Walker T. F. (2012), "Smallholder Participation in Contract Farming: Comparative Evidence from Five Countries", *World Development*, Vol. 40, No 4, pp. 715 - 730.

[151] Bartolini F., Bazzani G. M., Gallerani V., Raggi M., Viaggi D. (2007), "The impact of water and agriculture policy scenarios on irrigated farming systems in Italy: an analysis based on farm level multi-attribute linear programming models", *Agricultural Systems*, Vol. 93, No. 1 - 3,

pp. 90 – 114.

[152] Bellemare M. F. (2012), "As You Sow, So Shall You Reap: The Welfare Impacts of Contract Farming", *World Development*, Vol. 40, No. 7, pp. 1418 – 1434.

[153] Chambers R., and Conway R., Sustainable Livelihoods: Practical Concepts for the 21st Century. IDS Discussion Paper, 1992, No. 296.

[154] Chen F. B., Pandey S., Ding S. J. (2013), "Changing rice cropping patterns: evidence from the Yangtze River valley, China", *Outlook on Agriculture*, Vol. 42, No. 2, pp. 109 – 115.

[155] Chow G. C. China's Economic Transformation. Now York: Blackwell Publisher, 2002.

[156] Ding S., Meriluoto L., Reed R., Tao D., Wu H. (2011), "The impact of agricultural technology adoption on income inequality in rural China: evidence from southern Yunnan province", *China Economic Review*, Vol. 22, No. 3, pp. 344 – 356.

[157] Dusserre J., Chopart J. L., Douzet J. M., Rakotoarisoa J., Scopel E. (2012), "Upland rice production under conservation agriculture cropping systems in cold conditions of tropical highlands", *Field Crops Research*, Vol. 138, pp. 33 – 41.

[158] Fan S., Technological change, technical and allocative efficiency in Chinese agriculture: the case of rice production in Jiangsu (EPTD Discussion Paper No. 39), Environment and Production Technology Division, International Food Policy Research Institute, 1999Fan S. (2000), "Technological change, technical and allocative efficiency in Chinese agriculture: the case of rice production in Jiangsu", *Journal of International Development*, Vol. 12, No. 1, pp. 1 – 12.

[159] Gathala M. K., Timsina J., Islam M. S., Rahman M. M., Hossain M. I., Harun-Ar-Rashid M., Ghosh A. K., Krupnik T. J., Tiwari T. P., McDonald A. (2015), "Conservation agriculture based tillage and crop establishment options can maintain farmers' yields and increase profits in

South Asia's rice-maize systems: evidence from Bangladesh", *Field Crops Research*, Vol. 172, pp. 85 – 98.

[160] George T. (2014), "Why crop yields in developing countries have not kept pace with advances in agronomy", *Global Food Security*, Vol. 3, Issue 1, pp. 49 – 58.

[161] Grogan L. and Moers L. (2001), "Growth empirics with institutional measures for transition countries", *Economic Systems*, Vol. 25, No. 4, pp. 323 – 344.

[162] Gupta S., Mello L. L., Chakravarti. (2003), "Transition Economics: How Appropriate Is the Size and Scope of Government?", *Comparative Economics Studies*, Vol. 45, pp. 554 – 576.

[163] Hellman J. S., Geraint J., Daniel K. (2003), "Seize the state, seize the day: state capture and influence in transition economies", *Journal of Comparative Economics*, Vol. 31, No. 4, pp. 751 – 773.

[164] Hulme D., Moore K., Shepherd A. Chronic poverty: meanings and analytical frameworks. CPRC. Working Paper 2, Chronic Poverty Research Center, University of Manchester, 2001.

[165] Huylenbroeck G. V., Campos E. M. U., Vanslembrouck I., (2001). "A. (Recursive) Multiple Objective Approach to Analyze Changes in the Utility Function of Farmers due to Policy Reforms", *Applied Mathematics and Computation*, Vol. 122, No. 3, pp. 283 – 299.

[166] Janvry A., Sadoulet E. (2002), "World poverty and the role of agricultural technology: direct and indirect effects", *Journal of Development Studies*, Vol. 38, No. 4, pp. 1 – 26.

[167] Joergensen L. N., Noe E., Langvad A. M., Jensen J. E., Oerum J. E. (2007), "Decision support systems: barriers and farmers' need for support", *EPPO Bulletin*, Vol. 37, No. 2, pp. 374 – 377.

[168] Kornai J. (2006), "The great transformation of central eastern Europe", *Economics of Transition*, Vol. 14, No. 2, pp. 207 – 244.

[169] Kristen A. D. China's Environment and the Challenge of Sus-

tainable Development. New York: M. E. Sharpe Press, 2005.

[170] Li Y., Zhang W., Ma L., Wu L., Shen J., Davies W. J., Oenema O., Zhang F., Dou Z. (2014), "An analysis of China's grain production: looking back and looking forward", *Food and Energy Security*, Vol. 3, Issue 1, pp. 19 – 32.

[171] Macours K., Swinnen J. Rural Poverty in Transition Countries (LICOS Discussion Papers 16906). LICOS-Centre for Institutions and Economic Performance, K. U. Leuven, 2006.

[172] Manser, M., Brown, M. (1980), "Marriage and Household Decision-making: A bargaining Analysis", *International Economic Review*. Vol. 21, No. 1, pp. 31 – 44.

[173] McCulloch N., Calandrino M. (2003), "Vulnerability and Chronic Poverty in Rural Sichuan", *World Development*, Vol. 31, No. 31, pp. 611 – 628.

[174] Mishra A. K., Morehart M. J. (2001), "Off-farm investment of farm households: a logit analysis", *Agricultural Finance Review*, Vol. 61, No. 1, pp. 88 – 101.

[175] Narayanan S. (2014), "Profits from participation in high value agriculture: evidence of heterogeneous benefits in contract farming schemes in Southern India", *Food Policy*, Vol. 44, pp. 142 – 157.

[176] Nascente A. S., Crusciol C. A. C., Cobucci T. (2013), "The no-tillage system and cover crops: alternatives to increase upland rice yields", *European Journal of Agronomy*, Vol. 45, pp. 124 – 131.

[177] Pandey, S., *Technology for the Southeast Asian Uplands*, In Pender, J. and P. Hazell (eds.) Promoting Sustainable Development Less-Favored Areas, IFPRI, 2000.

[178] Pejovich S. Understanding the transaction costs of transition: it's the culture, stupid. (ICER Working Papers). ICER-International Centre for Economic Research, 24 – 2003.

[179] Pender J., P. Hazell. Promoting Sustainable Development in

Less-favored Areas. International Food Policy Research Institute, Washington, D. C. , USA, Brief, 2000.

[180] Perz S. G. (2003), "Social determinants and land use correlates of agricultural technology adoption in a forest frontier: a case study in the Brazilian Amazon", *Human Ecology*, Vol. 31, No. 1, pp. 133 – 165.

[181] Ray D. Development Economics. Princeton University Press, 1998, 169 – 237.

[182] Riesgo L. , Gómez-Limón J. A. (2006), "Multi-criteria policy scenario analysis for public regulation of irrigated agriculture", *Agricultural Systems*, Vol. 91, No. 1, pp. 1 – 28.

[183] Robinson L. J. , (1982). "An Appraisal of Expected Utility Hypothesis Tests Constructed from Responses to Hypothetical Questions and Experimental Choices", *American Journal of Agricultural Economics*, Vol. 64, No. 2, pp. 367 – 375.

[184] Roland G. and Sekkat K. (2000), "Managerial Career Concerns, Privatization and Restructuring in Transition Economies", *European Economic Review*, Vol. 44, pp. 1857 – 1872.

[185] Sanfey P. , Falcetti E. , Raiser M. (2001), "Defying the Odds: Initial Conditions, Reforms and Growth in the First Decade of Transition", *Journal of Comparative Economics*, Vol. 30, No. 2, pp. 229 – 250.

[186] Saito K. (2014), "A screening protocol for developing high-yielding upland rice varieties with superior weed-suppressive ability", *Field Crops Research*, Vol. 168, pp. 119 – 125.

[187] Speranza C. I. , Wiesmann U. , Rist S. (2014), "An indicator framework for assessing livelihood resilience in the context of social-ecological dynamics", *Global Environmental Change*, Vol. 28, pp. 109 – 119.

[188] Scoones I. Sustainable Rural Livelihoods: A Framework for Analysis, IDS, Working Paper, 1998, No. 72.

[189] Shiferaw B. A. , Julius O. , Ratna R. V. (2009), "Adoption and adaptation of natural resource management innovations in smallholder ag-

riculture: reflections on key lessons and best practices", *Environment, Development and Sustainability*, Vol. 11, No. 3, pp. 601 – 619.

［190］Stevenson P. C. (2002), "Why the World Summit should look to the mountains", *The Lancet*, Vol. 360, P. 626.

［191］Tamer I., Abdulbaki B., Lynn F. D., Marvin B. T. (2008), "Using count data models to determine the factors affecting farmers' quantity decisions of precision farming technology adoption", *Computers Electronics in Agriculture.* Vol. 62, No. 2, pp. 231 – 242.

［192］Tao D., Xu P., Li J., et al. (2004), "Inheritance and mapping of male sterility restoration gene in upland japonica restorer lines", *Euphytica*, Vol. 138, No. 3, pp. 283 – 285.

［193］Thongmanivong S., Fujita Y. (2006), "Recent Land Use and Livelihood Transitions in Northern Laos", *Mountainous Research and Development*, Vol. 26, No. 3, pp. 237 – 244.

［194］Wang H., Pandey S., Hu F., Xu P., Zhou J., Li J., Deng X., Feng L., Wen L., Li J., Li Y., Velasco L. E., Ding S., Tao D. (2010), "Farmers' adoption of improved upland rice technologies for sustainable mountain development in Southern Yunnan", *Mountain Research and Development*, Vol. 30, No. 4, pp. 373 – 380.

［195］Wilson R. S., Hooker N., Tucker M., LeJeune J., Doohan D. (2009), "Targeting the farmer decision making process: a pathway to increased adoption of integrated weed management", *Crop Protection*, Vol. 28, No. 9, pp. 756 – 764.

［196］Wu H., Ding S., Pandey S., Tao D. (2010), "Assessing the impact of agricultural technology adoption on farmers' well-being using propensity-score matching analysis in rural China", *Asian Economic Journal*, Vol. 24, No. 2, pp. 141 – 160.

［197］Xu J., Rana G. M. Living in the Mountains, In Terry Jeggle (ed): Know Risk, United Nation Inter-agency Secretariat of the International Strategy for Disaster Reduction, 2005.

致　谢

在从事本书研究的整个过程中，作者结识了不少优秀并终生感激的人，在他们的帮助和言传身教下学会了如何做事如何独立思考问题，也充分感受到了"路漫漫其修远兮，吾将上下而求索"。因此，希望借此书的出版表达诚挚的谢意和不尽的感激。

吴春梅教授是我的博士生导师，在学术方面，吴老师治学严谨、科研务实，长期潜心于农村发展问题的研究，并对我的学习生活给予了极大的关怀。本书的每一个细节过程，吴老师都给予了我悉心的指导和帮助。在平时的生活中，吴老师为人谦和正直，极具亲和力，其渊博的学术知识和平易近人的工作作风对我今后的科研工作都将产生深远的影响。其次还要特别感谢云南省农业科学院国际合作处处长/二级研究员，陶大云教授提出的宝贵修改意见。他对先进科研技术和信息的掌握，不遗余力地推进自然科学和社会科学的结合，以及深远独到的学识见解，也深深启发和影响着我。在国际水稻研究所社会科学系学习交流期间，Sushil Pandey 博士给我提供了大量的帮助，他是一位胸襟开阔、极具亲和力的长者，同时也是一位学识渊博、思维敏捷的学者，他教给我的不仅是做研究的方法和理论，更大大拓宽了自己的研究思路和眼界。同时，我还要感谢华中农业大学李崇光教授，以及中南财经政法大学的丁士军教授，他们在我刚刚迈入研究领域时所教会我的研究理论、研究方法等许多知识和经验。

同时，许多单位和个人也为本书的完成提供了帮助。北京理工大学管理与经济学院副教授王怀豫博士，帮助我更加明晰自己的研究思路、研究问题。北京大学环境科学与工程学院 Torsten Juelich 博士、华南农业大学经管学院副教授陈风波博士协助并指导我撰写英文论文。本人在菲律宾国际水稻研究所与徐美容、杨健源、项超、张运波、施婉菊、叶昌荣博士等的交流中，增长了本人对育种、栽培等自然学科的认识和理解，并与社会学博士 Kamala Gurung 进行了多次的研究交流，开阔了研究思路。在生活上得到 Damian Lydia 女士的全力帮助，能够在国际水稻研究所结识这样一些优秀的人也是一大收获，他们的无私帮助使得我能够更顺利地完成此书。而博士班的同学们，闵锐、刘建芳、闫振宇、冯兰、李新建等，不仅在平时工作中互帮互助，互相交流与学习，他们在科研调查任务繁重的情况下，仍提出了许多好的意见和建议。同师门雷定鹏、谢迪、张俊、王杰等师妹师弟也给予了我无私的帮助。

此外，我还要感谢云南省农业科学院农业经济与信息研究所以及云南省农业科学院国际合作处的领导和同事们。同时，作为云南省农业科学院农经团队的一员，本人在与团队成员张焱、李勃、李兴丽等人的合作中，成功参与并申请各类省级项目，获得了大量的项目申请经验，并第一次以主持人身份成功申请云南省科技厅应用基础项目"云南南部山区农户收入视角下的农业生产结构转型趋势及效率分析（2011FZ213）"，尤其与中南财经政法大学吴海涛副教授合作申报国家自然科学基金项目"山区农户生计转型及其脆弱性研究：来自滇西南陆稻产区的分析（71003106）"的过程中，又增进了本人的项目实施经验，于2014年以主持人身份成功申请国家自然科学基金青年项目。

在执行法国发展署"促进云南可持续发展的保护性农业和固碳研究"项目时，全程调查都由法国蒙彼利埃高级农业学院研究生 Stephanie Chanfreau 和 Mbath Mariella 参与并协助，同时获得法国国际农艺研究中心（CIRAD）Francis Forest 博士的指导。同时，在2005年至今的多次农户调查中，与当时就读华中农业大学的王怀豫博士、吴海涛博士以及任职华中农业大学的丁士军教授长期在云南山区走访，不仅从他们身上学习到了社会调查的宝贵经验，更获得了本书的前期基础数据和资料。在云南山区的调查是辛苦的，山区的地处偏远、交通不便以及各种各样的客观条件都成为限制因素。云南省农业科学院粮食作物研究所李露副所长/研究员、周家武研究员、保丽萍副研究员、徐鹏研究员、李静副研究员、昆明市农业局副局长胡凤益研究员等，不仅教会我许多有关山区陆稻生产的知识，提供了大量有关山区农业发展的材料，还对调查任务进行了周到的安排，才使本书获得这么好的一手数据，这对于本书的完成都是必不可少的。在此一并表示最衷心的感谢！

最后，但并不是最不重要的，我要向我的家人表示深深的谢意。在撰写期间我获得了为人母的喜悦，如果没有我的家人，尤其是我先生的理解、支持、鼓励和鞭策，为我营造了一个如此好的环境，我也不可能在一双儿女先后出生后顺利完稿。谢谢你们使我能够专注于学习和研究，我会竭尽全力回报所有爱我和关心我的人。

冯璐

2017 年 2 月